市政行业职业技能培训教材

道 路 养 护 工

建设部人事教育司组织编写

U0330688

中国建筑工业出版社

图书在版编目（CIP）数据

道路养护工/建设部人事教育司组织编写. —北京：
中国建筑工业出版社，2004（2023.6重印）
市政行业职业技能培训教材
ISBN 978-7-112-06876-0

Ⅰ. 道... Ⅱ. 建... Ⅲ. 公路养护-技术培训-
教材 Ⅳ. U418

中国版本图书馆 CIP 数据核字（2004）第 102170 号

市政行业职业技能培训教材

道 路 养 护 工

建设部人事教育司组织编写

*

中国建筑工业出版社出版、发行(北京西郊百万庄)
各地新华书店、建筑书店经销
建工社（河北）印刷有限公司印刷

*

开本：850×1168 毫米 1/32 印张：10¾ 插页：3 字数：290 千字
2005 年 1 月第一版 2023 年 6 月第十四次印刷
定价：**22.00** 元
ISBN 978-7-112-06876-0
(12830)

本书是道路养护工人培训教材，内容包括道路养护工识图、道路养护工程测量，道路养护工程材料、道路养护工程机械、道路养护施工和道路养护施工项目管理等内容，并附有适量的思考题，是道路养护工持证上岗必备的培训用书。

＊　　　＊　　　＊

责任编辑　田启铭　胡明安　姚荣华
责任设计：刘向阳
责任校对：刘　梅　张　虹

出 版 说 明

为深入贯彻《建设部关于贯彻〈中共中央、国务院关于进一步加强人才工作的决定〉的意见》，落实建设部、劳动和社会保障部《关于建设行业生产操作人员实行职业资格证书制度的有关问题的通知》（建人教〔2002〕73号）精神，加快提高建设行业生产操作人员素质，培养造就一支高素质的技能人才队伍，根据建设部颁发的市政行业《职业技能标准》、《职业技能岗位鉴定规范》，建设部人事教育司委托中国市政协会组织编写了本套"市政行业职业技能培训教材"。

本套教材包括沥青工、下水道工、污泥处理工、污水处理工、污水化验监测工、沥青混凝土摊铺机操作工、泵站操作工、筑路工、道路养护工、下水道养护工等10个职业（工种），并附有相应的培训计划大纲与之配套。各职业（工种）培训教材将初、中、高级培训内容合并为一本其培训要求在培训计划大纲中具体体现。全套教材共计10本。

本套教材注重结合市政行业实际，体现市政行业企业用工特点，理论以够用为度，重点突出操作技能训练和安全生产要求，注重实用与实效，力求文字深入浅出，通俗易懂，图文并茂。本套教材符合现行规范、标准、工艺和新技术推广要求，是市政行业生产操作人员进行职业技能培训的必备教材。

本套教材经市政行业职业技能培训教材编审委员会审定，由中国建筑工业出版社出版。

本套教材作为全国建设职业技能培训教学用书，可供高、中等职业院校实践教学使用。在使用过程中如有问题和建议，请及时函告我们，以便使本套教材日臻完善。

建设部人事教育司

2004 年 10 月

前　言

为了适应建设行业职工培训和建设劳动力市场职业技能培训和鉴定的需要，我们编写了《道路养护工》培训教材。

本套教材根据建设部颁发的道路养护工的《建设行业职业技能标准》和《职业技能岗位鉴定规范》，由建设部人事教育司组织编写。

本套教材的主要特点是只有一本书，不再分为初级工、中级工和高级工三本书，内容上基本覆盖了"岗位鉴定规范"对初、中、高级工的要求。本套教材注重突出职工技能教材的实用性，对基本知识、专业知识和相关知识均有适当的比重，尽量做到简明扼要，避免教科书式的理论阐述和公式推导、演算。由于全国地区差异较大，使用本套教材时可以根据本地区、本单位的具体情况，适当增加一些必要的内容。

本套教材的编写得到了建设部人事教育司、中国市政工程协会教育专业委员会的大力支持。由于编者水平有限，书中可能存在若干不足甚至失误之处，希望读者在使用过程中提出宝贵意见，以便不断改进完善。

目　　录

一、道路养护工识图

(一) 市政工程识图的目的和任务

工程识图是表达和交流技术思想的重要工具，也是工程建设的主要技术工具之一，人们将它比喻为工程技术人员"形象语言"。

凡是修建一项工程，无论是道路还是排水工程，都需要一套完整的符合施工要求的设计图纸，在设计阶段，需要进行设计构思，包括方案选择、结构选型艺术处理等；施工阶段，设计图纸是指导施工的根本依据，并根据这些图纸来编制施工计划、工程预算、准备材料、织织施工等，竣工阶段根据图纸对道路进行养护和管理。有了工程图纸我们可以形象地理解设计师的设计意图和要求，准确地将设计蓝图落实到工地现场，科学组织施工，有计划发挥资金的最大效益。

工程图不仅是一种用以表达构思和交换意见的工程技术形象语言，还可以直接解决生产中经常出现的空间几何问题和其他问题。此外，图又是在科学实验中进行统计、分析和描述实验数据的有力工具。

市政工程识图课程目的是为市政工程人员认识工程图纸和绘制工程图纸打下基础，学会应用投影认识法，学会应用作图方法去分析、研究和解决工程中问题，学会应用形象语言表达设计构思，与别人交换意见和交流经验。

(二) 识图的基本知识

1. 投影概述

要看懂市政工程的各种图纸，首先就要具有识图的基本知识。这是因为，工程图是应用投影原理绘制出来的。那么，什么是投影原理呢？它又有什么规律呢？如此等等……。只有学习并且掌握这些才能谈得到识图，也才能举一反三，融会贯通到所谓"知其然且知其所以然"的境界。所以，以下学习的这些识图基本知识是我们能进一步看懂市政工程图的基础，必须牢固掌握并熟练运用它们。

（1）影子和投影

影子现象是人们常见到的一种自然现象。如树木、电杆等在阳光照射下投在地面上的影子；桌、椅在电灯光下投在室内地面上的影子；轮船在阳光下投在江面上的影子等。从以上现象中，人们注意到如下事实：即影子现象必须具备光源如太阳、电灯等，物体如树木、桌椅、轮船等和投影面如地面、水面等，以上三者缺一不可。如在阴天或黑暗的房子里，就看不到影子现象。另外，人们进一步注意到，物体的影子是黑乎乎的一片，只能显示出物体外轮廓线，不能把其所有轮廓线都显示出来，所以不是图样。

受影子现象的启发，人们发现，影子和空间物体存在一定的关系。人们设想如果光源发出的光线能够穿透物体，而将其各个顶点、各条棱线都在平面上投影它们的影子，这些点和线的影子将组成一个能反映出物体形状的图形，这个图形通称为物体的投

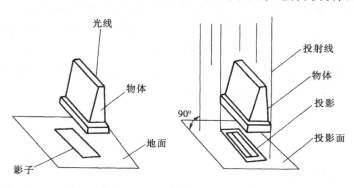

图1-1 影子和投影

影图。在这里，光线称为投射线，落影平面称为投影面，这种做出物体的投影的方法为投影法。这里强调指出，任何一种投影法，必须具备三个要素，即物体、投射线和投影面（图1-1）。

（2）投影、正投影

根据投射线的不同可将投影法分为两类：一类是投射线自一点发出，得出的投影称为中心投影，其方法称之为中心投影法，如电灯泡照射下物体的投影；另一类是投射线互相平行，称为平行投影法；根据投射线进入投影面角度的不同，平行投影法又分两种情况：如果投射线倾斜于投影面，得到的投影称之斜投影；如果投射线垂直于投影面（即成90°角），那么得到的投影称为正投影（图1-2）。

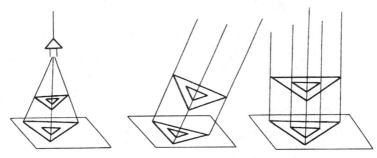

图 1-2　投影分类

工程中大多采用正投影图。这是因为，正投影的作图较其他图示法简便，且便于度量，其缺点是图形无立体感，初学者不易看懂。因此，要加强根据物体画投影图，根据投影图去想像物体的训练，不断提高空间想像能力。

（3）三面投影体系

两个以上物体形状不同，在某一个投影面上的投影却是一样的如图1-3，这表明，一个投影图仅能反映物体一个方向的平面形状，而不能确定物体的整个形状和大小，为了适应工程上的需要，就有必要用几个投影面上的投影图来确定工程形体的形状。

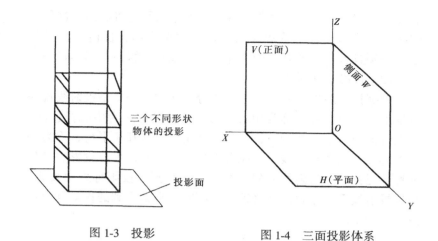

三个不同形状
物体的投影

投影面

图 1-3　投影　　　　　　　图 1-4　三面投影体系

　　在工程上常采用三个互相垂直的投影面，组成三面投影体系，如图 1-4。其中，面对我们的直立投影面称为正立投影面，简称正面，又称 V 面；水平放置的投影面称为水平投影面，简称平面，又称 H 面；位于我们右侧的直立投影面称为侧立投影面，简称侧面，又称 W 面。

　　我们把空间的物体放置于三面投影体系中（图 1-5），并使物

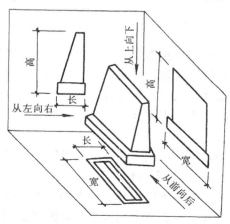

图 1-5　将物体放在三面投影体系中进行投影

体表面的平面与三个投影面平行。然后从前向后投影，在 V 平面上得到了正面投影图，它反映了该物体的正面形状和长、高尺寸；从上向下投影，在 H 平面上得到该物体的水平投影图，它反映了该物体的平面形状和长、宽尺寸，从左向右投影，在侧立投影面 W 上得到该物体的侧面投影图，它反映了该物体的侧面形状和宽、高尺寸。

正面投影图，平面投影图和侧面投影图统称为该物体的三面投影图。

上述物体的三面投影图，好像人站在较远的地方，从三个方向正视物体所看到的图形，因此，它们又可称为三视图，即正视图、俯视图和侧视图。

（4）三视图及其相互关系

由于工程图纸是一个平面，故三视图都反映在同一个平面上。为此，我们可拿走三面投影体系中的物体，保持正视图所在平面不动，将侧面 W 沿 Z 轴逆时针旋转 90°，将平面 H 沿 X 轴向下旋转 90°，均转动到正立面所在的平面上（图 1-6）。此时三个视图已按一定位置排列，故其名称可以省去。

由于三视图反映同一个物体，而每个视图仅能反映物体两个方向的尺寸，故两个视图之间总有一个共同的尺寸。如正视图（长、高）和俯视图（长、宽）有共同尺寸"长"，而长度必须对正；正视图（长、高）和侧视图（宽、高）有共同尺寸"高"，而高要平齐；俯视图（长、宽）与侧视图（宽、高）有共同尺寸"宽"，而宽应相等。

三视图之间的相互关系可总结为"长对正、高

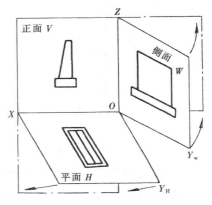

图 1-6　三面投影体系的展开

平齐、宽相等"。简称"三等"关系。

正视图反映了物体左右、上下之间的关系；俯视图反映了物体左右、前后之间的关系；侧视图反映了物体上下、前后之间的关系。这里，特别应注意一点，即俯视图与侧视图靠近正视图的一方反映物体的后方，而远离正视图的一方反映物体的前方，因此，在俯视图与侧视图上量取宽度时，不仅要注意"宽相等"，而且要注意前后方向的一致（图1-7）。

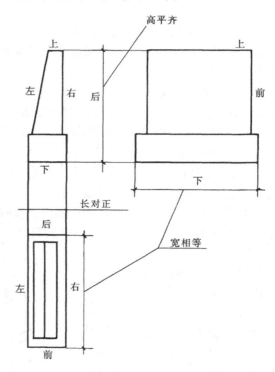

图 1-7 三视图的度量、位置对应关系

（5）平面和曲面的投影规律简介

工程结构物的表面由大小不等，形状各异的平面或曲面组成，因此，分析这些"面"的投影规律有助于看图和识图。

1）平面的投影规律

对于平面（这里的平面，是指平面图形，而不是几何上的平面，因其是无限伸展的，无所谓大小），其投影规律可以归结为以下三点：

①平面垂直投影面，投影面上一条线如图 1-8。这种特性，称之为投影的积聚性。

②平面平行投影面，投影面上实形现如图 1-9。即是说，平行于投影面的平面，它在投影面上的投影图形大小、形状与原形一模一样。

③平面倾斜投影面，投影面上形状变如图 1-10，也就是说，

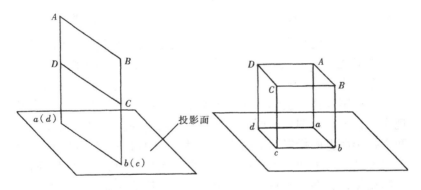

图 1-8　平面垂直投影面　　　　图 1-9　平面平行投影面

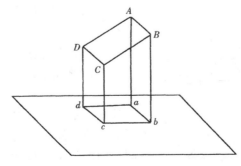

图 1-10　平面倾斜投影面

如果一个平面图形与投影面不平行，则在该投影面上的投影图形不反映原形的大小和形状。

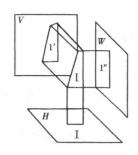

图 1-11　投影面平行面 I

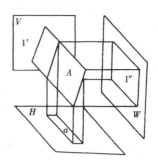

图 1-12　投影面垂直面 A

那么，如何识别一个空间平面在三面投影体系中得到的三个投影图形呢？由于三个投影面是互相垂直的，当空间平面平行于某一个投影面时，它必须同时垂直于另外两个投影面。根据上述平面的投影规律，空间平面在与其平行的投影面上的投影图形显现实形，即投影图形与原形尺寸大小、形状一模一样，而在另外两个投影面上的投影图形成为一条线（图 1-11）；当空间平面仅垂直于某一投影面且不平行于另外两个投影面时，则根据平面的投影规律，它在与其垂直的投影面上的投影为一条线，而在另外两个平面上的投影均成为大小、形状都改变了的平面图形（图 1-12）；当空间平面与三个投影面均不平行时，根据平面的投影规律，其在三个投影面上的投影成为互相之间大小、形状各异的类似图形（见图 1-13）。

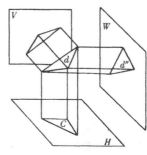

图 1-13　一般位置面 C

这里，要特别强调注意的是，不论平面的位置及投影规律如何，一个空间平面的三个投影始终存在"长对正，高平齐，宽相等"的关系；而

8

且，工程结构物上的每一个平表面，无论它处在什么位置，在三视图中至少有一个投影是以一个封闭线框的形式出现的。因此，在任何一个视图中的一个封闭线框，可能就是某一平表面的投影，至于究竟是工程结构物那个平表面的投影，只须利用上述尺寸关系的规律，找出与它相应的另外两个投影就可以了（如图1-14）。对于空间立体的五个表面 *A*、*B*、*C*、*D*、*E*。利用其三视图的"三等"关系和依据面的投影规律，采用线面分析法，分别找出它们在三视图中的位置（图中用黑粗线表示）。从而可清楚了解到，*A* 面是一般位置面，*B* 面是正垂面，*C* 面是正平面，*D* 面是水平面，*E* 面是侧平面。

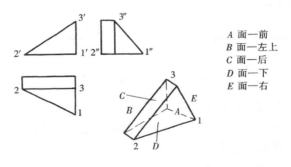

A 面—前
B 面—左上
C 面—后
D 面—下
E 面—右

图 1-14　三视图

工程结构物表面有些是曲面，如排水管道的表面是柱面，桥涵的锥坡面是圆锥面的部分等。它们的投影规律如何呢？现简介如下：

大家可以想像到，空间的曲面，在三面投影体系中去投影，得到的三个投影图，肯定不可能与它的真实形状、大小相同。这是因为，三个投影面都是平面，得到的投影都是平面图形，故其不可能反映空间曲面的真实形状和大小，但"形"与"图"之间的联系。同样符合上述投影的基本规律。

2）曲面的投影规律

例如：图 1-15 中的圆柱体 *L*，其表面是柱面，两端是平面圆形。其立体图和三个投影图如图 1-15，正面图表示了圆柱体前半个柱面的投影为平面长方形；平面图表示了其上半个柱面的投影亦为平面长方形，两者虽然形状大小一样，但代表的意义是不一样的。侧面图表示了其左面圆形端面的投影图形是一个圆形、反映了端面图形的其实形状和大小，其柱面由于垂直于侧立投影面，故其侧投影有积聚性、成为一个圆。

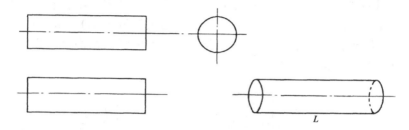

图 1-15　圆柱体三视图

综上所述，曲面垂直投影面，其投影有积聚性并成为曲线。曲面的其他投影为一个封闭线框（如上述长方形），利用投影图的尺寸关系可以把它们一一找出。

2. 剖视图和剖（断）面图

根据投影原理可以利用正投影法和三视图来表现工程结构物，但是仅用三视图来表现工程结构物是远远不够的。这是因为，当结构物内部构造比较复杂或被遮挡部分较多时，视图上就会出现较多的虚线（看不见的棱边的投影视图用虚线表示）或因几条线重合而使后面的轮廓线被遮挡，无法看到。这样，视图所表达的结构物的空实、层次都不够分明，给看图、识图增加了困难；另外，当需要在工程图上表示出结构物的剖切面形状和所应用的材料时，视图也无法表示清楚。鉴于以上原因，工程图中常采用剖视、剖（断）面图来解决这个问题。即将内部构造显露出来，使看不见的部分变成了看得见的部分，一目了然。

那么，什么叫剖视图呢？就是用一个"假想"的平面，去剖切工程结构物，然后移去观察者与剖切平面之间的部分，用剩下的部分去投影所得到的投影图，并将剖切平面与工程结构物接触部分画出材料符号或剖面线，称之为剖视图。

如果剖切平面剖开工程结构物后，只画出剖切平面与结构物接触部分的视图，即截交线围成的图形，并画上材料符号或剖面线，这种图形称之为剖（断）面图。

工程结构物被剖切后，在被剖切到的部分的视图上，画上等距离的45°细斜线，称之为剖面线，或者注上材料符号。常用的天然土、人工夯填土、石灰土、干砌、浆砌片石、水泥混凝土等，可根据国家建筑制图标准的规定注法或各地的习惯注法来表示，如表1-1所示。

常用材料断面符号　　　　表1-1

材料名称	断面代号	画法说明	材料名称	断面代号	画法说明
天然土卵石		斜线为45°细线石子无棱角	人工土碎石		斜线为45°细线石子呈三角线
砂、灰土石材		斜线为45°细线用尺画（包括岩层及贴面铺地等石材）	混凝土钢筋混凝土		徒手画断面图中如画出钢筋时，可不画图例
干砌块石浆砌块石		石块间留空隙上下缝要错开	条石普通砖		石块转角处要涂黑可作为不指明材料的断面符号
水		用尺画	纵断面木材横断面		徒手画、波纹比较自然
块石混凝土		徒手面	格网防水材料橡皮或塑料		应注明材料底图背面涂红

11

根据工程结构物形状和内部构造的具体情况，可采用不同的剖切位置并得到不同的剖（断）面形式，常采用的剖视图如下：

（1）剖视图

1）全剖视图：即采用一个剖切平面把工程结构物全部"切开"，这样得到的剖视图称之为全剖视图。

采用全剖视图，则工程结构物的内部构造被显现得十分清楚，但外形却不能表示出来。故其仅适用于工程结构物形状不对称，外形比较简单而内部构造比较复杂的情况，如台阶的全剖视图（图1-16），在立面视图上表示剖切位置，在侧视图上表示出台阶剖切后的情况和右侧侧墙形状。

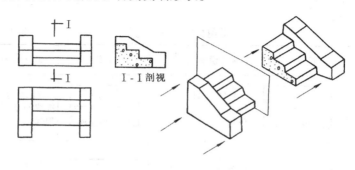

图 1-16　台阶剖视图

2）半剖视图

当工程结构物的某投影图具有对称性时，为了能同时在一个视图上一半表示外形，一半表示内部构造，可采用半剖视图。这样，可节约视图数量，取得功倍的效果，如水泥混凝土浇筑的单柱杯形基础的剖视图（图1-17）这里要注意，剖视图与视图的分界线是对称线，应用点画线表示而应画成粗实线。通常半剖画在整个视图右半边或下半边（无须表示剖切位置）。

3）局部剖视图

当仅需要表示工程结构物局部的内部构造或者不便于画出全剖视或剖视图时，可将工程结构物局部"切开"，用局部剖视图

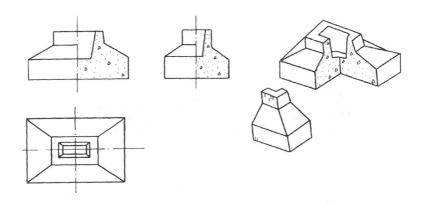

图 1-17　单柱杯形基础半剖视图

表示其局部构造。局部剖视图中采用波浪线表示剖解范围，例如，承插口的水泥混凝土管的二视图，其中，主视图（图 1-18）采用局部剖视处理以显示管口构造情况。局部剖视图在使用上比较灵活方便，应用较广泛。

　　此外，还有阶梯剖视、旋转剖视等，本教材另作介绍。

　　（2）剖（断）面图

　　剖面图，又称断面图。主要用于表示工程结构物剖切后所得到的剖切面形状。根据断面图在视图上位置的不同，可

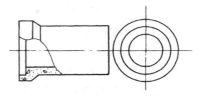

图 1-18　混凝土管局部剖视图

将断面图分为几种主要类型，如主要有移出断面图、重合断面图等。

　　1）移出断面图

　　将断面图画在视图轮廓线以外的称为移出断面图，其轮廓线用粗实线画出。移出断面图可以画在剖切平面的延长线上或其他适当位置（但需要注上图号如 X-X 断面），如图（图 1-19）。

　　2）重合断面图

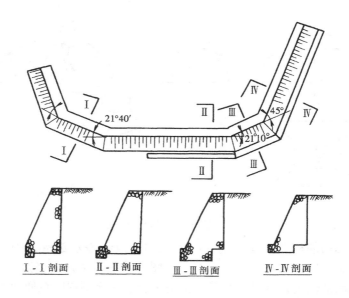

图 1-19　挡土墙移出断面图

在不影响视图清晰的情况下，断面图也可以画在视图的轮廓线范围内，这种断面图称为重合断面图，用细实线画出。当重合断面图的轮廓线与视图的轮廓线重合时，视图的轮廓线可不中断。重合断面图的图形对称时，可不进行标注；不对称时，应标注剖切位置与投影方向，如图为"T"型"L"型角钢的重合断面图（图1-20）。

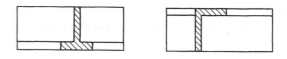

图 1-20　角钢的重合断面图

3）剖视图与剖（断）面图的区别和联系

①剖视图和剖（断）面图都是用"假想"的剖切面去剖切结构物，所以画视图时其视图为剖视图或剖（断）面图，并不影响别的视图的完整性。也就是说，这是一种为清楚显示工程结构物

内部构造而采用的处理方法，并不是工程结构物真的被剖切开了。

②剖视图是"体"的投影，而剖（断）面图是"面"的投影，看图识图时应充分注意到这一点。也即是说，在画剖视图时，位于剖切面后面的结构物棱线的投影轮廓线均应画出，不能遗漏，而画剖（断）面图时，只画出剖切画与结构物相接触部分即截交线围成的图形就可以了。

③为了在剖视图和剖（断）面图上表示出工程结构物内部构造的真实形状，大小及相对位置，选取的剖切平面一般应平行于基本投影面，并应通过物体内部结构的主要轴线，这样才能保证剖视图和剖（断）面图真实反映剖切面（平面平行投影面，投影面上实形现）。

3. 图的比例、尺寸和线型简介

以上介绍了视图的概念，但在工程图中，仅有工程结构物的各视图及表现其内部构造的剖视图和剖（断）面图还是不够的。

这是因为，工程图不仅应反映结构物的形状，还应标注尺寸，否则无法按图纸施工；另外，一般工程结构物形体较大，例如，无法将一条几公里长的道路完整反映在几十厘米长的一张图纸上，所以还必须将结构物的视图按比例缩小；再者，一张图纸要表示多种内容，诸如地形、地物、工程结构物、河流等，如果用相同粗细线条去画它们就会带来主次不分，新建的与旧有的结构物不分，各种内容及类别不清等弊病，使人无法看清。因此，画图时还须采用不同粗细、形式各异的线条即采用不同线型去表达不同的内容，以示区别，使人看起图来清楚明白，不出错误。以下分别介绍上述三部分内容。

（1）比例

一般工程结构物形体较大，必须按比例缩小，才能将其投影画在一张图纸上。

所谓比例，就是工程图中结构物某一方向的标准长度与其对应的实物长度之比，图长:实长 = 比例值。

比例的表达一般有两种，一种为数字形式如 2:1、1:100 等，一种是直接在图上附上该图比例尺。数字比例一般标注于图形下方的图名右侧，如：平面图 1:100，图形比例尺一般位于图纸右下角处。道路工程平面图常用比例为 1:500 和 1:100，即如采用 1:500 的比例尺，图纸上一段长为 2cm 的线段，其实际长度为 2×500 = 1000cm = 10m。

（2）尺寸（单位及其标准）

在工程图中，除必须画出结构物的形状外，还必须注明各部分的尺寸。我国的市政工程图如城市道路图均采用公制尺寸，以米、厘米、毫米为单位。这些单位的相互关系，即 1km = 1000m，1m = 100cm，1cm = 10mm。

看图上标准的尺寸数字时，还必须注意这些数字的尺寸单位。一般砖石、混凝土材料的构件尺寸以厘米为单位；钢筋直径、排水管道管径、房建图以毫米为单位；地形图上的等高线标高及道路平面、断面图上的点位标高、坡度长、曲线要素等以米为单位。

工程图中图形大小是按图纸比例绘制（或放大），但标注的数字仍是工程结构物的实际尺寸数。标注尺寸时应保持图中字体

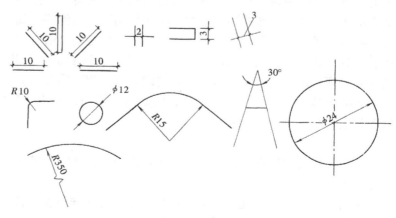

图 1-21　尺寸标注示例图式

大小一致，并应尽可能标注在图形的轮廓线以外，保证图面清晰。尺寸数字一般要求注于尺寸线上方的中间，其朝向为：水平尺寸数字头朝上；垂直尺寸字头朝左；斜尺寸字头朝斜上方；圆的直径数字前加字母 ϕ，圆弧半径数字前加字母 R（图 1-21）。

（3）线型

不同线条表示不同的用途和意义。要求各种图线应粗细分明，均匀光滑。根据《图标》和参考道路工程图上习惯采用的各种线型而制定的标准见表 1-2。

线　　型

表 1-2

序号	名称	线　　型	宽度	适用范围
1	标准实线		b	一般可见轮廓线
2	粗实线		$>b$	公路平面图、纵断面图上设计线、图框线、地面线、结构图中钢筋线
3	剖切位置线		b	剖面和断面剖切位置线
4	中实线		$b/2$	平、纵、横断面图上的设计线、水面线、示坡线
5	虚　线	1mm 2～6mm	$b/2 \sim b/3$	看不见的轮廓线
6	细实线		$b/4$	尺寸界线、尺寸线、断面线、斜坡、罐坡线、作图线
7	双点画线	5mm 10～20mm	$b/4$	假想轮廓线
8	点画线	3mm 10～20mm	$b/4$	轴线及中心线
9	折断线		$b/4$	被断开部分的边线
10	波浪线		$b/4$	表示构造层次的局部界线
11	指示线		$b/4$	指示某一部分并加以说明的标志线

17

图 1-22 为挡土墙断面的工程图示例（包括作图比例、尺寸标注及线形）。尺寸单位为厘米，其中的 H、h、B、e 等为可变尺寸，应根据挡墙的不同高度、宽度具体确定。

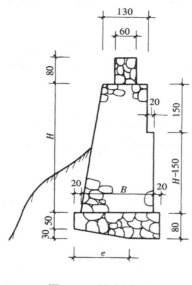

图 1-22　挡墙断面

（三）识图的分析法和几种图示法

1. 形体分析法

看了工程图样的大体轮廓后，可以用形体分析方法分析图形。首先从具有特征性的投影图着手，按长对正，宽相等，高齐平的投影规律把投影图分解成几个部分，再把各部分的投影图联系起来分析结构物各部分的内外形状，并对某些复杂的结构作线面分析，即分析线面与投影面的相对位置和线面的相对位置，然后根据各部分形状综合考虑它们之间相对位置，直至得到工程构造物的完整结构。

现以图 1-23 所示 U 型桥台的三面投影图为例来进行读图。

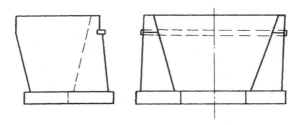

图 1-23　U 型桥台的三面投影图

在三面投影图中，先将桥台分解成两个部分，一部分为台身，如图 1-24 所示，一部分为基础，如图 1-25 所示。

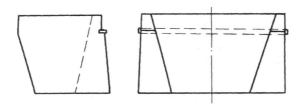

图 1-24　台身

桥台身又可分解为前墙、翼墙和台帽，如图 1-26 和图 1-27所示。

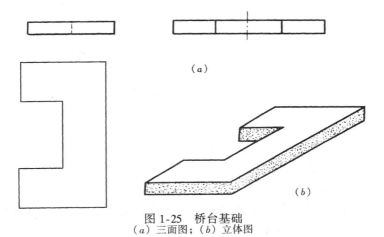

（a）

（b）

图 1-25　桥台基础
（a）三面图；（b）立体图

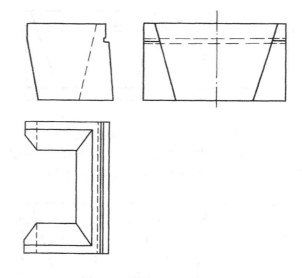

图 1-26　前墙和翼墙三面图

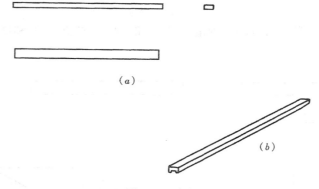

(a)

(b)

图 1-27　台帽

(a)三面图；(b)立体图

　　继续将图 1-26 所示内容分解为前墙和翼墙两部分，如图 1-28、图1-29。

　　综合考虑这几部分之间的相对位置，得出 U 型桥台的整个形状，如图 1-30 所示。

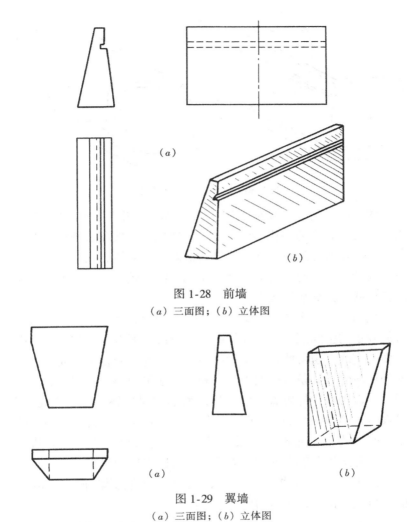

图 1-28　前墙

（a）三面图；（b）立体图

图 1-29　翼墙

（a）三面图；（b）立体图

2. 线面分析法

运用投影概念中的各种线、面投影特性，分析视图中某一条线或某一"线框"（封闭图形）所反映的空间结构，从而构思出物体形状，这种方法称为线面分析法。

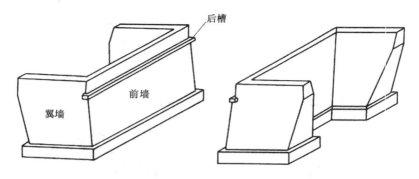

后槽

前墙

翼墙

图 1-30　U 型桥台的立体图

线、面分析法，仅能反映一条线成一个空间，因此分析量大，费时多且不易很快形成结构物整体概念，故此法往往在形体分析法的基础上进行。如果物体表面既有位置线，又有位置平面或较复杂的交线时，视图中就会出现斜线，较复杂线框等……此时宜用线、面分析法读图。

线面分析法要求充分理解视图中一条线段或一个"线框"，可能表示的空间意义，例如视图上一条线，可能是物体表面上面与面的交线，也可能是一个投影面为垂直的积聚投影，或是曲线的外形线等，一条线的投影分别表示，水平倾斜或积聚成点等不同形状，可分别标志着它们对投影面的相对位置；一个"线框"只表示物体的一个表面，两个"线框"表示两个表面，如物体的某一平面为 n 边形时，其投影或积聚成为直线，或仍为 n 边形等，反复运用和熟悉这些投影规律，有助于读图识图。

图 1-31 是一个物体三视图，我们可结合形体分析法和线、面分析法来读图，想像物体空间形状。

一般可以从正面图入手，先按形体分析法把正面图粗略地分为上下两部分，对照平面图和侧面图可知，下部的前方是较规则的形体，而下部后方则是与上部连成一个整体的不规则物体，对于这一部分我们可用线面分析法再进行分析，并仍从正面图入手。

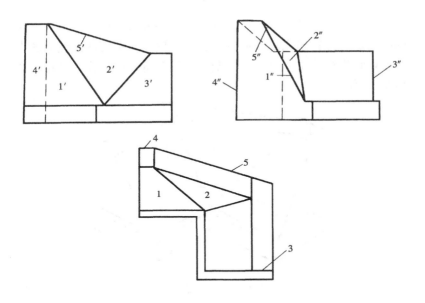

图 1-31   结合形体分析法和线、面分析法读图

先分析正面图上方的三个实线框 1′ 2′ 3′。1′ 是根据长对正、宽相等的"投影规律"，从图中可以看出其平面图 1 为一梯形，侧面图，侧积聚为一条直线，这是一个侧面垂直面；同理可看出 2′ 是一个三角形，其正面图 1′ 和侧面图 2′ 也均是三角形，这是一个一般位置平面；3′ 是一个梯形，侧面图中 3″ 是铅直线，但在平面图上却只能找到一条水平直线 3 与其对应，直线两端点及内分点分别与 3′ 梯形各顶点一一对应，由此可知，这是一个正面平行面。

再分析正面图上带有虚线的两个线框 4′ 和 5′。4′ 是一个矩形，平面图 4 是一条水平线，侧面图 4″ 是一条铅直线，所以这是一个正面平行面；5′ 是一个五边形，其平面图 5 是一条倾斜直线，侧面图 5″ 也是一个五边形，但有三条边被遮挡因此画成虚线，故这是一个铅垂面。

根据对物体上部的分析，可得出物体的部分形状，但尚未完整，还需进一步从两方面进行分析，一是分析正面图中的外框轮廓线投影，并得出完整外形轮廓，二是反复对平面图或侧面图中的投影线进行分析，直至读懂全图。经分析，最终物体结构如图1-32所示。

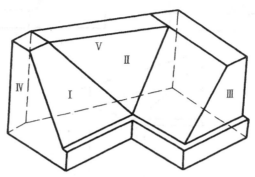

图1-32 物体结构图

3. 工程中常用的几种图示法

除三视图以外，现将几种工程中常用图示法介绍如下：

（1）局部视图

只需表示物体某一局部形状时，可以只画出基本视图的一部分，如图1-33所示的物体，正视图正将大部分物体的形状表示清楚了，只有箭头所指局部形状还未表示清楚。这时可以不画出物体的全部侧视图，而只需画出箭头所指的那部分的视图，这种图称为局部视图。

局部视图，也需进行标注。标注方法是：在基本视图上画一箭头，指明投影部位和投影方向，并注以字母（如A，B……），在画出的局部视图上用波浪线表示视图范围，

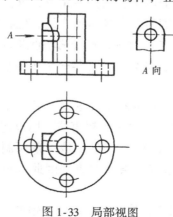

图1-33 局部视图

并注以"某向"，如图 A 向。

（2）斜视图

如图 1-34 所示，为了表示物体上倾斜表面（不平行于基本投影面的表面）的真实形状，可以将它投影到与倾斜表面平行的辅助投影面上，再画出视图。

斜视图仍按投影关系作图，必要时可以变换物体位置，如将图形转正画出，但图形转正后，应在视图名称后加注"旋转"二字，如图 1-34 中 A 向旋转。

另外还有前文所述的剖面图。

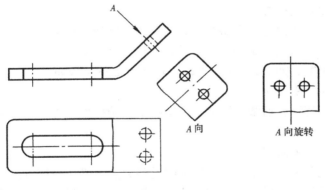

图 1-34　斜视图

（四）道路工程识图

通常，城市道路工程图主要是由道路平面图、纵断面图、横断面图、交叉口竖向设计图和人行道图组成，并用路线的纵断面图作为立面图，横断面图作为侧面图。

1. 平面图

城市道路平面图是采用正投影画俯视图的方法，结合标高投影所绘制的平面图，通常采用 1:2500 的地形图，内容包括房屋、桥梁、河流、已建道路、街坊小巷、防洪沟、闸坎、树木绿化、陡坡等地形地物。这张图仅提供做设计时需要的真实地形图，并在该图上设计和确定修建工程的内容，设计内容用不同的图线表示（道路平面中尚无统一规定的图例），图中反映的主要内容有：

（1）道路建筑红线和边线

道路建筑红线简称红线，是道路用地界线，红线范围内一切不符合设计要求的建筑物、构筑物、各种管线等均需拆除，设计道路图中，道路沿线或人行道外沿线为道路边线。

（2）道路中心线

简称中线，是道路走向的轴线，一般采用细点画线表示。

（3）里程桩号

为了清楚地看出路线的总长和各段之间的长度，一般在道路中心线上从起点到终点，沿前进方向标明里程桩号，"+"号前为公里数，如 K2＋100：即距路线起点 2km＋100m。

（4）平曲线

即弯道，通常表示为：在道路中线转折处用曲线连接两条折线。

（5）平面布置

道路平面图中，用坐标标明道路起点、终点、交点的平面位置；另外还应标明分隔带、花坛、桥梁涵洞、明沟、挡土墙、检查井、各种管线平面布置等。

（6）方向指标

一般都标出指北针方向，如图 1-35 所示。

2. 纵断面图

道路沿线的纵断面图是沿着道路设计中心剖切的，由于道路线由直线和曲线组合而成，故剖切面既有平面也有曲面，为了清楚地表示路线的纵断情况，通常把剖切面展开拉直成一立面，即为路线的纵断面图，如 1-36 所示，其内容如下：

（1）桩号

纵断面图上桩号与平面图中桩号相对应也是现场中心桩号。

（2）比例

纵断面图道路方向反映路线的长度，垂直方向反映现状的路面线及设计线的标高，由于道路的高差远小于线路长度，所以一般纵向比例取 1:1000 而横向比例取用 1:100。通常图上所反映的坡度较实际坡度大，这是为了看起来较明显，因此应在图上注明绘图比例。

（3）地面高度

每个桩号均有相应地面高程，表示该桩号处实地测量的现状地面高程。每个桩号的高程按横坐标表示，并将各高程点连接成细直线即为地面高程线。

（4）路面设计高程

每个桩号均有确定的设计高程，对应每个桩号的设计高程用纵坐标表示，并将各高程点连接成一组直线即：路面中心高程设计线。

（5）填挖量

同一桩号的路面设计高程减去现状地面高程，获正数者为填土高度值，获负数者为挖土高度值。

（6）坡度及距离

纵坡度即顺路线的每段设计坡度线。道路中心线上任意两点的高差与其水平距离之比，称为道路纵坡度。该栏中每一分格表示一种坡度，对角线表示坡度倾向，对角线上方数字表示坡度值。下方数字表示坡长。

（7）竖曲线

在设计纵坡度变更处，两相邻纵坡度之差的绝对值超过规定数值时，根据"行车设计规范"规定需设置圆竖曲线来连接两相邻纵坡，竖曲线中元素的符号如图 1-37 所示。

图中 L——曲线长度；

T——切线长度；

E——曲线外距；

R——曲线半径；

ZY——直圆点（直线和曲线交点）；

JD——交点；

YZ——圆直点（曲线和直线交点）。

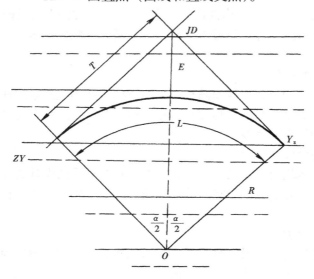

图 1-37　竖曲线元素图

3. 道路横断面图

城市道路横断面图通常表示标准横断面路面结构等，如图 1-38 所示。

（1）横断面图

道路标准横断面可以反映机动车道、非机动车道、人行道、分隔带、绿化带等各部分宽度，也反映雨水、污水、电力、天燃气、热力、电信、路灯、上水等各种地上架桩纠线及地下管缆的位置。另外还给出快车道、人行道、慢车道各部分的横向坡度。

（2）路面

路面是道路的主要组成部分，路面结构层由各种不同材料按一定厚度分层铺筑在车行道上，根据面层摊铺材料的不同可将路面分为刚性路面和柔性路面。下面分别介绍两类路面结构图。

1）沥青混凝土路面及人行道结构详图

如图1-39所示，快车道、慢车道均是多层结构所组成的沥青混凝土路面，在路面结构详图上要把各种材料结构分清，为此常采用1:20的比例制图。各分层部分，除用材料符号表明外，还要标注数字和文字，说明其厚度和材料名称、规格，标注次序要和图示的分层相对应，并用指示线上小黑点标明所在分层的部位。在路面结构图的两侧，画出断裂符号表明路面截取的局部范围。

城市道路边常设侧平石，其结构常和路面结构图组合在一起如图1-39所示。

人行道部分最下层为压实土基，土基上层为厚15cm、8%的石灰基层，再上面是5cm C10混凝土层，最上层为彩砖人行道表面，下坐2cm厚的M7.5砂浆垫层，如图1-39。

2）水泥混凝土结构详图（图1-40）

①构造形式

水泥混凝土路面厚度一般约18～25cm，它的横断面形状有等厚式、厚边式等，根据车辆荷载作用分析，虽然板边加厚符合受力理论要求，但施工时路基整形和立模比较麻烦，所以常采用等厚式断面。

为了弥补等厚式水泥混凝土板边强度的不足，在车行道边缘设置边缘钢筋，并在每块板的四角加设角隅钢筋。

为避免温度影响而产生不规则裂缝或隆起现象，需设置接缝将路面画块。分块的接缝有长缝、缩缝、纵缝等形式。

②平面布置图：在平面布置图中需标明水泥混凝土路面的画块大小、各种接缝、加固钢筋和传力杆等平面位置，在以上内容都清楚显示情况下，若采用断裂画片，仍按完整画块的平面尺寸标注尺寸。

③纵断面图：反映混凝土板厚及接缝的位置和传力杆及纵向边缘钢筋。

④横断面图：反映混凝土板厚及接缝的设置和传力杆，边缘

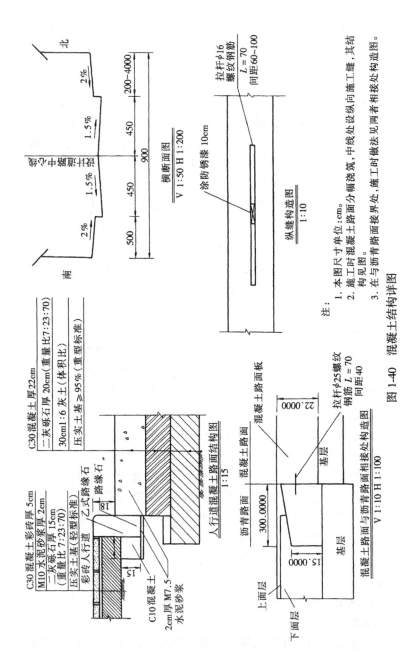

图 1-40 混凝土结构详图

北

2%

200～4000

1.5%

450

900

彩色混凝土

中线

1.5%

450

2%

500

南

横断面图
V 1:50 H 1:200

拉杆φ16
螺纹钢筋
L=70
同距60～100

涂防锈漆10cm

纵缝构造图
1:10

注：
1. 本图尺寸单位：cm。
2. 施工时混凝土路面分幅浇筑，中线处纵向设施工缝，其结构见图。
3. 在与沥青路路面接界处，施工时做法见两者相接处构造图。

C30混凝土厚22cm
二灰砾石厚20cm(重量比7：23：70)
30cm1：6灰土(体积比)
压实土基≥95%(重型标准)

C30混凝土彩砖厚5cm
M10水泥砂浆厚2cm
二灰砾石厚15cm
(重量比7：23：70)
压实土基(轻型标准)
乙式路缘石
路缘石

彩砖人行道

C10混凝土
2cm厚M7.5
水泥砂浆

人行道混凝土路面结构图
1:15

混凝土路板

拉杆φ25螺纹
钢筋 L=70
同距40

22.0000

混凝土路面

基层

混凝土路面与沥青路面相接处构造图
V 1:10 H 1:100

沥青路面

300.0000

混凝土路面

基层

上面层

15.0000

下面层

30

处是否等厚。

⑤接缝结构图：用更大比例表示垂直于各种接缝的局部断面图。

4. 交叉口竖向设计图

交叉口竖向设计的目的是合理地设计交叉口的标高，以利行车和排水。常采用等高线设计法，如图 1-41 所示是西青路面交

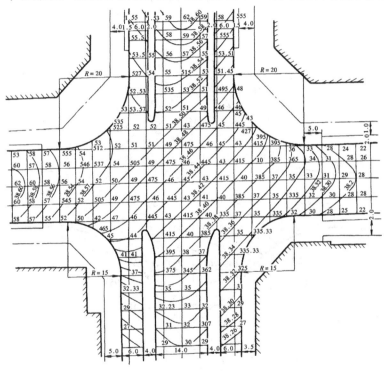

图 1-41　西青路面交叉口等高线设计图

叉口等高线设计图，每根等高线高差为 2cm，道路纵坡由北向南，由西向东下坡，故交叉口形成西北角向东南角下坡的单面坡。为了便于施工放线，平行道路中心线画有方格网。

方格尺寸通常为 5m×5m。在每个方格四角按设计等高线用

网插片插入高程。改建旧路交叉口时，将每个方格四角处的地面现状高程注于横线下面，横线上面标注路面设计高，其差位即该点处路面的填或挖的高程。

如图 1-42 是水泥混凝土路交叉口等高线设计图，为便于施工，每块水泥混凝土板均为单面直线坡。故等高线在水泥混凝土板分块各个角，按设计等高线用内插法插入设计高程。

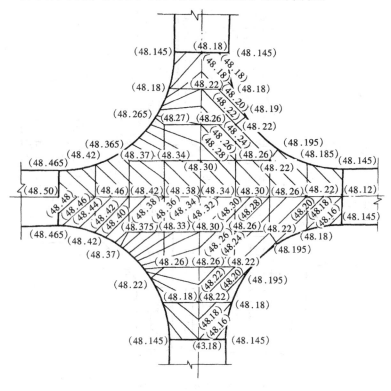

图 1-42　水泥混凝土路口等高线设计图

（五）制图基础知识

对于中级道路养护工来说，制图的技巧虽然不作要求，但必须全面掌握，且要求具有绘制简单的道路工程图的能力。因此，对于制图的基础知识是应该有所了解的，否则将难以达到上述目的。本节将介绍制图的工具及其使用、简单几何作图的方法、制图的基本规格等制图基础知识。

1. 制图的工具和仪器

制图是通过人对工具和仪器的掌握运用来实现的。要使制图的速度快、质量好，就必须熟知各种制图工具、仪器的性能并能正确、熟练地运用它们，才能绘制出好的、合乎要求的工程图样，正所谓"工欲善其事，必先利其器"。因此，了解制图工具、仪器及其使用方法，是迅速、正确绘出工程图样的重要环节。

工程图的绘制包括两个方面的内容。即能通过铅笔、尺规等在图纸上画出底图，然后，为了便于按图施工和保存，必须将底图复制若干张，如果一张张用铅笔去复制，则太费工费时，故须将铅笔图蒙上透明图纸，用墨线笔（鸭嘴笔、针管笔等）描制一张透明图（就象照片的底版一样），然后用这张透明图按需要复制（用晒图机或者人工晒图框架）出若干张蓝图（就像按照相片底版洗晒出若干张照片一样）。以上的绘制底图、描制墨线图的过程统称制图。现将其使用的主要工具、仪器的性能及其使用方法分述如下：

（1）图板

图板是制图时粘贴图纸用的，呈长方形，板面通常用胶合板制成，以椴木板为好。为防止翘曲，四周镶以硬木条，板厚约 $3 \sim 4$cm。对图板的要求是板面质地轻软、有弹性，表面平整无节疤，边角垂直光滑。

使用时为保持板面平滑，粘贴图纸要求用胶带纸，禁止用图钉揿按去固定图纸，那样将造成板面钉孔，影响使用。图板不用时，须放置通风干燥处，且须竖立保管，不能使其受潮或曝晒，以防引起变形而不能使用。

（2）丁字尺

由尺头和尺身两部分组成。尺头较短而尺身较长、两者互相垂直粘合或用拴钉固定在一起，象一个"丁"字，一般由有机玻璃制成，工作边刻有刻度，制图时主要用来画水平线。使用前应检查尺头内侧和尺身工作边是否平直光滑。工作边的检查方法是：在图纸上找相距较远的两点，先沿尺身工作边在两点间画线，然后将尺身翻转再沿工作边画线，如果两次画的线完全重合，则可说明尺身工作边是平直的，否则就是不平直的，就影响使用了。

画线时，尺头内侧靠紧图板左侧硬木边，用左手持之上下移动，每次移动后都须检查尺头内侧是否靠紧图板，然后铅笔沿尺身工作边由左至右画线，并注意按紧尺身，防止其移动。丁字尺不用时，应挂在墙上，谨防弯曲和碰撞。

（3）三角板

通常为一付两只，一只为等腰直角三角形，另一只为两个锐角分别是30°、60°的直角三角形。现在一般由有机玻璃制成。对其要求为每个角都必须度数准确，各边都应平直光滑。其主要用来与丁字尺配合，画铅垂线和某些角度斜线。使用时须注意防止碰坏边、角，以免影响使用。

（4）绘图铅笔

绘图铅笔应根据所画线条的粗细、深浅不同，而选用不同铅芯硬度的铅笔。铅笔硬度指标用"B"和"H"标志，"B"表示软而"H"表示硬，其字母前数字愈大则表示愈软或愈硬，"HB"表示中等软硬程度。一般绘图打底稿时常用 H 或 2H，描粗加深时常选用 HB、B、2B。

铅笔由于铅芯包藏于木制杆内，使用时须用小刀削之。要求削成圆锥状，且应用细砂纸将锥顶部分铅芯磨尖，以保证所画图线粗细均匀；且切削时应从标有软硬程度字母的另一端削起，以保持标记、便于识别。

（5）比例尺

系尺身上刻有各种比例的直尺。通常断面呈正三角形，故又称三棱尺，多用塑料制成。其作用为：当知道了某图所用比例和图线实际长度时，可直接用分规在尺上卡取，无须计算。为便于使用，尺面上刻度必须清晰，因此，要求不能将其当直尺使用去画线，也不能碰撞以防损坏刻度。

（6）圆规

它是用来画圆和圆弧的仪器。有规头和两只规腿，一般由低碳钢制成，表面电镀以防生锈。一腿端部附有针状插脚，另一腿端部附有各种形状插脚，如铅笔插脚，墨水笔插脚等，用于不同用途。

画圆或画弧时，以针状插脚刺入纸面并固定使之为圆心，规身稍前倾，手持规头转动使铅笔插脚等绕心旋转画圆。画大圆时可加上加长杆。

（7）分规

与圆规形状类似，仅两插脚都是针状而已，用来卡量长度和等分线段。

（8）墨线笔

墨线笔是用来描图上墨的工具，由笔头和笔身两部分组成。笔头由两片相距一定距离且可调距离的钢片组成，其头部尖锐形同"鸭嘴"，故又名鸭嘴笔；笔身为细棒状，系塑胶制成。

描图时将绘图墨水用小钢笔移入两钢片之间，注意应适量，过多或过少会造成跑墨污染图纸或墨线稍画即中断，造成图线粗细不匀。鉴于此，描图线前，应先在废描图纸条上画线，根据所需墨线不同粗细度要求调节好两钢片距离，然后再在描图纸上画墨线。

画墨线时，笔尖应与尺身工作边保持一定距离，画线时速度要均匀，用力要适度，中途不要停顿。笔用完毕，应旋松调节螺母，并将钢片上墨水擦净，以防钢片失去弹性和生锈。

现在，为了避免经常加墨和调节笔头钢片的麻烦，提高绘图质量和速度，人们又制造了各种不同管径的描图用针管笔，根据不同墨线粗细选用不同管径的针管笔。它省去了经常加注墨水的麻烦且线条画出粗细一致，故极大提高了绘图的速度。

除以上介绍的制图工具、仪器外，还有诸如画非圆曲线用的曲线板，写工程字用的小钢笔，以及修改圆纸用的擦图片、量角用的量角器等等，在此，就不一一介绍了。

2. 简单几何作图

我们所分析的平面图形，无非是由直线段和曲线段（包括圆、圆弧和非圆曲线）所组成的。为了准确、迅速地绘制物体的投影图形，必须掌握几何作图的方法。所谓几何作图，即按照已知条件和要求，绘制出需要的几何图形。当然，这是一包含很多内容的体系，由画法几何去研究和解决。在这里，我们仅介绍几种简单的、基本的、常用的，运用圆规和直尺去作几何图形的作图方法，称为简单几何作图。

（1）过已知点，作已知直线的平行线

如图 1-43 已知点 A 和直线 BC，求作过 A 点平行于 BC 的直线。

步骤：1）用第一块三角板的任一边与直线重合，另一任意边与第二块三角板的任一边靠紧；

2）推动第一块三角板沿两块三角板的靠紧边滑动，当其与 BC 重合边通过 A 点时停止；

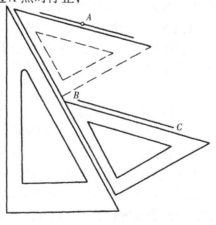

图 1-43　平行线

3）过 A 点沿着该边画一条直线即为所求。

（2）过已知点作已知直线的垂直线

如图 1-44 已知点 A 和直线 BC，求作过 A 点且垂直于 BC 的直线。

步骤：1）用第一块三角板的一条直角边与直线 BC 重合，使其斜边靠紧第二块三角板的任一边；

2）推动第一块三角板沿两块三角板的靠紧边滑动，到其另一直角边经过 A 点时停止；

3）过 A 点沿该边画直线即为所求。

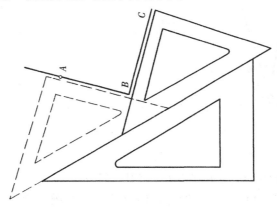

图 1-44　垂直线

（3）分已知线段为任意等分

如图 1-45，分线段 AB 为 3 等分。

步骤：1）过 A（或 B）点作射线 AC，以任意长为一份在 AC 上从 A 依次截取得各分点 $1'$、$2'$、$3'$，并连接 B 和 $3'$ 点；

2）分别过 $2'$、$1'$ 点作 $3'B$ 的平行线，在 AB 上得交点 1、2，即将 AB 分为 3 等分。

（4）作线段的垂直平分线

如图 1-46 所示，作 AB 的垂直平分线。

步骤：1）分别以 A、B 为圆心，以大于 AB' 长的一半为半径，在 AB 两侧画弧得两交点 C、D；

2）过 C、D 作直线即为所求 AB 垂直平分线。

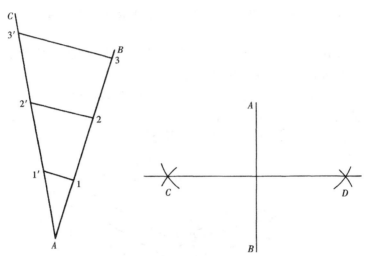

图 1-45　分线段　　　　　图 1-46　垂直平分线

（5）二等分角

如图 1-47，已知∠AOB，将其二等分。

步骤：1）以 O 为圆心，任意长为半径画弧交 OA、OB 于 C、D 两点；

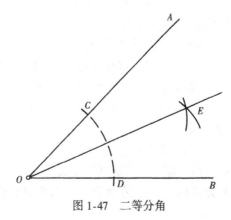

图 1-47　二等分角

2）分别以 *C*、*D* 为圆心，任意长为半径画弧交于一点 *E*；

3）连接 *O*、*E*，则射线 *OE* 为角平分线。

（6）过不在一直线上三个点作圆弧

如图 1-48，不在一直线上三点 *A*、*B*、*C*，作连接三点的圆弧。

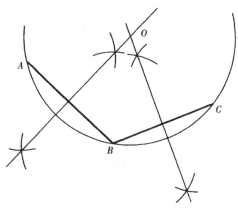

图 1-48　作圆弧

步骤：1）连接 *A*、*B* 和 *B*、*C*；

2）分别作 *AB*、*BC* 的垂直平分线，两者交于一点 *O*；

3）以 *O* 为圆心，*OA*（或 *OB*、*OC*）为半径画圆弧，过三点即为所求。（*ABC*）

（7）作圆内接任意正多边形（近似图形）

如图 1-49：已知外接圆 *O*，求作其内接正五边形。

步骤：1）作外接圆 *O* 的两条互相垂直直径 *AB*、*CD*；

2）以 *A*（或 *B*）为圆心，*AB* 为半径画弧交 *CD* 的延长线于 *E*；

3）将 *AB* 五等分得各分点 1、2、3、4；

4）再从 *E* 引射线与 *AB* 上每隔一分点（如 2，4）连接并延长交圆周于 *F*、*G*；

5）在圆周上找出 *F*、*G* 的对称点 *H*、*I*；

6）依次连接圆周上各点即得圆内接正五边形 *AHIGF*。

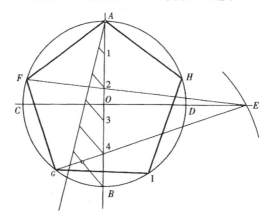

图1-49　圆内接任意正多边形

（8）圆弧连接

在道路工程图中，经常遇到圆弧与直线的连接和圆弧与圆弧的连接问题。如道路的曲线段与直线段的连接，交叉口路缘石线的连接，道路的复曲线、反向曲线、回头曲线等。这里所谓连接，是指两者的接头处必须光滑、顺适。作连接图的关键，是根据已知条件，准确地求出连接圆弧的圆心和切点。以下介绍几种圆弧连接的作图方法：

1）圆弧与直线连接

如图1-50，已知直线 *AB*、*CD* 用一已知半径为 *R* 的圆弧将它们连接起来。

步骤：①分别在 *AB*、*CD* 的同侧作相距为 *R* 的平行线交于一点 *O*，即所求连接圆弧的圆心；

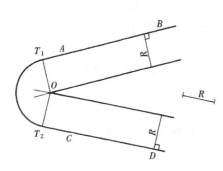

图1-50　圆弧与直线连接

②过 *O* 点作 *AB*、*CD*

的垂线分别交于 T_1、T_2，即所求切点；

③以 O 为圆心，R 为半径从 T_1 至 T_2 画圆弧即为所求。

2）圆弧与两圆弧连接

①外连接：如图 1-51 已知两圆弧与连接圆弧半径，作外连接。

步骤：a. 以 O_1 为圆心，$r_1 + R$ 为半径画弧，以 O_2 为圆心，$R + r_2$ 为半径画弧交于 O，即为所求连接圆弧圆心；

b. 分别连接 O_1、O 和 O_2、O，交两已知圆弧于 T_1、T_2 点，即为所求切点；

c. 以 O 为圆心，R 为半径，自 T_1 到 T_2 画圆弧即为所求。

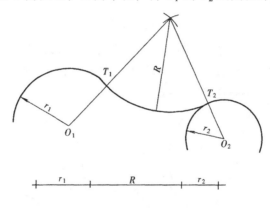

图 1-51　圆弧与圆弧外连接

②内连接：如图 1-52 已知两圆弧和连接圆弧半径，作内连接。

步骤：a. 以 O_1 为圆心，$R-r_1$ 的半径画弧，以 O_2 为圆心，$R-r_2$ 为半径画弧交于一点 O，即为所求连接圆弧圆心；

b. 分别连接 O_1、O 和 O_2、O，并延长交两已知圆弧于 T_1、T_2 点，即为所求切点；

c. 以 O 为圆心，R 为半径自 T_1 到 T_2 画圆弧即为所求。

③混合连接：如图 1-53 已知两圆弧一已知连接圆弧半径的半径混合连接。

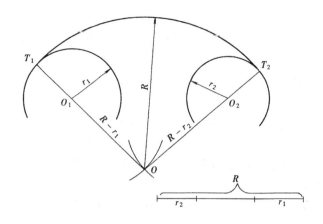

图 1-52 圆弧与圆弧内连接

步骤：a. 以 O_1 为圆心，$R-r_1$ 的半径画弧，以 O_2 为圆心，$R+r_2$ 为半径画圆弧，交于一点 O，即为所求连接圆弧圆心；

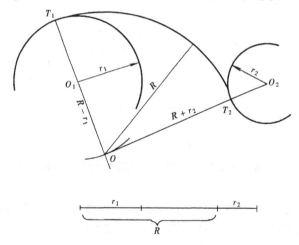

图 1-53 圆弧与圆弧混合连接

b. 连接 O_1、O 并延长交一已知圆弧于 T_1 点，连接 O、O_2 交另一已知圆弧于 T_2，即为所求切点；

c. 以 O 为圆心，R 为半径，自 T_1 到 T_2 画圆弧即为所求。

3. 制图的基本规格

要使工程图样的图形准确，图面清晰，就要对制图的一些基本规格作出统一规定，大家共同遵循。即所谓"没有规矩不成方圆"。这样按"规矩"画出的图纸才能符合生产的要求和便于技术交流。因此，对制图的基本规格，一定要有比较深刻的了解和熟悉，才能熟练的运用它而不致"犯规"，从而使画出的图不出"废品"。

（1）图幅

所谓"图幅"，顾名思义，即图纸的幅度。为了合理的使用图纸和便于装订管理，图幅的大小均应按照"国标"规定执行。

图幅有大有小，表1-3列出了其规格。从表中可以看出，$A1$ 号图幅是 $A0$ 号图幅的对裁，余类推。即图幅是按图幅代号去规定的，可根据不同需要采用。

图　幅（mm）　　　　　表 1-3

图幅代号　　　　　尺寸代号	A0	A1	A2	A3	A4
$b \times L$	841×1189	594×841	420×594	297×420	210×297
装订边宽 a	35	35	35	30	25
上、下、右边宽 c	10				

如上述图幅不够用，需加长（宽）时，规定为 $A1 \sim A3$ 号图幅可增加长度和宽度；$A0$ 号图幅只能增加长度，$A4$ 号图幅不得加长。加长部分的尺寸应为其边长的八分之一及其倍数。

道路工程图，由于其情况特殊，往往不限制在上述规格中。比如道路平面图，常呈狭长状，纵、横断面图，为了表示和计算方便，经常采用市售各种规格的米格纸来作设计，只有画各种道路工程结构图才按照图幅号来作图。

总之，采用图幅的大小，原则上按图幅代号来确定，也可以按照实际情况作相应变更，但要有利于装订和保存。

（2）图标

图标又称标题栏，亦称图角。其位于图纸的右下角，格式根据需要自行确定。它是图纸名称和有关内容的文字标题栏。主要包括下列内容，设计单位（施工单位）工程名称、设计（竣工测图）、校对、制图、描图、审定、审核等栏目及其责任人员签名、图名（图纸包含内容）、图类（扩初设计、施工图设计、竣工图等）、图别（道路、桥涵、排水、房建等），图号（图纸编号）、比例、日期等。

字体大小，一般设计单位、工程名称、图名用大号字（如10号字），其余用5号字。

（3）比例

大家知道，市政工程设施一般都具有长大的形体，要将它们用工程图去表示，不可能按其原有大小绘在图纸上，故应进行缩小。但必须按一定比例去缩小，才可统一和比较。比例一般采用阿拉伯数字表示，如 1:20，1:500，1:2000 等，其意义为图上线段长度与实物实际长度之比，简单表示为：图:实＝比例。

如整张图纸采用同一比例，则可在标题栏内或图纸文字说明中注出。如一张图纸中各个图形采用比例不同。则应分别注于图名的右侧。图名一般位于图形的下面，并在图名下画一粗实线。例如：<u>平面图 1:1000</u> 等。

（4）字体

文字是工程图的重要组成部分。如字体潦草，各写一套，轻则影响图面的整洁美观，重则影响文字表达，造成理解错误，引起工程事故。因此要求图纸上的字体，必须书写端正、排列整齐、笔画清晰。以下分别叙述对于汉字、数字、字母书写的要求：①汉字，要求采用长仿宋字体书写。其字的高度比为 3:2，字的大小可酌情选用，经常采用的有 5、7、10、14、20 号五种规格（指字的高度、尺寸单位 mm），其书写要领为横平竖直，起落分明，排列匀称，填满字格。字体由 8 种基本笔划组成，即横、竖、撇、捺、勾、点，要想写好工程字须经常练习。逐步提高；②数字和汉字拼音字母（包括外文字母等），数字和字母一般采用向右倾斜 75°的斜体式，其字号除上述五种规格外，还可增加 2.5 和 3.5 两种。

（5）线型

图样由不同形式、不同粗细的线条所构成。这是由于其表达的意义不同，用途各异而决定的。另外，除按要求正确选用线型外，还应注意图纸上各类图线相交时的画法处理，画图时应充分予以注意和正确使用。

（6）尺寸标注

工程图虽然正确地画出了结构物的形状，人们还是不能按其去施工和生产。这是因为，没有尺寸标注，只能大体估计，不能作为施工生产的依据。所以，还必须完整、准确、清晰地注出结构物的尺寸方可。

1）尺寸的组成：尺寸是由尺寸线、尺寸界线、尺寸起止点、尺寸数字四部分组成的。

2）尺寸标注的一般规则

①标注的尺寸数字是工程结构的实际大小，与所画图的比例无关。

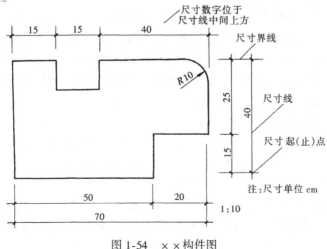

图 1-54　××构件图

②遵循有关规定。如对市政工程图来讲，道路长度用 km 或 m，标高、坡长、曲线要素为 m，一般砖石、混凝土构筑物用 cm、钢筋直径、管道直径用 mm 等。

③尺寸界线用细实线，与被标注线段垂直（特殊情况可倾斜），且不能连在一起，相距约 2mm。

④尺寸线用细实线，与被标注线段平行，大尺寸在外，小尺寸在内，两者相距 5~8mm。尺寸数字写在尺寸线的中间的上方或断开处。

⑤尺寸起止点：一般用短斜线表示，从右上方向左下方倾斜 45°角，长度 3~4mm。但在标注圆、圆弧的直径和半径、角度时，尺寸起止点均采用箭头。图 1-54 为尺寸标注的例子。

（六）踏勘图和竣工图绘制

1. 踏勘图

一般在工程开工之初要进行现场踏勘和进行线位调查，并将结果绘制成图。

（1）绘制踏勘图目的

对一个施工场所首先要熟识，这样施工时才能根据实际情况编制施工组织设计，合理布置施工现场，针对不同工质情况采取不同施工方法，以减少不必要浪费。其次对施工范围内管线调查，特别地下管线调查，编制地下管线保护措施，可以避免对地下管线的破坏，保证正常施工。

（2）调查内容

1）地表地物　包括树木、机井、河流、道路等地表附属物。

2）地上管线　地上管线可以观察到平面位置，高度并标明用途，如电信、电力、供气等。

3）地下管线　地下管线是比较复杂一个环节，也是必须调查一个重要项目，要知道位置、深度。对于给排水还要知道管径大小。地下管线包括：上下水、电力沟、防空洞、通信、天然气等。

4）地质和地下水情况　现场土质是黄土、沙还是石等情况，地下水位高低是否影响挖深等情况。

5）踏勘图绘制　根据调查结果和原设计图对比看是否一致，不一致改正，没有涉及到的加绘到图纸上，这是在原设计图上标注踏勘内容。也可以单独绘制成踏勘图，如图 1-55 所示绘制踏勘图。

2. 竣工图的绘制

工程竣工图是市政工程在施工过程中根据实际情况所绘制的反映工程建成后实际面貌和构造的一种"定型"图样，它是建筑物、构筑物或管线工程施工结果在图纸上的反映，是真实的原始记录，是工程竣工资料的重要部分，也是城市规划、建设、管理的重要依据。

（1）编制竣工图的依据

编制竣工图必须以一定技术图纸和技术文件材料为依据，这些技术图纸和技术文件材料包括：

1）设计施工图；

2）图纸会审纪录；

3）设计变更通知单或工程洽商记录；

4）技术要求核定单；

5）隐蔽工程验收记录；

6）质量事故报告及处理记录；

7）测量复核记录。

（2）编制竣工图原则

1）凡是在施工过程中改变设计较多的，特别是基础、结构、管线等隐蔽部分变更较多的，应重新绘制。

2）施工过程中完全按原设计图纸施工的，可以在图纸上加盖"竣工图"标志作为竣工图。

3）施工过程中对原设计只有少量变更的，可以在原图设计图上加盖"竣工图"标志章作为竣工图。

（3）编制竣工图的要求

1）竣工图的编制工作，必须以施工单位为主，由工程技术人员绘制，设计单位绘制竣工图，必须由施工单位签定。

2）竣工图编制工作，必须在施工过程中，结合工程进度进行编制。

3）竣工图上反映图形、尺寸、结构、材质等内容，必须同施工后的建筑物、构筑物等相一致，即图物一致。

4）在原图纸上进行修改补充的，只能抠改不准涂改，以保持图面清洁；图上的名词、代号等要符合国家有关法律、法令标准。

5）利用施工图绘成竣工图必须注明依据标注位置合理。

6）在使用施工蓝图编制竣工图时，必须使用新蓝图做到图面线条清晰、字迹工整，反差良好。

（4）编制竣工图具体作法

编制竣工图可以采用在施工蓝图上修改的方法，也可重新绘制竣工图，下面就重新绘制作详细介绍。

1）根据学过测量知识进行实地测量，如道路中线高程走向、所处方位、转折点及角度，沿线地形、地物如农田，建筑物、电杆、树木、管线等资料。

2）平面图绘制，先选图幅、画出中线（转折点及角度）然后以其为准画出边线、沿线地物图式等，一般用点画线表示中线、边线用粗实线，其余地物用细实线，并画出表示方位的指北针，图样写出图名、图层和采用比例尺等。

3）纵断面图绘制，先画纵断面图的资料栏，包括桩号、原路面高程、设计路面高程，填挖高度距离分桩号栏目。纵向和竖向不采用同一比例，图 1-36 所示竖向 V 为 1:100，纵向 H 为 1:1000。然后将测量所得桩号位置和相对应高程数值填入相应位置，原路面现状高程可从设计图到在图样栏中画出高程标尺，并将各相应桩号的高程点绘在图样栏，最后用实线连接有一定坡度直线，变坡点要注明，并标出坡度和距离。

4）横断面结构的绘制，分为机动车道，非机动车道和人行道横断面图，采用比例尺 1∶15 分别画出三种横断面结构形式及路缘石结构形式，并注明横坡的大小。对于有地下管线的道路，还要画出注明管线位置的横断面图。

将三种图分别完成后装订到一起，就算完成了竣工图绘制。竣工图绘制也可用计算机和专门打印机绘图机来完成。

思 考 题

1. 试画出圆柱体三面投影图。
2. 指出道路平面图中所包含的主要内容。
3. 试三等分一线段。
4. 编制竣工图的依据及其原则。

二、道路养护工程测量

（一）距离丈量

1. 工程测量基本知识

（1）测量学任务和分类

测量学是地学的一个分支。它是研究测定和推算地面点的几何位置、地球形状及地球重力场，根据测量地球表面自然形状和人工设施的几何分布，并结合某些社会信息和自然信息地理分布，测绘和编制全球和局部地区各种比例尺地图的理论和技术的学科。根据其定义可以概括两方面任务：一是测定地球表面某区域的形状和大小，用一定比例尺缩绘在图纸上，成为与地面相似图形，称为地形图，作为工程建设和国防建设的必要资料；另一方面是解决如何把设计在图纸上的建筑物，用测量方法，放样到实地上，作为施工依据。此外，测量学是一门研究地球形状和大小的科学，它为研究地壳升降，海岸线迁移、地震预报、建筑物变形观测及近代航天技术等提供必要数据和研究手段。

根据测量学任务，它可以分为以下几类：

1）大地测量：研究地球表面上，一个大区域甚至整个地球的形状和大小，建立国家大地控制网，在观测计算、绘图过程中，要考虑地球曲率。

2）地形测量：研究小区域的地球表面的形状和大小，不考虑地球曲率，用平面代替球面，根据需要测绘出各种比例尺测绘图。

3）摄影测量：研究如何利用航空摄像片和地面摄像片测绘成各种比例尺地形图方法，在摄影测量中又分航空摄影测量和地面摄影测量。

4）工程测量：研究测量学在各种工程建设中的应用。由于对象不同，可分为公路测量、铁路测量、建筑测量、矿山测量、水利测量、隧道及地下铁道测量、城市建设测量及变形观测等。

（2）测量学在工程中应用

测量学，按工程建设中测量工作进行次序以及所用测量理论与作业方法的性质，基本上可以分为三阶段，即规划设计阶段、建筑施工阶段与运营管理阶段。现将各个阶段测量工作概述如下：

1）工程建设规划设计阶段的测量工作

每项工程建设必须立项、审批，按自然条件和预期目的，进行规划设计。这个阶段测量工作，主要是提供各种比例尺的地形图与地形数字资料，另外还要为工程地质勘探、水文地质勘探等进行测量。

2）工程建设施工阶段的测量工作

每项工程建设的设计，经过讨论、审查和批准之后，即进入施工阶段。这时，首先要将所设计工程建筑物，按照施工要求在现场标定出来，即所谓定线放样，作为实地修建依据。为此，要根据现场地形，工程性质以及施工组织与计划等，建立施工控制网，作为定线放样的基础。然后再按施工需要，采用各种不同的放样方法，将图纸上所设计的内容转移到实地，所以这一部分就包括了施工控制网的建立和定线放样工作两大部分。

3）工程建设经营管理阶段的测量工作

在工程建筑物运营期间，为了监视其安全和稳定情况，了解设计是否合理、验证设计理论是否正确，需要定期对其位移、沉陷、倾斜以及摆动等进行观测。这些工作就是所说的工程建筑物的变形观测。

由此可见，测量工作贯穿于各项工程中的勘察、设计、施工、竣工验收及至维护工作全过程，所以对道路养护工来说测量学是一门必须掌握的基本知识和技能。

（3）施工测量的基本概念

1）道路施工测量主要任务和特点

道路工程施工测量的主要任务有：①根据设计和施工要求，建立施工控制点、网，并将设计图上的设计内容测量到实地上，作为施工的依据。②把工程施工过程中各工序的测量记录和工程完工后的竣工测量记录编绘整理成竣工图和资料，作为工程质量评定、验收以及以后使用、维护、管理、改建和扩建的依据。此外对于一重要工程在施工的过程中和工程交付使用后，还要对有关部位的沉陷，位移和倾斜等进行变形观测。

道路工程施工测量是道路工程建设过程中的一项极其重要的工作，它贯穿于工程施工的全过程。它具有时间紧、接触数据多、作业环境复杂等特点。是一项非常细致的工作。稍有不慎就会发生错误，假如不能及时发现就会影响整个工程的顺利进行，甚至造成返工浪费，造成工程永久性缺陷，影响道路工程的使用功能等严重后果。

2）测量工作的基本原则

测量工作分为外业和内业两部分。外业是应用测量仪器测定点与点之间的距离和高程，以及直线的方向（角度）以确定其相对位置。进行测量时，不论采用何种方法，使用何种仪器、测量成果都会有误差。内业是根据外业观测的成果，进行成果的整理和计算，然后绘制成图。

在外业工作中，为了防止测量误差的逐渐传递累积增大到不能容许的程度，首先在测区中用较精密的仪器，比较严密的测量方法，测定一些"骨干"点，以保证整体的精度，然后再根据这些"骨干"点去测定其他的地形或地物的特征点，即进行局部测量。因此测量在布局上是"由整体到局部"；在精度上是"由高级到低级"。这是测量工作应遵循的重要原则。

（4）测量学的基本知识

1）地球的形状和大小

测量是以地球为工作对象的，因此应该对地球的形状和大小有所了解。地球表面高低起伏，有高山、深谷、平原、海洋、沙漠等等，称为地球的自然表面。由于地面71%是海洋，设想把静止不动的海平面延伸穿过陆地，包围了整个地球，形成一个闭合的曲面，这个曲面称为水准面。水准面的特点是该面上任意一点的铅垂线都垂直于该点的曲面。海水有潮汐，时高时低，不同高度的水准面可以有无数个，把通过平均海水面的那个面称为大地水准面，由这个面所包围成的几何形状称为大地球体，可以把它看作为地球的实际形状。我国大地水准面是以青岛1952～1979年平均海水面作为基准面，命名1985国家高程基准。

经过长期的实践，人们逐渐认识到地球的形状近似于一个两极略扁的椭球。为了便于测量和绘图，在测量上选用一个和大地水准面形状非常接近的椭球体来代表地球形体。目前我国采用的地球椭圆体形状和大小的元素值为：

长半轴（赤道半径）$a = 6378.140km$

短半轴（地轴半径）$b = 6356.743km$

$$扁率 \ a = \frac{a-b}{a} = \frac{1}{298.26}$$

如果把地球近似看成圆球，取其半径

$R = \frac{2a+b}{2} = 6370km$，这个数值的精度已能满足一般测量的精度要求。

2）地面点位置的确定

测量上把地面上的房屋、道路、河流、桥梁、森林、植被等称为地物；把地面高低起伏的山岭、丘陵、峡谷等称为地形。测量的任务就是要测定地物和地形的位置并把它绘制在图纸上，或都按照设计要求来确定图纸上构造物在地面上的准确位置。地形、地物在图纸上是由一些特征点以及一些折线或曲线来代表的。

如果确定各特征点的位置（图2-1a中的1、2、3、4点）以及各点之间的直线；确定直线与曲线衔接点和曲线上点的平面位置（图2-1b中的1、2、3、4、5点），那么图2-1所示的建筑物、

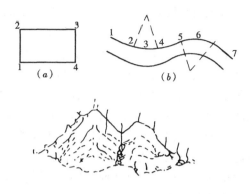

图 2-1　地面点位置的确定

道路的平面位置也就确定了。如果在上述各点上再标注上高程或者增加一些能够代表其高低起伏的特征点，上述的建筑物、道路在地面上的位置也就确定了。测量工作的基本内容就是：在一定的精度要求下，采用适当的仪器和方法测定这些特征点。

地面上的点位通常是以该点在地面或平面上的投影位置，以及该点到大地水准面的垂直距离（即高程）来表示其空间位置。

①点的地理坐标

地理坐标是以经度和纬度表示地面点在大地水准面上投影的球面位置，是地面点的绝对位置。地面上一点的经度即通过该点的子午面与首子午面所夹的二面角。自首子午线以东 0°～180° 为西经。通过该点的铅垂线和赤道平面所夹的角称为该点的纬度，从赤道向北 0°～90° 为北纬，向南 0°～90° 南纬。点的地理坐标确定后，它在地球上的绝对位置也就确定了（图 2-2）。

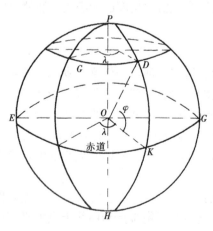

图 2-2　点的地理坐标

地理坐标是大地、天文测量及制图中经常应用的坐标，但在普通测量中，由于测区面积小，可以把部分球面看成平面，用一个平面直角坐标来表示点的平面位置，称为相对位置。

②点的高程

点的位置是空间的位置，除了确定它的经纬度或平面坐标外，在测量上还用高程来表示它的高低。地面上任意点到水准面的铅垂距离就是来表示它的高低。如果这个水准面是大地水准面，这个铅垂距离称为绝对高程，又称海拔。我国是以青岛验潮站所确定的黄海平均海水面作为高程起算面（即大地水准高）。如我国的珠穆朗玛峰海拔8848.13m。

在局部地区，也可以假定一水准面作为高程起算面，地面上一点到假定水准面的铅垂距离称为相对高程，如建筑工程中常将室内地平假定为±0的方法。

3）用平面代替曲面的限度

①对距离的影响

在实际测量工作中，将地面点投影到大地水准面上，然后再投影绘制到平面的图纸上，这是很复杂的。如果把地球上的一部分曲面展成平面，曲面上的图形是要变形的，所以当把地球面上的图表测绘到平面图纸上，也就是说测量是在平面上进行而不是在球面上进行，因此，在一定的测量精度要求和测区面积不大的情况下，往往以水平面地接代替水准面，就是把较小一部分地球表面上的点投影到水平面上来决定其位置。全是在多大范围内能容许用平面投影代替球面投影的问题必须加以讨论。

通过计算，可以分析水准面的曲率对水平距离的影响：当水平距离为10km时，以平面代替曲面所产生的误差为1/120000。

当水平距离为25km时，以平面代替曲面所产生的误差为1/195000。当水平距离为50km时，以平面代替曲面所产生的误差为1/487000，而精密丈量距离的容许误差为1/1000000，因此可以得出结论；在半径为10km范围内水准面上的图形可视为水平面上的图形。即使在25km范围内，一般的土建工程测量把水准面当作水平面也是可以的。

②对高程的影响

通过计算可知，当距离为 1km 时，其误差为 0.08m；当距离为 10km 时其误差为 0.80m，所以地球曲率对高程影响是较大的。因此在测量高程时，即使在较短的测量距离内，也必须考虑地球曲率对高程测量精度的影响。通过研究和计算，综合地球曲率和大气折光的影响可知当视线长度 $b = 80 \sim 100\text{m}$ 时，其综合影响系数 $f = 0.6 \sim 0.8\text{mm}$，此数值较小，而且在实测中若采取前、后视线等长，则在计算高差时，可以抵消这项影响。

2. 距离丈量的方法和标定直线

在日常生活中，我们经常用尺来量长度，测量一般是用钢尺或皮尺等丈量地面上两点间水平距离。用各种尺直接丈量地面上两点间的水平距离或直接丈量倾斜距离再计算水平距离称为距离丈量。但应明确距离丈量的定义是直线水平距离，假如沿倾斜地面丈量了倾斜距离，必须把它换算成水平距离后才能制图或计算长度。两点间距离除用尺直接丈量外，根据精度要求不同和各种实际情况，还有多种不同测量方法，如光学测距和电磁波测距。

（1）距离测量方法

测距方法因精度要求，适用范围不同而各异，分别介绍如下：

1）概略测距法

在测量或施工中，有时受到各种条件限制，对测量的精度要求不高时，可用目估或步测方法等，这种办法精度较差。

2）距离丈量

距离丈量又称量尺量距，就是用量尺直接测定两点间的距离。在早期的土地整理、道路建设等工程测量中，曾用测绳、竹尺和测链等作为量尺。17 世纪欧洲一些国家用长约 4m 木杆尺或金属尺作为测量。1880 年瑞典人耶德林用悬挂的线状金属尺代替木杆尺。1903 年出现铟瓦基线尺，使量距精度大大提高，可达到 1/100 万。目前最常用的钢卷尺，可用于中精度的距离测量。在低等测量中，也常用皮尺或测绳作为量尺。

3）视距测量

视距测量是用有视距装置的测量仪器，按光学和三角原理测定两点间距离的方法，其操作简便迅速，且极少受地面起伏限制。视距法测量精度较低，主要用于地形测量。但是精密视距测量也可以用于中等精度距离测量。

4）电磁波测距

电磁波测距就是通过测定电磁波在待定距离上传播所经历的时间，而求得距离的一种方法。20世纪40年代，电磁波测距仪的出现是距离测量的一个里程牌。用电磁波测距仪进行距离测量不仅工效和精度很高，而且为测量工作自动化奠定了基础，它是目前最为理想的距离测量方法。

（2）标定直线

当两点间距离大于一个尺的长度时，应予先标定直线。标定直线，就是把许多标杆竖立在通过直线两端点的竖直面内，这种工作称作标定直线，标定直线可以用肉眼观测，也可以用经纬仪精确标定。

1）标定地面点

要丈量地面上一段直线的水平距离，先要确定这一直线的起点和终点的位置，并用明显的标志定在地面上，保持点的位置在一定时期内固定不变。

标定地面点，要根据测量目的和测点的重要程度来定。需要保存时间不长的一般桩可用木桩打入地下，桩顶钉一小钉表示点位（图2-3a），若需长期保存可使用混凝土桩或石桩（图2-3b）。

混凝土桩一般用外露的钢筋头来表示点位，石桩通常在桩顶刻划"＋"字，以"＋"字的交叉表示点位。

2）两端点间定线

两端点间定线是指两端点间可通视时的直线定线。目估定线时应在两端点竖立标杆，由测量员站在一端后1～2m处，照准另一端点标杆指挥中间一测量员将标杆移到线上。定线时也可用

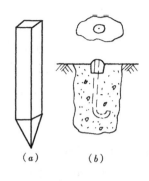

图 2-3 标定地面点

经纬仪进行。可在测线一端点上安置仪器，对中整平后照准另一端点上的标志后，固定照准部不动，再通过望远镜时视准轴指挥，将中间各点安置到视线方向上。

在两点延长线上定线的方法与两端点间定线相似，但应尽量避免两点间距离过短而延长线过长，以便保证定线精度。

3）两端点不易到达或不通视定线

两端点不易到达或不通视的目估定线。可采用逐渐趋近法。图 2-4 中，设 A、B 为直线两端点。在 A、B 中间尽量靠近 AB 直线且于 AB 同地通视地方选择 C 点。在 C 点处的测量员指挥另两个测量员分别沿 C、A 和 C、B 的方向插上标杆 D 和 E，接着 D 点测量员指挥 C 点测量员将标移至 D、E 上 C 处。同法继续下去，直至 EDA 和 DEB 均在一条直线上为止。图 2-4 是逐渐趋近法目估定线的示意图。

4）穿过谷地定线

利用仪器进行穿过谷地定线并不困难，我们还是介绍用目估

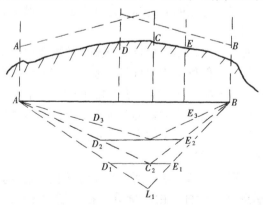

图 2-4 俯视示意图

法定线。设 A、B 为直线的两端点，且相互通视，但是 A、B 两点之间为一山谷，若要在 A、B 之间标定 1、2、3、4 等点，使其在 AB 直线上，先在 AB 两点竖立标杆，并有甲、乙二人分别立于 A、B 标杆后观测。由甲指挥 1 点处的标杆立在 AB 直线上，同时甲指挥 2 点处的标杆立于 $A1$ 延长线上，然后由乙指挥 3 点处标杆立于 $B2$ 延长线上，如此进行可以标定出 AB 直线间的所有各点。如图 2-5。

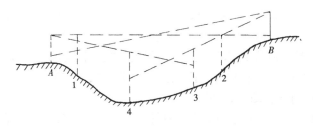

图 2-5　目估法定线

3. 距离丈量

（1）测距工具

1）尺

测距的主要工具是尺，尺的种类很多，有钢尺、皮尺、竹尺和测绳等，选用什么尺，取决于所测距离的精度要求，当精度要求较高时应使用钢尺或竹尺，精度要求较低时可选用皮尺或测绳。

①钢尺：用带状薄钢片制成，卷入盒内或尺架上，长度种类较多，短的有 1m 钢卷，长的有 100m 钢卷尺，丈量上多选用 20、30、50m 等几种。尺的两端或一端 10cm 内刻画成 mm 分划，其余部分为 cm 分划，每 10cm 有注字，钢尺的零点有两形式；一种是距尺端适当长为尺的零点，称为刻画尺；另一种是以尺环端为尺的零点，称为端点尺。钢尺受温度、拉力等的影响较小，是一种比较精密的测距工具。

②竹尺：竹尺用光滑的竹片以细钢丝连接制成，一般长度

20m 或 30m。在尺两端 1m 内刻画成 cm 分划，其余 m 刻画，每米处注有数字。因竹质坚韧，伸缩性小，且价廉可自造，因此在公路中线测量中，常用竹尺代替钢尺，但由于各竹片接头容易拉松，因此使用前要用钢尺检验它的长度。

③皮尺：外形和钢尺相似，它是由细铜丝与棉麻线织成布带状，装在尺盒内，尺长由 15～100m 几种。尺的最小刻度为 cm，每 10cm 有注字，通常以尺环端点为尺的零点。由于皮尺受干、湿和拉力的影响，伸缩性较大，一般用于低精度的距离测量中。

④测绳：用线或麻的圆线包入金属丝制成，长度有 50m、100m 两种。测绳每米处用一小铜片包在绳上铜片上注明米数。测绳伸缩性大、精度低一般用来丈量较次要的距离。

2）测杆、测钎、锤球

测杆又称花杆，用坚实不易翘曲的木料或玻璃钢、铅合金制成，直径约 3cm，长 2m 或 3m，杆身分 20cm 一节，漆成红白相间的颜色，杆的一端装有铁脚。便于用铁脚尖对点或插入土中。

测钎用粗钢丝制成，长约 50cm，一端弯成环状，每 11 根或 6 根为一组，套于钢丝环上，在测距时用来标记和统记丈量尺段数。

锤球是用金属制成的重锤、形状为圆锥体，上端系以细绳、锤尖应与细绳位于同一条铅垂线上，它是对点的工具，测距时作为垂直投点用。

（2）钢尺量距

测距会遇到平地、坡地等各种不同地形情况，无论遇到何种情况，测距要有三个基本要求即"直、平、准"。直就是要测两点间的直线长度，为此测前要标定直线。平就是要量两点间的水平距离，要求把尺拉平，如果测了斜距也要核算成水平距离。准，就是要对点准，读数准，测距结果不能有错，并符合精度要求。

根据粗度要求，结合道路施工特点，对精度要求较低时，可以用皮尺或测绳，一般精度可用钢尺丈量，读数精度仅要求到厘米。辅助工具应有花杆和测钎。

1) 在平坦地面丈量

在平坦地面上进行一般精度的钢尺量距时，后司尺员持钢尺零点端，前司尺员持钢尺末端，用测钎标定端点位置，丈量时应注意沿定线方向进行。丈量过程中，要尽量使用整尺段丈量，一般仅在最末一段使用零尺段丈量。

整尺段数至关重要，必须设法记清，一般采用预先约定方法用测钎记数。为防止丈量过程中发生错误和提高丈量精度，要进行往返丈量，用往返丈量的相对误差来表示丈量的精度。若精度合乎要求，可取往返丈量平均数作为丈量最后结果。

2) 在倾斜地面丈量

在倾斜地面上进行丈量时，可将钢尺一端抬高使尺子保持水平。尺子是否水平可由第三人在尺子某侧边适当距离上目估测定。在倾斜地面上丈量宜下坡进行。后司尺员将零分划斜对准地面上标志，前司尺员将垂线靠近钢尺的某一分划，在沿直线方向拉紧，放平钢尺情况下放开垂线，垂球尖端在地面上击出印痕，即为某分划的水平投影位置，如图2-6所示。

丈量时，一般不沿上坡进行。这是由于此时后司尺员既要使垂球对准已定地面点，还要使尺子水平，这很难做得准确。在丈量时应视坡度情况尽可能按整尺段丈量，也可分成若干零尺段丈量，以保

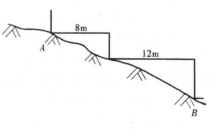

图2-6　倾斜地面丈量

证尺端的抬高不要高于司尺员肩部，否则很难将钢尺拉直。

4. 钢尺检定

(1) 钢尺检定和尺长方程

钢尺是钢尺量距的标准器，它的长度正确与否将直接影响钢尺量距的精度。钢尺上标注的长度称为名义长度。量距时从钢尺

读取的长度就是名义长度，名义长度仅在某固定拉力和温度下才与实际长度相等。

由于拉力和温度的变化，将导致钢尺的名义长度和实际长度不相等，其差值即为尺长误差。为了获得实际长度，应对读取的名义长度进行修正从而获得实际长度。

为了对钢尺的名义尺长进行修正，应对钢尺进行检定，以求得钢尺修正数。检定时通常对钢尺施加和平时相同的拉力（一般情况下，30m钢尺拉力为10kg，50m钢尺的拉力为15kg）。但是，使用钢尺时无法保持温度与检定时相同。因此，必须采用以尺长修正数为常数，以相对检定温度的温差为可变的函数来表示实际尺长，并称之为尺长方程。尺长方程的一般形式为：

$$L_t = L + \Delta L + aL(t - t_0) \qquad (2\text{-}1)$$

式中　L_t——温度 t 时的实际长度；

　　　L——标注长度即名义长度；

　　　ΔL——钢尺在检定拉力和温度（t_0）下尺长改正数；

　　　a——钢尺的膨胀系数，一般为 $1.16 \times 10^{-5} \sim 1.25 \times 10^{-5}$；

　　　t_0——钢尺检定时温度，通常取 $t_0 = 20℃$；

　　　t——使用时的实际温度。

由此可见，每根钢尺都必须通过检定而获得该钢尺的尺长方程，据此才能获得量距时实际长度。但也应注意，尺长方程式中的尺长修正数 ΔL 会随使用而发生变化，因此，使用一段时期后，必须对钢尺重新检定，以获得新的尺长方程。

（2）钢尺检定方法

钢尺出厂时，检定书中给出尺长方程。但是钢尺使用一段时间后，必须重新检定，得出新尺长方程。钢尺检验一般由专门机构进行，也可以自己检验。

用一根已有尺长方程，且名义长度和材料与被检定钢尺相同的钢尺作为标准尺，将被检定尺与其相比较，以求得被检定尺的尺长方程式。

其检定方法是：将两根标准尺和被检定尺并排放在平坦的地

面上，在两根钢尺的起点端都施加规定拉力，把两根钢尺末端对齐，在零分划附近读出两钢尺差数。根据该差数和标准钢尺的尺长方程式，即可计算出检定钢尺的尺长方程。

设标准尺为Ⅰ号钢尺，等检定Ⅱ号钢尺，尺长方程分别为：

$$L_{\text{Ⅰ}} = L + \Delta L_{\text{Ⅰ}} + \alpha L(t - t_0) \tag{2-2}$$

$$L_{\text{Ⅱ}} = L + \Delta L_{\text{Ⅱ}} + \alpha L(t - t_0) \tag{2-3}$$

两钢尺差数为：

$$\Delta L_{\text{Ⅰ Ⅱ}} = \Delta L_{\text{Ⅱ}} - \Delta L_{\text{Ⅰ}} \tag{2-4}$$

和标准尺进行比长检定时，可以不必顾及检定时的温度，只要比长获得两根钢尺的尺长差数 $\Delta L_{\text{Ⅰ Ⅱ}}$，即可利用该差数和标准尺在温度 t_0 下尺长修正数 $\Delta L_{\text{Ⅰ}}$，按下式计算出被检定尺在温度 t_0 下尺长修正数 $\Delta L_{\text{Ⅱ}}$：

$$\Delta L_{\text{Ⅱ}} = \Delta L_{\text{Ⅰ Ⅱ}} + \Delta L_{\text{Ⅰ}} \tag{2-5}$$

进而可写出被检定尺在检定温度 t 时的尺长方程。

5. 距离丈量数据整理

为提高测距的精度。应对测距结果进行检核，检核无误后方可对数据进行整理。

（1）数据检核

1）往返测距法

自 A 向 B 量测一次距离得知 DAB，再用同样方法用 B 向 A 测一次得 DBA，从理论上讲 $DAB = DBA$，但是由于测距误差，一般 $DAB \neq DBA$，$\Delta D = DAB - DBA$，ΔD 称为较差。较差大小反映了测距精度。由于测距误差的大小与所量距离长短有关，因此，采用较差 ΔD 与往返距离平均值 D 的比值来定义测距精度即相对误差 K。

$$K = \frac{\Delta D}{D} \tag{2-6}$$

2）单程双对法

为了提高测距精度，常用一根尺测线单方向丈量两次以进行校核，两次结果产生一个 ΔD，按上式计算相对误差。

3）测距精度要求

测距精度，即相对误差要求，城市测量规范 CJJ 8—85 中，第 6、3、12 条直线，主要线路 1/2000，次要线路 1/1000，山地线 1/1500。

（2）测距数据整理

1）尺长改正数

尺长改正数是将丈量结果转化成钢尺检定温度 t 对应的长度，其改正数 ΔS_l 为：

$$\Delta S_l = \frac{\Delta L}{L} S \qquad (2-7)$$

式中　S——待改正测线长度；

　　ΔL——尺长方程中尺长改正数；

　　L——钢尺名义长度。

2）温度改正数

温度改正数是将检定温度 t_0 对应的长度，转化为量距时温度 t 对应的长度，其改正数 ΔS_t 为：

$$\Delta S_t = 2S(t - t_0) \qquad (2-8)$$

式中　S——待改正测线长度；

　　α——钢尺膨胀系数；

　　t_0——钢尺检定时温度；

　　t——量距时温度。

3）倾斜改正

倾斜改正是将尺段倾斜长度改为水平长度，如图 2-7 所示，S 为尺段的倾斜长度，h 为线段两端高差，D 为线段水平距离。其倾斜改正数 ΔS_h 为：

$$\Delta S_h = D - S = \sqrt{S^2 - h^2} - S = S\left(\sqrt{1 - \frac{h^2}{S^2}} - 1\right) \qquad (2-9)$$

若将式（2-9）中 $\sqrt{1 - \frac{h^2}{S^2}}$ 展成级数，可取至二次项，经整理可得：

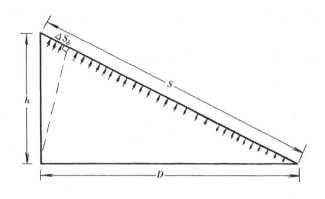

图 2-7 地面倾斜

$$\Delta S_\mathrm{h} = -\frac{h^2}{2S} \qquad (2\text{-}10)$$

尺长和温度改正可以在整条测线上进行，但倾斜改正必须分段进行。

4）距离丈量成果示例

对 AB 测线分尺段进行较精密丈量，其丈量结果见表的编号，数据处理如表所示。

6. 距离丈量误差

测量工作由人来使用仪器设备，在一定自然条件下进行。由于人的感觉器官并不完善，加上测距仪器本身的误差，因此对同段距离重复多次的观测，观察结果可能彼此不同，这就是所谓的误差。产生测距误差的主要原因有：

（1）尺长误差

由于制造原因，尺面刻划的名义长度 L 和实际长 L_0 不符，若 $L > L_0$，则把实际距离缩短了，反之若 $L < L_0$，则测的距离量长了。一般工程测量中，若尺长误差小于 1/10000 时，可不考虑误差影响。

（2）温度误差

钢尺和电磁波测距仪其测距精度都受温度影响，对于精密测量要进行温度修正，一般工程测量中认为核误较小可忽略不计。

（3）尺身不平

测平距时，由于尺身不平，使测量结果较水平距离长，这是一项累积误差。因此测距时应将尺拉平。

（4）标定直线误差

直线标定不直，使测量沿折线进行，测量终值比实际值长，该误差也是累积误差。因此标定直线必须准确，特别是地面起伏较大地区。

（5）拉力误差

使用钢尺测距时要按规定拉力，避免忽松忽紧，如拉力变化过大，使尺长产生变化，直接影响到测距精度。

（6）对点和投点误差

测距时用测钎在地面标志尺端点位置，如测钎插的不准易造成误差。如在倾斜地区测距时，用垂球投点，误差可能更大，还有测距仪对中所产生误差。

（二）电磁波测距仪

用钢尺、皮尺等工具测量距离方法，测量效率低，如遇到地形复杂时测距困难更多，虽然视距测量可解决此困难，但精度很低。如何采用新工具和新方法改善测距条件，并提高效率，提高精度，已引起广泛重视。目前一种新的测距方法，电磁波测距仪已得到广泛应用。而且精度可达到 1/100 万。

1. 测距仪原理

电磁波测距仪是通过测量激光束在待测距离上往返传播的时间来换算距离的，其计算公式为

$$D = \frac{1}{2} ct \tag{2-11}$$

式中　　D——待测距离；

　　　　c——激光在大气中传播速度，一般为 299792km/s；

t——激光在待测距离上往返传播时间，可以直接测定，也可间接测定。

直接测定是通过测定脉冲波在测线上往返传播过程中的脉线数而计算传播时间 t。

间接测定是通过调制光在测线上往返传播所产生的相位移而间接测定 t 的。

2. 测距仪分类

测距仪按测程分为远程、短程电磁波测距仪；按光源可分为脉冲式和相位式测距仪。

（1）相位式测距仪

通过测量连续发射的调制光，在待测距离上往返传播所发生的相位变化，间接测量时间 t，相位式测距精度一般较高。

（2）脉冲式测距仪

测距仪发生的光脉冲，经被测目标返射后，光脉冲回到测距仪接受系统，以测得其发射和接收光脉冲的时间差，即光脉冲在待测距离上往返传播时间。其精度一般为 $1 \sim 5m$，一般用于精度要求不高的工程测量，目前脉冲式测距仪采用电容充电技术，精度可达到毫米级。

3. 测距仪构成

测距仪一般包括照准头、控制器、电源和反射器四部分。

（1）照准头

照准头的作用是发射和接收测距信号。

（2）控制器

控制器主要包括控制仪器的各种操作程序指令部分，检测相位差测相部分，计数部分和数据显示部分。控制器的外部是各种操作按钮、旋钮和其他装置，包括电源开关、电流表、检查键、测量键显示器及自动改正装置等。

（3）电源

目前，电磁波测距仪所用电源多为镍铬电池，个别使用银锌电池，电压一般为 $6 \sim 12V$。

（4）反射器

光波测距仪反射器由直角立体棱镜组成，有单块棱镜或多块棱镜组合等多种形式。

（5）其他附件

测距中，为了对测距结果进行气象修正，需要测出测距条件下的气象参数。为此，测距仪一般配备气压计、温度计或干湿温度计，以便测定大气温度和湿度。

4. 电磁波测距仪使用方法

不同型号测距仪结构不同，操作方法也不同，使用时应严格按说明操作，现将主要操作介绍如下：

（1）仪器各部件安装、调试。

（2）在某段距离的一个端点上安置测距仪，另一端点安置反射棱镜，并分别对中、整平。

（3）上下转动测距仪，保持目镜十字丝中心对准棱镜中心，距离直接显示到显示窗。

（4）根据测出竖角气温、气压等数据，计算出水平距离，个别测距仪输入数据直接读出改正反距离。

（三）水　准　测　量

1. 水准测量原理

地面上两点高差或地面点高程反映地面起伏状态，是工程设计和施工的依据。水准测量的任务是利用水准仪的水平视线测定点与待测点之间高差，并根据其中一点高程推算其他点高程。

为了统一全国高程系统，使各地都能根据统一的大地水准面计算高程，我国的测绘部门除在青岛设立水准原点外，还在全国各地埋设了许多固定水准标志即为水准点，记作"BM"，并用精密水准测量测出它们的高程，作为全国各地高程测量依据。

水准测量分为国家水准测量和工程水准测量两种。我国的国家水准测量，按精度分四个等级，各等级水准线路每隔若干公里设置一个水准点。作为高程控制点，并精确测定它们的绝对高程，用坚固标志将其固定下来作为永久水准点。工程水准测量，除利用三、四等永久水准点外，还需设置临时水准点。临时水准点用木桩、石桩做标志，也可设在岩石或桥台等地物或建筑物上，并用红漆作出明显标记。

（1）水准测量的原理

水准测量是利用水平视线来测定两点间的高差，如图 2-8。

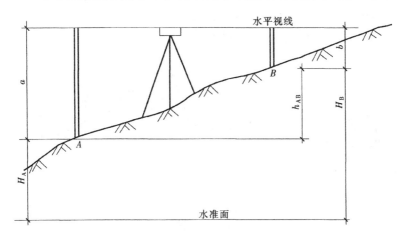

图 2-8　水准测量

要测定 A、B 两点的高差，在 A、B 两点各竖立一水准尺，并在 A、B 两点中间安置水准仪。将仪器调好后即可得到水平视线，分别瞄准 A、B 两点上的水准尺，并得 a、b 读数，则 A、B 两点间的高差 $h = a - b$。如果根据已知点 A 的高程来计算未知点 B 的高程，则水准仪在 A 尺上的读数 a 称为后视读数，简称后视，A 点称为后视点；而瞄准未知高程点 B 尺上的读数 b 称为前视读数，简称前视，B 点称为前视点。因此，高差等于后视减前视，正号的高差说明前视点高于后视点；负号高差说明前视点低于后视点。

设 A 点高程为 H_a，而 A、B 的高差为 h，则 B 点的高程 H_b

可由下式求得：$H_b = H_a + h$，$H_b = H_a + a - b$。

在实际工作中，常常需要一次安置仪器后测算很多点的高程，为了方便起见，可先求出水准仪的视线高（也称仪器高），然后再分别计算各点高程。由图 2-8 得知，视线高 $H_i = H_A + a$，b 点高程 $H_B = H_i - b$，如 A、B 两点较近，只安置一次仪器就能测出它们的高差。假如两点间距离较远或高差较大时，就要多次安置仪器施测。安置一次仪器叫一个测站。图 2-9 中，A、B 两点间距离较远，可分几个测站进行测量，对每个测站求高差，最后求总和，可得出 A、B 两点的高差 h。

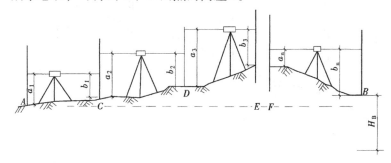

图 2-9 测站

即 $h_1 = a_1 - b_1$　$h_2 = a_2 - b_2 \cdots\cdots h_n = a_n - b_n$

$h = h_1 + h_2 + h_3 + \cdots\cdots h_n = \Sigma(a - b) = \Sigma a - \Sigma b$

(2-12)

即终点对起点的高差等于后视读数总和减前视读数总和。图中 C、D、E、F 等点是传递高程所需的立尺点，叫转点，用符号 ZD 表示，每个转点既有前视读数，又有后视读数。因此，对转点必须小心观测，尤其要把尺立在坚实的地面上，并最好使用尺垫，把仪器从第一测站搬到第二测站以及在观测过程中，要保持尺在原位置上。

（2）水准测量对水准仪器的要求

由水准测量原理可知：作为水准测量的最基本仪器水准仪，应具有能将视准轴安置水平的装置。当然，为了瞄准目标和读数还应具备照准设备——望远镜；而且望远镜在水平方向上可以转动扫出一个水平面。另外，水准测量中使用的水准尺应准确且便于通过望远镜读取分划。

2．水准仪和水准尺

（1）水准仪

水准仪是根据水平视线来测量高差的仪器，如图 2-10 所示。

1）微倾水准仪

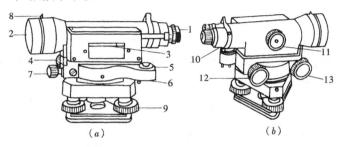

图 2-10　水准仪

1—目镜；2—物镜；3—符合水准管；4—微动螺旋；5—圆水准器；6—
圆水准器校正螺旋；7—制动螺旋；8—准星；9—脚螺旋；10—十字丝
环护盖；11—调焦螺旋；12—微倾螺旋；13—微动螺旋

水准仪主要由望远镜、水准器和基座三部分组成。

①望远镜

望远镜由物镜、目镜和十字丝组成。它的主要作用是使我们能看清远处的目标，并提供一条照准读数用的视线。

图 2-11 为内对光倒像望远镜的构造图。目标经过物镜和对光凹透镜的作用在镜筒内构成倒立的缩小实像，通过调节对光凹透镜，可以使像清晰地反映在十字丝平面上。目镜的作用是放大，人眼经过目镜去观测，可以看到目标的小实像和十字丝一起放大的虚像，十字丝的作用是提供照准目标的标准。

为了提高望远镜成像的质量，物镜、对光透镜都由多块透镜组成。人眼通过目镜所看到的像与不通过目镜直接看到的目标大

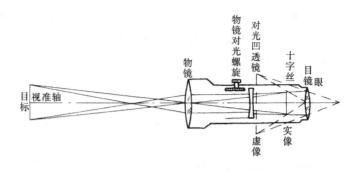

图 2-11　望远镜的构造图

小之比，叫做望远镜放大率，一般水准仪望远镜的放大率为
15～30 倍。

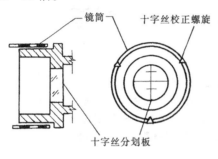

图 2-12　十字丝

十字丝的构造如图 2-12。十字丝是在玻璃板上刻划十字丝后，安装在十字丝环上，用校正螺丝固定在望远镜筒上。十字丝的交点和物镜光心的连线称为视准轴，视准轴是瞄准目标的依据。

为了控制望远镜的左右转动以便转动视准轴瞄准目标，水准仪都装有一套制动螺旋。当拧紧制动螺旋时，望远镜不能转动。这时如果拧微动螺旋，可使望远镜作微小的转动，以便精确瞄准目标，松开制动螺旋后，微动螺旋失去作用。

②水准器

水准器是利用液体受重力作用后，气泡居最高处的特性来反映视线是否水平，仪器竖轴是否竖直的装置。水准器有两种：圆水准器和水准管。

a.圆水准器：圆水准器顶面内壁是一个球面，球面中心刻有一个圆圈，其圆心叫圆水准器零点，圆水准器内装有酒精和乙醚的混合液，密封后留有气泡，圆水准器零点的法线叫圆水准器轴线。当气泡居中时，圆水准器轴线就处于铅垂位置。气泡移动 2mm，圆水准器相应倾斜的角度，叫圆水准器分划值，S3 型水准仪上圆水准器分划值为 $8'2/mm$。圆水准器球面半径愈大，分划值愈小，水准灵敏度愈高。圆水准器仅作为粗略置平的装置。

用校正螺旋将圆水准器轴安装成与仪器竖轴相互平行，当调节脚螺旋使圆水准器气泡居中时，仪器竖轴就处于铅垂位置，也就是说水准仪大概置平了，测量上称为整平。

b. 水准管:水准管是纵向内壁磨成圆弧,管内装上酒精和乙醚的混合液,密封形成气泡的玻璃管。水准管圆弧中点叫水准管零点;过零点和内壁圆弧相切的直线叫水准管轴。水准气泡居中时,水准管轴处于水平位置。气泡移动 2mm,水准管倾斜的角度 a 叫作水准轴分划值,S3 水准仪上水准管分划值为 $20''/2mm$。

用校正螺旋将水准管轴调节到与视准轴相互平行的位置，当水准气泡居中时，水准管轴在水平位置，视准轴也处于水平位置。

为了提高水准管气泡是否居中的估测精度，在水准管上装有一组复合棱镜，棱镜组的折射使气泡两端的像反映到气泡观察镜中。图 2-13（a）和图 2-13（b）表示气泡不居中，视准轴还没有水平，图 2-13（c）两侧半圆形气泡影像完全吻合，表示气泡居中，这时水准仪达到了精确的置平。在测量工作中，观测读数时一定要先利用微倾螺旋将水准管调节到此位置方可读数。

③基座

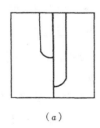 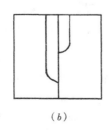 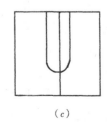

（a）   （b）   （c）

图 2-13　气泡

基座主要由轴座、脚螺旋和连接板组成。仪器上部通过竖轴入座内，由基座承托，整个仪器用连接螺旋和三角架固定。

2）自动安平水准仪

自动安平水准仪是一种操作简便，精度稳定，能提高观测速度的新型水准仪。

安平机构的种类较多，但主要的三部分构件如下：

①补偿元件：安平机构中确定 a、b 关系的元件，主要由平面镜、透镜等组成。

②灵敏元件：保证机构中活动部分灵敏度的元件，整个安平机构形式分为挂丝式、滚动轴承摆式、片簧铰链支承摆式以及其他特殊结构等形式。

③阻尼元件：在安平机构受到振动时，使补偿元件迅速恢复稳定状态的元件，有空气式阻尼器和电磁式阻尼器两种。

3）精密水准仪

精密水准仪是为了满足精度要求较高的国家一、二等水准测量、地震水准测量、大型桥隧工程以及大型机械安装工程的精密水准测量而设计和制造的，主要由望远镜、水准管、符合水准的棱镜系统、光学测微器和读数系统等部分构成。

（2）水准尺

水准尺由优质木材、玻璃钢式铝合金制成，一般长度为 3～5m。

水准尺按构造分塔尺、直尺和折尺。如图 2-14，水准尺的零点一般在尺的底部，尺的刻画是黑、白格相间或红、白格相间。每个黑（红）格或白格是 1cm 或 0.5cm，尺上分米处注有数字，分米的准确位置可以字底为准，也可以字顶为准。超过 1m 的注字在字上加红点，如 2̇ 表示 1.2m。水准尺有单面刻画和双面刻画两种。塔尺双面刻画一般分正字和倒字。两种板尺双面刻画是两面零点一致，黑面分划尺底面为零，红面分划尺底为一常数（如 4.687，4.787）。利用黑、红面尺零点差可以对水准尺读数进行校核。

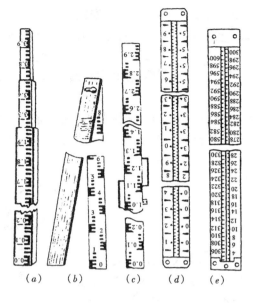

(a) (b) (c) (d) (e)

图 2-14 水准标尺

水准尺一般长 3m，塔尺有 3m 和 5m 两种。使用塔尺前，应用钢尺检验它们的各部分和度是否准确，尤其尺底的一厘米要注意检验；同时检查接头处有无损坏，接口是否对齐。精度要求较高的测量，如四等水准测量必须使用板尺。

尺垫与尺钉，在水准测量中，作为转点应用的尺垫，系用生铁铸成。如图 2-15，一般为三角形或圆形，中央有突出的圆顶以在转点时保证前后视转动水准尺与尺垫接触点位置不变；下面有三个尖脚可以踩入土中，以稳定尺垫。在松软的地面上，若尺垫不易放稳，可用尺钉固定。尺钉长约 30cm，使用时用力打入土中，较尺垫稳固。

3. 水准仪使用

水准仪的使用包括安置、粗平、瞄准、精平和读数等步骤，自动安平水准仪省去了精平，其他步骤与微倾水准仪使用方法完全一样。

图 2-15　尺垫

（1）安置

首先打开三脚架至适中高度，架头大致水平，然后踏紧三角架，装上仪器、旋紧中心螺旋，并进行目镜对光。

（2）粗平

粗平就是粗略整平仪器，它使水准仪处于能使用微倾螺旋进行精确整平状态。粗平工作可先通过三角架头大致水平并通过调整脚螺旋使圆水准气泡居中来实现。

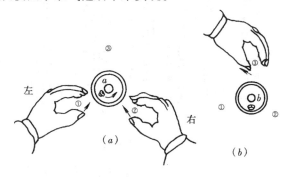

图 2-16　粗平方法

粗平方法如图 2-16 所示，转动照准部，使水准器位于任意两脚螺旋连线的中垂线上，用双手同时向内或向外转动两个脚螺旋，使气泡移至垂线上；然后再转动第三个脚螺旋使水准气泡居中。

操作时要注意：左手拇指运动的方向就是气泡将要移动的方向。

（3）瞄准

松开制动螺旋，利用镜筒上的粗瞄准器照准水准尺；然后关上制动螺旋，转动特镜对光螺旋使水准尺或像清晰后，再转动微动螺旋使十字丝平分水准尺，并注意消除视差。

（4）精平

精平就是精确整平水准仪，其目的是使视准轴严格处于水平位置。精平工作可通过调整微倾螺旋使复合水准器的影像严格符合要求，图 2-17（a）、图 2-17（b）未符合，图 2-17（c）为符合。在复合水准器严格符合条件要求时，即可用十字丝读数。读完数后，还应检查一下气泡是否仍符合要求。如不符合，此次读数应予以作废。须再转动微倾螺旋使气泡严格符合要求后，重新读数。

（5）读数

读数一般为四位数，其中米和分米位可直接由注记读取，厘米位可通过计算厘米分划格获得，毫米位是估读的。

 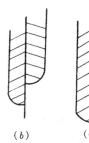 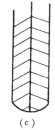

（a）　　　　（b）　　　　（c）

图 2-17

4. 水准测量

（1）水准测量概述

水准测量按其精度分为国家一、二、三、四等水准测量，以及普通水准测量。

普通水准测量主要是指等外水准测量，俗称五等水准测量。国家一、二等水准测量，主要用于建立全国性或区域性高程控制；国家三、四等水准测量被广泛用于工程测量和地形测量中，并作为等外测量和三角高程测量基础。

三、四等以及等外水准测量技术规格一般规定如表 2-1。

水准测量技术规格　　　　　　表 2-1

等级	水准线路最大长度（km）	每公里高差中误差 M_w（mm）	不符值、闭合差限差（mm）	
			测段往返高差	闭合差
三等	45	6	$12\sqrt{R}$	$12\sqrt{L}$
四等	15	10	$20\sqrt{R}$	$20\sqrt{L}$
等外	5	20	$40\sqrt{R}$	$40\sqrt{L}$

注：R 为测段长度，L 为附合线式环线长度，均以公里计。

（2）水准测量的方法

1）整平。利用脚螺旋使水准器的水准气泡居中。

2）后视。瞄准测点的水准尺，并调整物镜和目镜使成像清晰。

3）轻转微动螺旋。使水准气泡复合成完整的圆弧。

4）读数。读后视测点读数。如 A 点 2101m，并马上写在记录薄上。

5）前视。瞄准测点 C 的水准尺，因为望远镜视准轴改变了方向，而且前后视距离不一定等长，所以仍需进行对中，精密整平后才能读数，并写在记录本上。如图 2-9 后视 A 读数 2101，前视 C 读数 1012，这样第一测站就观测完了。

6）观测者把仪器搬到第二个测站，安放在点 C 和点 D 之间，并尽可能使仪器到 C、D 两点距离相等。测点 1 是转点，记录时用 2D1 表示 C 点立尺者在原地转身，在尺垫上轻轻地把 R 面转向观测者。然后和第一测站的测法相同，测得后视 C 点为 1.734m，前视 D 点 2.621m，这样就完成了第二测站的观测。用同样的方法，逐渐测量直到测完 B 点为止。这样就完成了从 A 到 B 的往测，为了检核测量成果。从 B 到 A 返测一次。

（3）水准点及转点

水准测量中，标志和保存水准测量成果的固定地面点，称为水准点。在两水准点之间设置前后水准尺，用于传递高程的过渡点，称为转点。

水准点可以是永久性的，也可以是临时的，当永久性水准点被作为某一地区的起始点的高程时可以假设，除此之外永久性水准点的高程都要用水准测量方法进行测定。

永久性水准点须用水准标石在实地进行标志，如图所示普通水准标石。

普通水准标石由盘石和柱石两部分组成，如图 2-18 所示，标石可用混凝土浇筑或用天然岩石制成。柱石顶面嵌设有金属、瓷质或不锈钢水准标志。如图 2-19、图 2-20 所示。

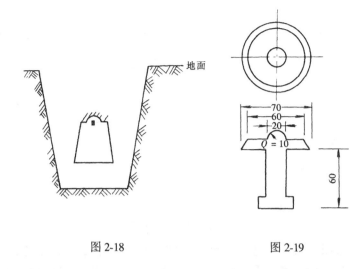

地面

图 2-18

$Q = 10$

图 2-19

临时性的水准点可用木桩或用红漆标志到固定建筑物上，如散水、墙上等。

转点可以用尺垫或尺台来进行临时标志，也可以将街道的路缘石、铁锈或固定的石头作为转点。水准点也可以作为转点。

（4）水准线路布设

在水准测量中，两相邻水准点间的观测路线称为测段，连接于高级水准点之上，由若干个测段首尾相接构成单一线路，称为单一水准线路。

单一水准线路的形式有三种，即复合水准线路，分支水准线路及闭合水准线路。如果是从一个已知高程的水准点开始，经过各个待定水准点，并连测到另一个已知水准点，称之为附合水准线路，如图 2-21（a）。

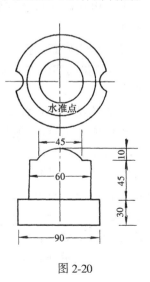

水准点

图 2-20

79

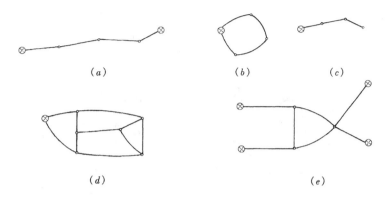

图 2-21　水准线路布设

如果是从一个已知高程的水准点开始，经过各个待定水准点，最后仍连测于原来起始的水准点上，称为闭合水准线路，如图 2-21（b）；如果从一个已知高程水准点开始经过待定水准重点，最后既不复合于另一个已知高程的水准点，也不回引起始水准点，则称之为支水准线路图，如图 2-21（c），若由若干条单一水准线路相互连接构成网状图形则称水准网。如图 2-21（d）、图 2-21（e）。

（5）水准测量实施

水准测量的实施主要包括：水准测量选线和设点水准测量外业施测。

1）水准测量的选线和设点

水准测量的选线一般是图上设计和实地选线相结合进行。水准线路应尽量选设在地势平坦、土质坚实、施测方便和水准点便于保存的地方。道路施工一般沿道路进行，但又不可离路太近。且应尽量避免通过沙土塌陷地区以及雨水冲刷地区。水准点位置应尽量选设在土质坚实稳且被破坏不易积水和便于引测的地方。一般应每间隔 200m 设一个水准点。

2）水准测量外业施测

水准测量外业的施测和水准测量方法相同，具体步骤因施测的目的和精度不同而略有差异。

必须强调的是：水准测量观测中，水准仪距前、后视标尺的距离应尽量保持相等。这样可以减弱甚至消除水准仪 i 角和气象对观测高差的影响。

水准点高程经确认无误后，根据设计上道路纵断面图放出中线高程。

5. 水准测量的数据处理

水准测量的数据处理包括：对水准测量成果校核、水准路线平差及成果处理。

（1）测站检查

水准测量的连续性很强，一个测站的误差或错误将影响整个水准测量的结果，为了保证每个测站的测量精度，可采用以下方法进行检核。

1）两次仪器法：安置仪器测定出两点间的高差后，重新安置仪器（即改变仪器高度 0.1m 以上），再观测两点间的高差，该两次测得的高差在 5mm 以内时，取两次测量结果的平均值作为该站的观测结果。

2）双面尺法：利用水准板尺黑、红面的零点差分别计算黑、红面的高差，并进行比较检核。

（2）成果检验及高程计算

除了采取测站检核以保证测量工作的正确性外，对多测站的复合水准路线也应进行成果检核。水准测量的检核可按不同水准路线进行。

1）往测与返测：从一个已知高程的水准点出发，沿一条路线进行水准测量，以测定另一个水准点或几个水准点的高程，这种水准路线称为支水准路线。对于支水准路线，为检验其观测成果的误差，应进行往、返观测。

从理论上讲，往测高差之和应等于返测高差之和，但由于存在着测量误差，往测高差之和一般不等于返测高差之和，两者之间的差值称为高差闭合差。

$$\Delta h = \Sigma h_{往} - \Sigma h_{返} \qquad (2\text{-}13)$$

Δh_m 容许值为：

CJJ 8—85 中规定，二等水准测量 $\quad \Delta h_{容} \leqslant \pm 4\sqrt{L} \qquad (2\text{-}14)$

$\qquad\qquad\qquad$ 三等水准测量 $\quad \Delta h_{容} \leqslant \pm 12\sqrt{L} \qquad (2\text{-}15)$

$\qquad\qquad\qquad$ 四等水准测量 $\quad \Delta h_{容} \leqslant \pm 20\sqrt{L} \qquad (2\text{-}16)$

CJJ1—90 中规定，水准点闭合差 $\quad \Delta h_{容} \leqslant \pm 12\sqrt{L} \qquad (2\text{-}17)$

式中 $\quad L$——以公里为单位的水准路线单程的长度或水准点之间的水平距离。

$\qquad \Delta h_{容}$——容许的高差闭合差，以毫米为单位，当 $\Delta h \leqslant \Delta h_{容}$ 时，可取往、返测高差的平均值。如果 $\Delta h > \Delta h_{容}$ 时，应检查原因，进行重测。

2）闭合水准路线：从一个已知水准点出发，测定沿线各点高程后，再回到原水准点，称为闭合水准路线。如图 2-22 所示，A 点为已知水准点，要测定 B、C、D 各点的高程，除了要测出 A、B，B、C，C、D 点的高差外，还要再测出 A、D 的高差，这样便组成了闭合水准路线。闭合水准路线高差的代数和应等于零。若不为零，则存在闭合差。闭合差在容许范围内可以平差，否则应重测。平差的方法是将闭合差反号，将水准路线各段的距离或测站数按比例分配。各段的高差修正数 C_i 为：

$$C_i = \frac{\Delta h}{\Sigma L} \cdot L_i \ 或 \ C_i = \frac{\Delta h}{\Sigma n} \cdot n_i \qquad (2\text{-}18)$$

式中 $\quad L_i$——某段水准路线长度，m；

$\qquad \Sigma L$——水准路线总长；

$\qquad n_i$——各段测站数；

$\qquad \Sigma n$——闭合水准路线测站总数。

【例 2-1】 试校核图 2-22 闭合水准路线的测量结果（四等水准测量）各点实测高程及各段水准路线长度，测站数已在图 2-23 中注明。

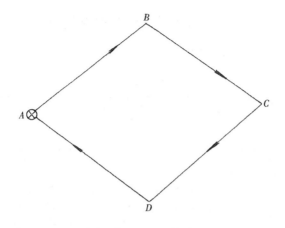

图 2-22　闭合水准路线

主要计算步骤：

（1）实测闭合差：$\Delta h = 341.509 - 341.525 = -16\text{mm}$

（2）容许闭合差，按四等水准测量

$$\Delta h_{容} \leqslant \pm 20 \quad L = \pm 201.367 = \pm 23.4\text{m}$$

$\Delta h < \Delta h_{容}$，测量成果满足要求可进行平差计算。

（3）按测站比例进行平差

总测站数为 15，则每测站分配改正数为：$\dfrac{0.016}{15} = 0.001\text{m}$

$$C_{AB} = 0.001 \times 3 = 0.003\text{m} \quad C_{BC} = 0.001 \times 4 = 0.004\text{m}$$

$$C_{cd} = 0.001 \times 3 = 0.003\text{m} \quad C_{DA} = 0.001 \times 5 = 0.005\text{m}$$

$\Sigma C_i = 0.015\text{m}$ 比闭合差少 0.001m，将其分配到最大测站 $C_{DA} = 0.005 + 0.001 = 0.006\text{m}$

将上述改正值加入表 2-2 的实测高差和实测高程中得到改正高差和改正高程，平差及改正高程计算完毕。

（4）按路线长度比例进行计算

$$C_{AB} = \frac{0.016}{1367} \times 270 = 0.0316 = 0.003\text{m}$$

$$C_{BC} = \frac{0.016}{1367} \times 340 = 0.00398 = 0.004\text{m}$$

$$C_{CD} = \frac{0.016}{1367} \times 282 = 0.0038 = 0.003\text{m}$$

$$C_{DA} = \frac{0.016}{1367} \times 475 = 0.00556 = 0.006\text{m}$$

水准测量平差表　　　　　　　表 2-2

测点	水准路线长 L_i（m）	测站数 n_i	实测高差（m）	高差改正值 C_i（m）	改正后高差（m）	实测高程 H_i（m）	改正高程（m）	备注
A	270	3	− 2.892	+ 0.003	− 2.889		341.525	
B	340	4	+ 1.075	+ 0.004	+ 1.079	338.633	338.636	
C	282	3	+ 2.189	+ 0.003	+ 2.822	339.708	338.715	
D	475	5	− 1.108	+ 0.006	− 1.012	342.527	342.537	
A						341.509	341.525	

然后可按上例进行平差和改正高程。

附合水准路线：从一个高级水准点（如国家水准点）出发，沿一条水准路线测定其间所设的水准点的高程，而后再与另一高级水准点附合，就称为附合水准路线。对于附合水准路线，因为是从一个高级水准点 BM_A 测到另一个高级水准点 BM_B，则观测的高差总和从理论上说应等于这两个高级水准点的高差，即

$$\Sigma h_{\text{理}} = H_B - H_A \tag{2-19}$$

H_A 和 H_B 分别为水准点 BM_A 和 BM_B 的高程，对于附合水准路线的高差闭合差容许值仍按往返高差闭合差。若高差闭合差在容许范围内，可按水准路线各段路线距离或测站成比例的原则，将高差闭合差反复进行改正，直至与理论值一致。计算的方法与上例相同。

6. 水准测量的误差及注意事项

（1）视线不水平的误差

1）仪器的视准轴不平行于水准管轴。两轴不平行时，虽水准管气泡居中，水准管轴水平，但视准轴处于倾斜位置。这种误差对于一根尺的读数来讲，仪器距水准尺愈远误差愈大；对两点的高差来讲，如果仪器安置在两水准尺中间，虽然在前、后视读

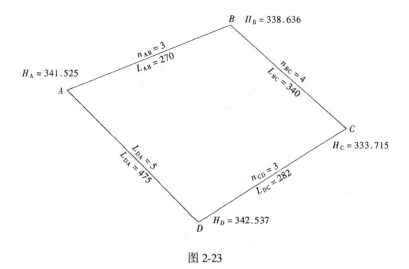

图 2-23

数中均存在误差，但它们是相等的，因此在计算高差中完全抵消了。

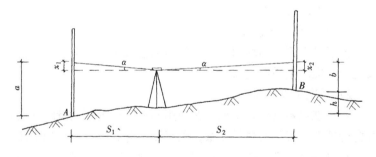

图 2-24 视线不水平的误差

如图 2-24 水准仪距后视点 A 的距离为 S_1，距前视点 B 的距离为 S_2，由于视准轴不平行于水准管轴，且视线与水平视线有 α 夹角。后视读数 a 含有误差 x_1，前视读数 b 含有读数误差 x_2，高差为：

$$h = (a - x_1) - (b - x_2) = (a - b) + (x_2 - x_1) \quad (2\text{-}20)$$

$$x = S \cdot \text{tg}\alpha = \frac{S \cdot \alpha}{\rho} \qquad (2\text{-}21)$$

若 $S_1 = S_2$，则 $x_1 = x_2$ 故对高差的影响为零。

2）水准管气泡未严格居中，气泡未严格居中，是由于操作不严格以及人眼的鉴别能力有限等原因。这种误差的大小与水准管灵敏度及视线长度有关。例如水准管分划值为 20″/2mm，气泡偏离 1mm，视线长度在 80～100m 时，对读数的影响为 4～5mm，因此读数前一定要检查气泡是否居中。

（2）地球曲率，大气折光和阳光照射等误差

前面已经讨论过，当视线长度 $b = 80～100m$ 时，地球曲率和大气折光对观测值的影响值为 0.6～0.7mm，影响较小，而且在实测中若采用前、后视线等长，则在计算高差中，可以抵消该项影响。

由于阳光的照射，可使水准气泡因温度升高而缩短，使水准管轴产生变化，影响观测精度，因此在烈日下施测应打伞遮阳。

（3）水准尺误差

1）水准尺尺长误差

由于尺面刻划不均匀，使尺长与标准尺长不一样，用这样的尺进行水准测量易产生误差。

2）水准尺零点误差

若水准尺零点位置不准，在使用同一根尺进行测量时其误差可自行抵消。若用两根尺测量，则每测站含有零点差。如果按次序移动水准尺，则当两固定点间测站为偶数时，相当于起、终点用同一根水准尺，这样在总高差中也可自行消除尺的零点误差。

3）水准尺未竖立成垂直

读数时水准尺必须竖立成垂直状态。水准尺左右偏斜，观测者在远镜内可以发现，但水准尺前后倾斜，观测者在远镜内不易发现，对读数影响很大。前后倾斜使读数偏大，因此要求扶尺者将尺扶成垂直。

（4）仪器和尺子下沉误差

1）仪器下沉

仪器安置在土质松软的地方，若脚架未踏实，则在观测过程中，仪器受自重和人在仪器周围走动的影响，产生下沉。这种下沉产生的误差对高差的影响是累积的，如果进行往、返测量能抵消部分误差。为了减少仪器下沉对水准测量的影响，应选择坚实的地点安置仪器，脚架要踏牢，另外观测速度要快。

2）尺子下沉

和仪器下沉的原因相同，为了减少这种误差的影响，应选择在坚实处做转点，使用尺垫时，要用力踏牢，观测过程中要保护好转点位置，采用往、返测结果的平均值可以抵消部分误差。

（5）读数误差

1）未消除视差

对光不仔细会产生视差，这对读数影响较大，因此在施测时必须严格对光，消除视差后再读数。

2）估读小数的误差

由于人眼和望远镜分辩能力有限，而十字丝又有一定的宽度，所以估读小数不可能十分精确，尤其是在距离远、成像差的条件下，因此在施测时应适当控制视线长度。

（四）水准仪检验和校正

水准仪在出厂前，制造厂虽然对各轴线的几何关系都进行了严格的检验和校正，但经过长期的使用或运输，各轴线的几何关系逐渐变化，因此要定期进行检验与校正。

1. 圆水准器的检验与校正（$L'L' \parallel VV$）

（1）检校目的

检验圆水准器轴是否平行于仪器的竖轴。如果平行，当圆水准器气泡居中时，仪器的竖轴应处于垂直位置。

（2）检验方法

1）安置仪器后，转动脚螺旋使气泡居中，以达到仪器粗平，

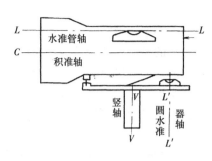

图 2-25　水准仪轴线示意图

如图 2-26（a）；

2）使望远镜绕竖轴旋转 180°，如果气泡居中，说明圆水准器轴平行于竖轴；否则说明两轴不平行，需要校正（图 2-26（b））。

（3）校正方法

校正时必须确定竖轴的正确位置，并作为校正圆水准器轴的依据，图 2-26（a）中，圆水准器气泡居中，表示圆水准器轴处于垂直位置，但是由于两轴不平行，实际上竖轴对垂直位置倾斜 δ 角，δ 角就是两轴不平行产生的误差。在图 2-26（b）中，仪器绕竖轴转 180°后，由于竖轴仍处于倾斜 δ 角的位置，但圆水准器轴线就从竖轴的左侧转到竖轴的右侧。这样，圆水准器轴线就向垂直线倾斜了两倍 δ 角，造成气泡中点偏移。同时可以看出，气泡偏离的大小是反映出两轴不平行误差 δ 角的两倍。这时，如果转动脚螺旋，使气泡中点退回偏离的一半，那么竖轴就处于垂直位置，这样就给圆水准器轴找到了标准，见图 2-26（c）。

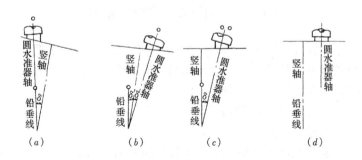

图 2-26　圆水准器的校正

余下的偏离部分就是圆水准器轴的误差。具体的校正方法是：

拨动圆水准器校正螺丝，使气泡居中，则圆水准器轴也处于垂直位置，说明两轴平行，如图 2-26 （d）。

2. 十字丝横丝的检验和校正（十字丝横丝⊥ VV）

（1）检校的目的

检验横丝是否垂直于竖轴，如果垂直于竖轴，则用横丝的任何部位观测，读数都是一致的。

（2）检验方法

将横丝一端对准远处一明显的标志，旋紧制动螺旋后转动螺旋，如果标志始终在横丝上移动，说明十字丝垂直于竖轴，否则，应进行校正。

（3）校正的方法

松开十字丝环校正螺旋，转动十字丝环，直到满足要求为止，将十字丝环校正螺旋上紧。当该误差不明显时，一般不必进行校正，因为在观测时，只用十字丝的中央部分进行读数。

3. 水准管轴应与视准轴平行（LL ‖ CC）

（1）检校的目的

检验水准管轴是否平行于视准轴。如果平行，当水准管气泡居中，视准轴为水平。

（2）检验的方法

见图 2-27 水准各轴不平行于望远镜视准轴。

水准管气泡居中时，水准管轴水平，而视准轴倾斜，对水准

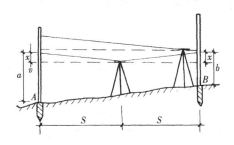

图 2-27

尺的读数误差，将与仪器距水准尺的距离成正比：仪器距水准尺愈远读数误差愈大；距水准尺愈近，读数误差愈小。如果仪器距A、B两水准尺的距离相等，则读数误差相等。

检验是否存在有这种误差，应先测定两点间的正确高差。见图2-28。

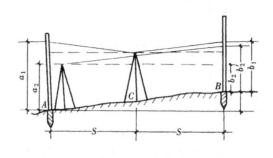

图 2-28

在检验时，先在地面高差不大的地方，选择相距约80m的A、B两点，将仪器安置在与A、B两点等距离的C点，对应于A、B点的尺的读数分别为a_1和b_1，则A、B两点之间的正确高差为：$h = a_1 - b_1$。

然后，将仪器搬到靠近A尺（或B尺）处，使目镜对向水准尺，从物镜端观测确定所见小圆圈的水平直径所截取尺上读数的后视读数a_2。因为是靠近A尺的读数，可以认为读数a_2是无误的。如果望远镜视准轴平行于水准管轴，则正确的前视读数b_2应为：$b_2 = a_2 - h$。

此时再对B尺读数，得前视读数b_2'，如果$b_2' = b_2 = a_2 - h$，则表明望远镜视准轴平行于水准管轴，否则就需要校正。

（3）校正方法

对于微倾水准仪，先旋动微动螺旋，使十字丝横丝截于尺上正确的前视读数b_2（仪器在靠近A尺端），这时水准管气泡不居中了。然后拨动水准管一端的上下两个校正螺丝，使水准气泡居中。

校正好后，仪器仍在靠近 A 尺处，将仪器重新安置，改变原来的仪器高，再测 A、B 两点间的高差。如所测的高差值和正确的高差值相差在 5mm 以内，则认为满足要求；否则应继续校正，直到满足要求为止。

为了避免校正的不完善或残留误差的影响，在进行水准测量时，一般应保持前、后视线长度相等。

（五）纵、横断面测量

沿着路线中线用水准测量法测量中桩的地面高程叫做纵断面水准测量，又称中平测量，它的任务是测定路线中线各里程桩和加桩的地面高程，并绘制纵断面图，为路线竖向设计提供依据。纵断面水准测量，除了测量中桩地面高程外，还需要测量沿线的河流水位、灌溉渠道、原有桥梁墩台等高程，为纵坡设计，桥梁、涵洞和其他构造物高程的确定提供参考。

道路设计，除了路线的平面设计和纵断面设计外，还必须有横断面设计。横断面测量的任务是测定路线各中桩垂直于中线方向的地面高程，绘制成横断面图，并为路设计基横断面，土石方数量计算，构造物布置（如桥梁、涵洞和挡土墙）等提供路线横断面方向的地面起伏状况。

1. 基平测量

为了保证纵断面水准测量的精度，根据"从整体到局部"的原则，纵断面水准测量分两步进行。一是沿路线方向每隔一定的距离设置水准点，建立路线高程控制点，称为基平测量。其次是根据基平测量所建立的水准点的高程，分段测定各中桩的高程，称为中平测量。基平测量的精度要求高于中平测量的精度要求。

（1）基平测量的组织和准备工作

基平测量一般由三人完成，一人操作水准仪并做记录，两人扶水准尺。一组基平测量主要用一架水准仪，两把水准尺，两个尺垫。设置水准点需用的钻、镐、手锤、斧子等工具根据需要配备。

基平测量应作好的准备工作：

1）应了解路线的走向、沿线地势情况、是否跨越较大的河流等情况。

2）如路线附近有国家水准点，应收集国家水准点的资料（所在位置、编号、高程等）；了解路线附近大型建筑物（水库、电站、铁路等）的高程。

3）检查、校正水准仪、水准尺，清点所需用的工具是否齐全、完善。

（2）设置水准点

沿路线设置的水准点分永久性水准点和临时性水准点两种。永久性水准点要长期保存，设置的方法和质量要求较高。一般应设在永久建筑物和岩石上，如无这类稳固地点可按设置水准点的方法埋设水准点。

道路测量的水准点一般设置为临时水准点，可以根据沿线情况，利用房屋基石，桥台进行设置，也可将它设在坚硬的岩石上，用大孤石钻凿一个凸出的小圆包，或在枯树干靠近地面处砍一台口，并钉上大钢钉，另外井台、电杆、路缘石、踏步、门墩等均可作为临时水准点，临时水准点应用红油漆圆点做标志，并注明编号、测量单位、名称和日期。

在平原区或微丘区进行道路测量，一般每间隔 2km 设置一个水准点；丘陵区或山区，一般每公里设置一个水准点；大桥应在两岸桥位附近各设置一个水准点；隧道两端洞口附近各设置一个水准点。水准点应选择适当位置，以免距离路线过远或过近。因为水准点距离路线过远使用时不方便，紧靠路线容易在施工中遭到破坏。应对所设的水准点作详细记录，包括水准点在某个中桩的左侧或右侧，距离中桩多远，什么位置，并编制"水准点一览表"，便于使用时查找。

如在地形复杂处进行纵断面的水准测量，首先应沿路线选择适当的位置水准点，然后再测水准点的高程，也可不必先设置水准点，待测量到适当位置时，再设置水准点。

（3）基平测量方法

路线水准的高程应以国家水准点的高程为依据，首先找到距路线水准点近的国家水准点，然后从该国家水准点开始，计算路线起点的水准点，再依次测量路线水准点，当测量到一定的里程时，再和附近的国家水准点联系。如果路线终点附近也有国家水准点，则路线终点的水准点也应和国家水准点相联系。这样就可使高程得到控制，并保证测量结果被可靠的校核。

如果路线附近没有国家水准点，或路线不长，精度要求不高，可假定起始水准点。假定高程一般以气压计读数的高程为准；也可根据有关资料确定。例如，根据测区的国家地形图或路线附近的大型建筑物来确定起始水准点。

当路线的高程受某建筑物（水库、铁路等）影响时，水准点的高程应和该建筑物的高程一致，也就是把该建筑物的水准点高程传递到路线水准点。

基平测量一般用一台水准仪进行往、返测量。就是用一架水准仪在两个水准点之间往测一次，再返测一次，将两次所测的高差相比较，如在容许误差范围内，即 $\Delta h \leqslant \Delta h_{容}$，取两次高差的平均值作为两水准点间的高差。如果闭合差超过容许值即 $\Delta h > \Delta h_{容}$，应将往返测量的结果废弃，重新测量。

有时基平测量也采用两台仪器分别观测相邻两水准点之间的高差。如两组高差之差在容许闭合差内，取其平均值作为这两个水准点之间的高差。用两台水准仪分组观测比用一台水准仪往、返测快，但需增加人员和仪器设备。

2. 中平测量

中平测量是根据基平水准点的高程沿中线测定中线各桩的地面高程，除此之外，中平还需要测量傍路线河流水位，灌溉渠道，原有桥梁墩台的高程，为纵坡设计，桥涵和其他构造物高程的确定提法参考。

中平测量一般以相邻两水准点为一测段，从一个水准点开始逐个测量中桩地面高程，一直测到下一个水准点进行一测段闭合。所谓一测段闭合，就是从一个水准点开始，测得下一个水准点的高程应等于它的已知高程中在容许误差内。因此只作单程观测。

（1）中平测量的施测方法

中平测量的组织和仪器、工具的使用方法与基平测量基本相同，测量前切应收集所设置的水准点高程和水准点所在位置。

如图 2-29，将水准仪安置在测 I 上，先后视 BM_1，再前视转点 ZD_1，并将尺上的读数分别记入记录簿中 BM_1 和转点 ZD_1 行的后视栏和前视栏中。然后将桩上的水准尺，依次立在该测站前后视之间的各个中桩 K0＋000……K0＋080 上进行读数，并将每一中桩的尺读数记入"水准尺读数"的"中间点"栏里，这样就完成了测站 I 的观测工作。将水准仪迁至测站 II，同样先后视转点 ZD_1，前视转点 ZD_2，然后观测各中桩点，以后各测站都用同样的方法，一直测到下一个水准点（BM_2）上进行闭合，凡是不以中桩作转点，只求它本身的高程的读数，叫做中间点读数。

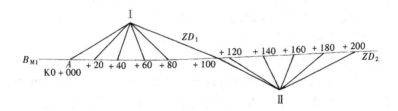

图 2-29　中平测量的施测方法

中平测量对转点读数到毫米，中间点读数到厘米即可。

测量过程中应注意以下几点：

1）观测顺序应"先后视，再前视，然后观测中桩"。若读完后视就测量中桩，在这期间仪器受到振动，三脚架下沉，最后再前视转点，将影响前视读数的准确性，从而使所传递的高程产生误差。若最后观测中桩，即使由于上述原因读数有些误差，由于中桩是独立的，不会影响高程的传递。如果测站内没有车辆和行人通行，土质也较坚实，或一个测站内所要观测的中桩仅一、二个，也可在测完后视点后就测中桩，最后测前视转点。

2）测站在前视转点后，必须在下一测站对该转点后视完毕后，才能移动水准尺，否则会发生错误，造成返工。因为转点应有前视读数，这样才能向前传递高程。表2-3为图2-29中平测量计算结果。

中平测量计算表　　　　　表 2-3

| 测点 | 水准尺读数（m） | | | 高差（m） | | 视线高 | 高程 | 附　注 |
	后视	中间点	前视	+	−	（m）	（m）	
BM_1	2.191					414.505	412.314	
K0 + 000		1.62					412.89	
+ 020		1.90					412.61	
+ 040		0.62					413.89	
+ 060		2.02					412.48	
+ 080		0.91					413.60	
ZD_1	3.162		1.006	1.185		416.661	413.499	
+ 100		0.50					416.16	
+ 120		0.52					416.14	
+ 140		0.80					415.86	
+ 160		1.20					415.46	
+ 180		1.01					415.65	
+ 200		1.00					415.66	
ZD_2			1.521	1.641			415.140	

3）在平坦地上测量，仪器距水准尺的距离可以尽量远。只要不超过 100~150m。这样可以减少测站数，加快测量进度，并减少误差，所以一般以百米桩为转点。

（2）中桩地面高程的计算

当测定两水准点之间的中平后，应在现场及时计算闭合差并检验该值是否超过容许值，如满足要求即可计算中桩各点地面高程。

中桩各地面点的高程计算可先计算测站的视线高，再计算中桩地面高。

如此例，BM_1 点的高程为 412.314m，后视读数为 2.191m，则测站 I 的视线高 $H_1 = H_A + a = 412.314 + 2.191 = 414.505$m，然后用视线高 H_1，减去各中桩的读数（中间点栏）如：

K0 + 000 的高程为：414.505 - 1.62 = 412.89m

+ 020 的高程为：414.505 - 1.90 = 412.61m

……

直到计算出 + 080 的高程 414.505 - 0.91 = 413.60m

最后计算测站 I 上转点 ZD_1 的高程：

414.505 - 1.006 = 413.499m

第一测站的中桩高程计算完毕，同理可计算测站 II 的中桩点高程。

（3）跨越沟测量

当路线跨越深度较大，较宽的无水沟谷时，需在沟坡和沟底钉有中桩，如按照一般中平测量的方法，应下坡后再上坡。那么，需要多次安置仪器，不但速度缓慢，而且也容易发生错误。为了保证质量，提高测量速度，可采用图 2-30 的方法。

仪器在 1 测站后视 + 080，前视 + 130 和 180。然后将仪器搬到 II 测站，后视 + 130，前视 + 145，并对 + 172 读中间点读数。再将仪器搬到 III 测站后视 + 145，并对 + 160、+ 165 读中间点读数。然后不再上坡测量，直接将仪器搬到 IV 测站后视 + 180 继续

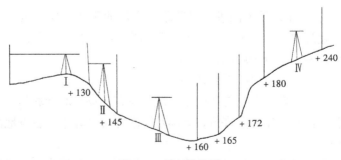

图 2-30　跨越沟测量

向前测量。用这种方法测量时，须注意记录要清楚，不要搞错桩号。

（4）纵断面图的绘制

公路纵断面图是根据中平测量的资料，在米格纸上点绘中线方向地面起伏形状的图，称为纵断面图，如 2-31 图所示。在图的上部，自左至右有两条贯穿全图的线，一条是细折线，表示中线方向的地面线，是根据中平测量的中桩高程点绘制的；另一条是直线和曲线相间的粗线，这是纵坡设计线，是设计者根据地形和规范要求设计的。此外图上还注有：水准点的位置、编号及高程；桥涵的类型、孔径、跨数、长度、里程桩号及其设计水位；竖曲线的示意图及曲线元素；公路与公路，公路与铁路交叉点的位置，里程及其说明。图的下部绘有五栏表格，表格中包括以下内容。

1）直线和曲线：是中线示意图，曲线部分用成直角的折线表示，上凸的表示曲线右弯，下凹的表示曲线左弯，并注明交点的编号和曲线半径；在不设曲线的交点位置，用锐角折线表示。

2）里程：按横坐标比例尺注里程桩号，一般标注百米桩和公里桩。

3）地面高程：用中平测量记录簿计算结果填写地面高程。

4）设计高程：按设计纵坡计算。

5）坡度：用斜线表示设计坡度，从左至右向上斜的表示上坡，下斜的表示下坡，并在斜线上以百分比表示坡度的大小，在斜线下注记坡长。

道路纵断面图是以里程为横坐标，高程为纵坐标绘制的。常用的比例尺有 1:5000，1:2000，1:1000 几种。为了突出地面线的起伏变化，高程比例尺校里程比例尺放大 10 倍。如里程比例尺 1:2000，则高程比例尺 1:200。

3. 横断面测量

由于横断面测量是测中桩处垂直于中线的地面线高程，所以首先要在中桩处确定横断面方向，然后在这个方向上测定地面坡

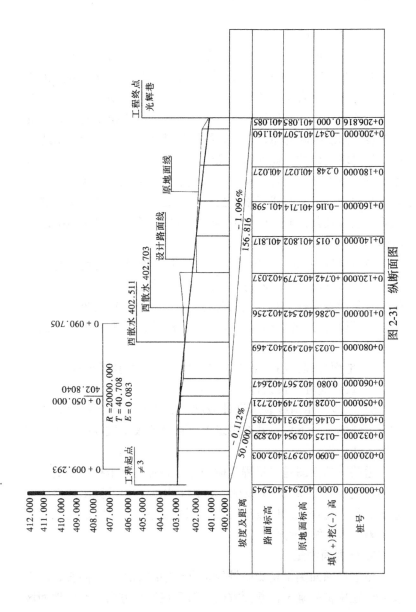

图 2-31 纵断面图

度变化点或特征点距离和高差。横断面测量的宽度，应根据中桩的填挖量，边坡大小及有关工程的特殊要求而定。横断面测量是重复性劳动，要花费许多劳力和时间。因此，对横断面测量既要保证有足够的精度，也应根据地形和使用的工具采用适当的方法。

（1）确定横断面方向

标定横断面方向有两种情况：一是测点在直线上，它的横断面方向和直线相垂直；二是测点在曲线（圆曲线或缓和曲线）上，它的横断面方向在该点的曲率半径方向上。

标定横断面方向一般用十字架。有时因地形复杂和需要测量很宽的断面（中桩两侧 50m 以上），为了准确标定方向就使用经纬仪。

1）点的横断面方向的标定

用十字架标定，把十字架安置在测点上，以十字架的一根木条照准前（后）面一个桩、则十字架的另一个方向（木条）就是所测点的横断面方向，如图 2-32。

如果用经纬仪标定，把经纬仪安置在测点上，用望远镜瞄准直线上一点

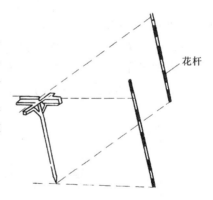

花杆

图 2-32　点的横断面方向

（中桩），然后把经纬仪照准部旋转 90°，望远镜所指的方向就是该点的横断面方向。

2）圆曲线上横断面方向的标定

圆曲线上横断面的方向可用球心十字架确定，如图 2-33 球心十字架是在十字架上装一根能水平向旋转的木条，叫做活动片。活动片两端各钉一小钉，以两小钉连线 *CC* 作为瞄准目标的

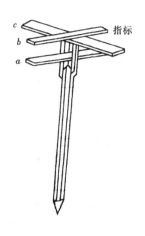

图 2-33 球心十字架

视线。活动片和十字架用制动螺旋连接，以控制活动片的旋转。

首先把球心十字架安置在圆曲线的起点（终点），见图 2-34，使十字架的 AA 对准转角点或直线上一中桩，松开制动螺旋使活动 CC 瞄准测点 P_1。在 P 点上使 BB 瞄准圆曲线起点（或终点），即指向弦的方向。这时活动片 CC 所指方向就是 P_1 点的半径方向，即它的横断面方向。因为圆曲线上两点连成的弦和该两点半径组成的夹角相等。当球心十字架在圆曲线起点时，CC 和 BB 所组成的夹角是弦和半径的夹角。把球心十字架移动到 P_1 点，仍保持 CC 和 BB 的夹角不变，但是 BB 和 CC 所指的方向互换。在圆曲线起点时 BB 指着起点的半径方向，CC 指着弦的方向，而在测点 P_1 时，BB 指着弦的方向，CC 指着测点的半径方向。所以 CC 所指的方向

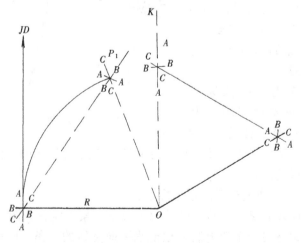

图 2-34　测点 P_1 的横断面方向

就是测点 P_1 的横断面方向。

　　用上述方法可以标定圆曲线上其他各点的横断方向。但是每标定一个点的横断方向，都从圆曲线起点（或终点）开始很麻烦，有时由于障碍物的影响不能从圆曲线起（终）点瞄准测点，此时可用下述方法进行标定。例如在图 2-35 中的 P_3 点，可在已标定的 P_2 点的横断面方向竖立一根花杆 K。球心十字架在 P_2 点使 AA（或 BB）瞄准 K，松开制动螺旋，转动活动片 CC 瞄准 P_3 点，固紧制动螺旋，把球心十字架移到 P_3 点上，以 AA（或 BB）瞄准 P_2 点，那么 CC 所指的方向就是 P_3 点的横断面方向。

　　如果圆曲线上中桩的桩距相等，即下图中的 $P_1P_2 = P_2P_3 =$ ……，那么 $\angle 1 = \angle 2 = \angle 3$……所以只要球心十字架的 AA 瞄准 P_1 点的横断面方向和活动片 CC 瞄准 P_2 点的方向所组成的夹角，即半径和弦的夹角 $\angle 1$ 不变，那么，把球心十字架安置在任意一个测点上（如 P_3 点）使原来指向半径方向的木条（即图中的 AA）瞄准相邻的后点（P_2 点），则活动片 CC 所指的方向就是横断面方向。

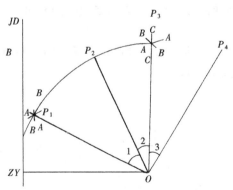

图 2-35　测点 P_2 的横断面方向

　　（2）测量横断面的方法

　　横断面测量是沿横断面方向，自中桩起，依次测出左右两侧地形特征点（变坡点）的水平距离和高程。

1）经纬仪视距法

在山坡处测量较宽的横断面，可用经纬仪视距法测量断面上各变坡点的距离和高差。测法是把经纬仪安置在中桩上，根据所标定的横断面方向固定好经纬仪照准部，然后依次用视距法测量各变坡点。这样所测量的各变坡点距离和高差都是相对于中桩的，这同以下几种方法有区别，它们的距离和高差都是相对于两上变坡点的。

如果以中桩为测站进行测量，仰、俯角不便于观测时，可在横断面方向上（断面范围以内或断面范围以外）选一个点进行施测。但要测定该测站点到中桩的距离以及他们之间的高差，以便绘图。

2）手水准法

用一根花杆（或竹杆）在 1.5m 高度系一红布条或刻一剖画，把花杆立在中桩上，使手水准贴在 1.5m 处，瞄准立在右侧变坡点 1 的水准尺，待手水准气泡居中后对水准尺读数，那么 1.5m 和 1 点的读数之差就是它们的高差。然后用皮尺丈量中桩和 1 点的水平距离。测完 1 点后把花杆立在 1 点，水准尺立在变坡点 2，用同样的方法测 1、2 点之间次测到时，可在其间分段测量。

横断面测量一般是边测量边在现场绘图，不断作测量记录，其记录格式如图 2-36 所示。

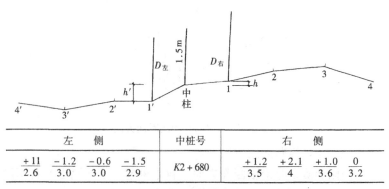

左　　侧				中桩号	右　　侧			
$\dfrac{+11}{2.6}$	$\dfrac{-1.2}{3.0}$	$\dfrac{-0.6}{3.0}$	$\dfrac{-1.5}{2.9}$	K2 + 680	$\dfrac{+1.2}{3.5}$	$\dfrac{+2.1}{4}$	$\dfrac{+1.0}{3.6}$	$\dfrac{0}{3.2}$

图 2-36　横断面测量的绘图与记录

图中分子数值相邻两点的高差,须注记正负号;分母数值是这两点之间的水平距离。如果采用视距法测量,那么高差和水平距离是相对于中桩的。记录时应注意,测量右侧时,记录在表中的右侧栏里;测量左侧时,记录在表的左侧栏里,切勿左右颠倒。

3）抬杆法

抬杆法用两根花杆测量。如图 2-37 测量时将一根花杆竖立在中桩上,另一根水平横放,使横放的花杆一端放在 1 点的地面上,另一端靠住竖立的花杆。此时,两点的高差就是横杆到中桩的竖直距离,水平距离由横放的花杆丈量。横放的花杆是否水平,可把手水准贴着横放的花杆,观察手水准气泡是否居中,或者由测量员在旁边自测花杆是否水平。测完 1 点后,把花杆竖立在 1 点,横放花杆在 2 点,另一端靠住竖立花杆,从而测量 1～2点的高差和水平距离。如此连续测量直至一个断面测量完毕。

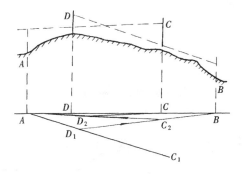

图 2-37　抬杆法

此法适用于地形较陡的情况,为保证测量精度,一般至少由两人操作。

（3）绘制横断面图

横断面的地面线通常是在现场边测边绘,这样既可省略记录工作,也能及时现场校对,如遇雨天或需要测量数据时,须作好记录,然后带回室内绘制。

绘制横断面图是根据各变坡点间的高差和水平距离或倾斜角

和斜距离，由中桩位置开始，逐一将各点标在米格纸上，再用直线将相邻点连接起来得到横断面的地面线。注明横断面桩号的同时，还应在图上绘注水位和地物等。道路横断面图的比例尺，一般为1:200，从图纸左下方起自下而上，自左向右，依次按桩号绘制。为了便于绘制路基设计线，相邻两断面线之间应留一定的距离。图2-38，图2-39为地面横断面图。

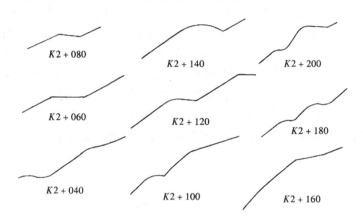

图 2-38 地面横断面图（一）

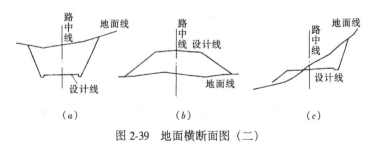

图 2-39 地面横断面图（二）

（六）角度测量概述

1. 地面点的定位和角度测量

在投影三维定位中，确定地面点位需三要素，即：起始点到待定点直线的水平方向；起始点到待定点水平距离；待定点到相对点高差。其中，直线水平方向可通过测定直线与已知方向的直线间的水平角来确定；待定点相对已知点的高差可以通过观测起始点到待定点的竖角并经过计算而获得。由此可见，投影三维定位所需三个要素中的两个要素均可通过水平角和竖直角测量来确定。

水平角观测和竖直角观测统称为角度测量。

2. 水平角值与水平方向值

从一点出发的两空间方向线间的夹角称为空间角。空间角在水平面的投影称为水平角。水平角的大小称为水平角值。

水平方向的角值称为归零水平方向值，称水平方向值。它可由任意方向的水平方向观测值减去起始方向的水平方向观测值而求得。由此可知，某两方向的水平角值即为该两面方向水平方向值之差。

3. 观测角和计算角

水平角值和竖直角值一般均由外业直接观测获得。也可以借助于其他要素通过计算获得。比如，水平角可以通过平面坐标（x，y）或三角形边长求得；竖角可由高程和水平距离计算而获得。此外，还可以通过空间直角坐标系中三个坐标计算出水平角和竖直角。通过外业直接观测而获得角度值，称观测角值，而由其他元素经计算间接获得角度值，称为计算角值。

4. 角度测量的仪器

1）经纬仪

经纬仪是角度测量的主要工具，利用它可以直接测定待定方向线的水平方向值和竖角值。

2）平板仪

利用平板仪可以将空间方向线直接投影而描绘在测图板上，通过图解即可获得水平方向值和水平角值。竖直角可用平板仪的照准仪测定。

3）罗盘仪

罗盘仪常被用于进行低精度角度测量，测取直线的水平方向值或水平角值以及竖角值。

4）六分仪

六分仪可以用在运动的船舶上测量角度。利用六分仪测量的角度是两照准点和望远镜所确定的平面上角度，即空间角，即不是一定水平角也不是一定竖直角。

5）全站仪

全站仪是一次设站即可测得距离、方向和高差，进而获得待定点点位坐标的三维定位系统。它的基本构成包括：能观测水平角和竖直角的经纬仪和能测取距离的测距仪。特别适用于工程测量，可以根据设计图点全部坐标一次性放出，提高放样效率和精度。

（七）施工放样（测量）

最佳的、合理的设计方案是通过施工来实现的，施工测量的目的是根据设计和施工要求，将设计图上建筑物的大小和位置在实地测定出来。施工测量贯穿整个施工全过程，是保证施工质量一个方面。施工测量也和其他测量工作一样，应遵循由整体到局部的原则，首先建立施工控制网作为施工放样依据，并根据控制网放样桥涵、隧道等轴线，然后再根据主要轴线放样构筑物的细节。

工程设计阶段提供的设计图纸、有关文件和测量标志。是施工测量的依据，因此在施工测量的准备工作中，应首先熟悉设计图纸和有关文件。对设计、测量交底时移交的测量标志进行复测校核，重要的测量标志还要进行妥善的保护。

施工测量的精度，一般取决于工程的性质，在道路工程中，高级路面比一般结构的路面测量精度要求高。总之，施工测量的精度，应以满足设计、施工要求为准，以做到既保证工程质量又节省人力物力。

施工测量工作,可分为工程施工前的测量工作和施工过程中的测量工作,前者包括熟悉图纸和现场情况,工程用地测量,施工控制点网的建立、场地布置、构筑物定位和基础放线等;后者是在工程施工中,随着工程的进展,在每道工序之前的细部测设和放线。当工程每道工序完成后,应及时进行测量验收,以检查上道工序施工质量,并设置新的测量标志作为下道工序的施工依据。

1. 施工放样的基本方法

(1) 放样已知长度的直线

在地面上放样已知长度的直线,不同于丈量地面上两点间的距离,是先用钢尺量出两点间的长度,然后加工必要的改正数,如尺长改正、温度改正和倾斜改正等,最后求得正确的水平距离。而放已知长度的直线,其程序恰恰相反,先要根据已知长度的直线进行各项距离改正,示意实际应量的长度,然后再放样到地面上,这样才能得到已知长度的直线,因此放样时的各项距离改正数符号与量距离时所加的改正值符号相反。

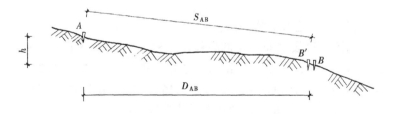

图 2-40 放样已知长度的直线

如图 2-40 现就在 AB 方向上放样水平长度为 30.000m 的直线 D_{AB},设钢尺名义长度为 30.000m,稳定时温度 $t_0 = 20℃$,拉力为 10kg,其实际长度 30.003m;放样时钢尺温度为 30℃,先不考虑任何改正,从 A 点沿 AB 方向量 30.000m 定出 B' 点;测出 A 与 B' 点高差 $h = 1.00m$。然后可计算尺长的改正值 Δl 和倾斜改正 Δh。即:

$$\Delta l = 30.003 - 30.000 = 0.003m$$

$$\Delta t = 2 \times 30 \ (t - t_0) = 0.0000125 \times 30 \times (30 - 20) = 0.004\text{m}$$

$$\Delta h = \frac{h2}{2S} = \frac{2}{2 \times 20} = 0.017\text{m}$$

$$S_{AB} = 30.000 - 0.003 - 0.004 + 0.017 = 30.010\text{m}$$

最后，由 A 点沿 AB 方向量 $S_{AB} = 30.010\text{m}$ 定出 B 点，AB 即是所需放样的直线。

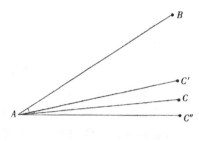

图 2-41　放样已知角度的水平角

（2）放样已知角度的水平角

如在面上有已知直线 AB，在 A 点要放样的已知角度为水平角 β。通常用正、倒镜的两个位置来放样已知角值，如图 2-41 将经纬仪安置在 A 点，经对中、整平后，用正镜照准 B 点，在度盘上读数，设为 a，松开照准部，使水平温度盘读数为 $a + \beta$，然后在地面上标出 C 点，$\angle BAC$ 即为收样已知角值的水平角。

（3）放样已知数值的高程

如图 2-42 设水准点 A 的高程 $H_A = 80.359\text{m}$，为此在 A、B 间安置水准仪，在 A 点立水准尺，读得后视 $a = 1.357$，测仪器的视线高为 $H_i = 80.359 + 1.357 = 81.716\text{m}$，要使 B 桩顶的高程为 81.000m，则立于 B 桩顶的水准尺读数应为：

$$b = H_i - H_b = 81.716 - 81.000 = 0.716\text{m}$$

于是在水准仪观测者的指挥下，在 B 点逐渐将木桩打入土中，直到立在 B 点桩顶的水准尺读数恰好为止。此时 B 点桩顶的高程为 81.000m，即是所需放样的高程点。也可在 B 点先将木桩一次打牢，再将水准尺靠在桩的一侧竖直移动，直到前视读数 $b = 0.716\text{m}$，此时沿尺底在木桩侧面划水平线，该水平线就是放样的高程线。

（4）放样已知点的方法

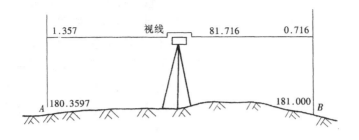

图 2-42　放样已知数值的高程

已知一点的放样应根据当地的情况和要求，采用各种不同的工具和方法进行，常用的有直角坐标法、极坐标法、角度交会法、距离交会法、方向交会法等。

1）直角坐标法

如图 2-43 如果已知 M 点到导线 AB 的垂直距离 MM_1 和 AM_1，就可以同钢尺在地面上沿 AB 方向量 AM_1 的长度得 M_1 点，再在 M_1 点上作 AB 的垂线，在垂线上量 MM_1 的长度定出 M 点。

2）极坐标法

用极坐标进行放样时，在控制点上根据一个角度和一个距离进行。如图 2-44 如果已知 M 点到控制点 A 的距离 d 及水平角 β，就可经纬仪放样水平角，用钢尺量取距离，把 M 点放样出来。

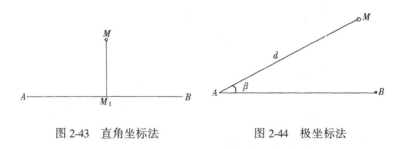

图 2-43　直角坐标法　　　　　图 2-44　极坐标法

3）角度交会法

如果需设置位于水中的桥墩，或需放样点位于起伏不平的地

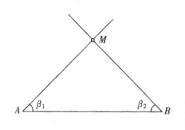

图 2-45　角度交会法

区，量距有困难时，可用角度交会法进行放样。如图 2-45，若要将 M 点放样出来，已知水平角 β_1 及 β_2，将经纬仪分别安置在两个控制点 A、B 上，分别放出水平角 β_1 及 β_2 由 AM 及 BM 方向交出 M 点。

4）距离交会法

如图 2-46 所示如果已知知道要放样的 M 点到控制点 A 和 B 距离分别为 a、b，在 A 和 B 两点分别用两根钢尺，同时量出 a、b 而交会于 M 点。a 与 b 的长度不能大于所用钢尺的长度；否则将影响 M 点的精度。

5）方向交会法

需要放样的 M 点如在两个已知直线的方向上，方向线的设立可用经纬仪，也可用细绳，根据具体情况和所需放样点的精度要求而定。图 2-47 表示分别用经纬仪确定 ab 及 cd 方向线后交得 M 点。

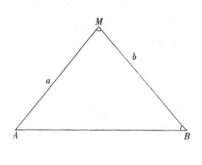

图 2-46　距离交会法

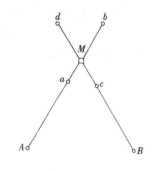

图 2-47　方向交会法

2. 道路工程施工测量

（1）恢复中线

恢复中线工作是道路工程施工测量的关键一步。它不仅是道路规划、设计意图在实地的落实，而且也是道路纵、横断面图复测的基础及施工放样的依据。由于工程设计阶段所设置的中线桩至开始施工时，一般均有被碰动或丢失的现象。为了保证工程施工期间中线位置正确，施工前必须进行一次中线复测，以检查所有中桩位置是否正确。即应根据施工图上的设计数据，实地复测校核各控制点和重要的中心桩的位置，并保护位置且增设控制桩。

恢复中线的工作内容包括：恢复中桩、设置曲线及路线的纵、横断面测量等项工作。

复测中心线的方法步骤如图 2-48 所示，自道路中线起点开始到第一个转折点，进行直线定向和直线丈量，校核设计中的转折点距离，同时丈量复测该段所有中桩及按地形变化和施工需要钉加桩的位置并确定桩号，（桩号表示沿道路中线距起点的水平长度）。

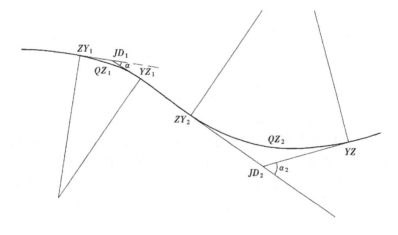

图 2-48　复测中心线

第一个转折点的桩号校测后，在第一个转折点安置经纬仪校核转折角 α，无误后，根据已校测的转折角 α_1 和设计确定的曲线半径 R，校核圆曲线的三个主要元素点 ZY、QZ、YZ（直圆、曲中、圆直），然后进行圆曲线付点的详细测设。

从第一个曲线终点到第二个转折点进行直线定线、丈量、核定第二个转折点桩号和转折角 α_2，测设第二个圆曲线，依次进行，直至道路终点。

在复测曲线时，有可能出现因设计局部改线、曲线高程、原丈量距离有误或因路线过长分段进行勘测设计等原因，造成的路线桩号的不连续。这种情况称为断链（桩号重叠的称为"长链"，桩号间断的称为"短链"）。断链情况会直接影响路面的设计与施工及工程量的计算。所以，如有断链应特别详细记入中线丈量记录并在现场钉出断链桩。断链桩不要设在曲线内或构筑物上，以直线上 10m 整桩处为好。断链桩上应注明线路的双向里程和应增减的长度。如图 2-49 所示，断链桩上注明"＋500＝525（短25m)"，"＝"前的桩号是来向里程，"＝"后的桩号是去向里程。当等号前后的桩号不是同一桩号数时，还应写上公里数。

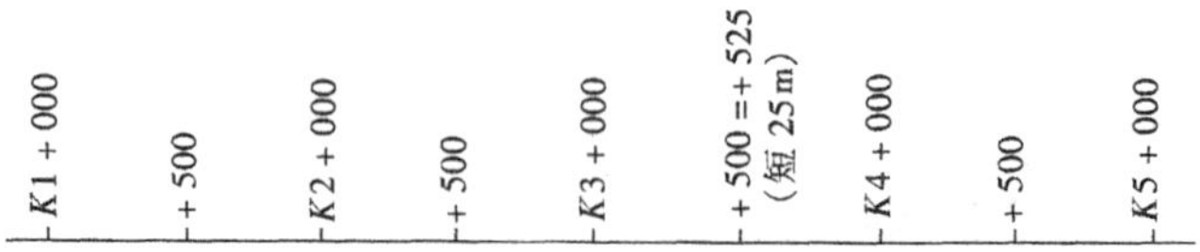

图 2-49　断链桩

（2）加设施工控制桩

经校正恢复的中线位置各桩，在施工中是难以保留的，往往被挖掉、掩埋或碰撞移位。因此，为了在施工中准确控制工程的中线位置，需在工程开工前根据施工现场的条件，选择施工中便于使用，易于保留桩位的地方，埋设施工控制桩。其方法主要有以下几种：

1）平行线法

平行线法是在工程操作范围以外，即不会被掩埋和不易被碰撞的地方，距中线等距离测设两排平行中线的控制桩。平行线法多用于地势平坦、直线段较长的道路工程。

2）延长线法

延长线法多用于对转折点的控制。一般在两直线方向延长线上钉桩，并量出所钉控制桩到转折点（交点）的距离，作好记录。如图 2-50。

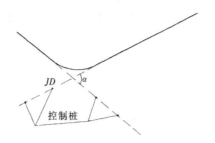

图 2-50　延长线法

3）其他

前面所介绍的"放样已知点的方法"中的各种方法均可以作为加设施工控制桩的方法。

在施工中，选择上述各种加设控制桩应根据施工现场具体条件中的一种或几种。无论使用哪种方法均应画出示意图，作好记录以便查用。

（3）增设施工水准点

进行线路水准测量时，为了便于施工中引测高程，应根据设计图线和技术交底时指定的水准点增设临时水准点，即基产测量。其间距一般为 200～300m。设置的方法及要求见基平测量部分。

（4）竖曲线的测设

坡度变化之点称为变坡点，根据《公路设计技术规范》要求有时需加设竖曲线，如图 1-37 所示。

JD 为变坡点，i_1、i_2 为相邻纵向坡度值，ZY、YZ 为曲线起点和终点，L 为曲线长度，α 为曲折角，E 为外矢距。假设 x 为直线上任一点距离，求出 y，然后用 x 点设计高程减去 y 值既为曲线高程。根据数学关系

$$y = \frac{x^2}{2R} \tag{2-22}$$

放样时，先测定 ZY、YZ、JD 三点，然后每隔 5m 放样一高程点，即可得出竖曲线高程。

实际放样时注意凸竖曲线与凹竖曲线的区别，所示凹竖曲

线，曲线高程为设计高程加上 y 值。而凸竖曲线高程为减去 y 值。

思 考 题

1. 已知标准尺尺长方程为
$$L_{\mathrm{I}} = 30 + 0.05 + 30 \times \alpha(T - T_0)$$
待检尺的名义长度和材料均和标准尺相同，已知两根尺尺长差数为 0.02m，求待检尺尺长方程。

2. 已知 A 点高程为 423.152，所测高程如表所示，求 B、C、D 高程。

水准测量计算表 表 2-4

测 点	后 视	前 视	高 差	高 程
A	1.079			423.152
B		2.552		
C		1.789		
D		0.457		

3. 水准测量中前后视线相等可以消除哪些误差？

4. 放样已知点有哪些方法？

三、道路养护工程材料

（一）概　　述

1. 材料在工程结构物中的作用及其应具备的性质

材料是工程结构物的物质基础。材料质量的优劣、配置是否合理以及选用是否适当等等，均直接影响结构物的质量。

在市政工程的各种结构物中，用于材料的费用约占 30% ~ 50%，某些重要工程甚至可达 70% ~ 80%。所以，要节约工程投资，降低工程造价，材料的合理选配和应用是很重要的一个环节。

市政道路与桥梁工程都是承受频繁交通动荷载反复作用、无遮盖而裸露于大自然的结构物。它不仅受到车辆复杂的力系作用，同时又受到各种自然因素的恶劣影响。所以，用于修筑市政道路与桥梁结构用的材料，不仅需要具有抵抗复杂应力作用下的综合力学性能；同时，还要保证在各种自然因素的长期影响下，综合力学性能不产生明显的衰降，即所谓持久稳定性。

为了保证市政道路与桥梁工程建筑材料的综合力学强度和稳定性，通常要求材料具备下列四个方面的性质：

（1）力学性质

力学性质是材料抵抗车辆荷载复杂力系综合作用的性能。目前对建筑材料力学性质的测定，主要是测定各种静态的强度，如抗压、拉、弯、剪等强度；或者某些特殊设计的经验指标，如磨耗、冲击等。以抗压强度作为基准，按其抗压强度折算为其他强度。

（2）物理性质

材料的力学强度随其环境条件而改变。影响材料力学性质的物理因素主要是温度和湿度。此外，通常还要测定一些物理常数，如密度、空隙率和孔隙率等。

（3）化学性质

化学性质是材料抵抗各种周围环境对其化学作用的性能。

（4）工艺性质

工艺性质是材料适于按照一定工艺流程加工的性能。例如，水泥混凝土在成型以前要求有一定的流动性，以便制作成一定形状的构件。

以上四方面性能是互相联系、互相制约的，在研究材料性能时，必须统筹考虑。

2. 材料性能的检验方法和技术标准

材料性能检验是为掌握材料的技术性能，它对保证工程质量、合理使用材料、加速施工进度、降低工程造价等，都起着重要的作用。

（1）材料的一般检验方法

对于道路与桥梁建筑材料性能的检验，通常可采用实验室内原材料性能检定、实验室内模拟结构检定以及现场修筑试验性结构物检定等方法。室内材料试验包括下列内容：

1）物理性质试验，测定道路桥梁用材料的物理常数。

2）力学性质试验，主要是采用各种试验机测定其静态力学性能，如抗压、拉、弯、剪等强度。

3）化学性质试验，通常只作材料简单化合物含量或有害物质含量的分析。

4）工艺性质试验，主要是将一些经验的指标与工艺要求联系起来，尚缺乏科学理论的分析。

（2）道路材料质量的标准化和技术标准

为保证建筑材料的质量，我国对各种材料制定了专门的技术标准。目前我国建筑材料的标准分为：国家标准、行业标准、地方标准和企业标准四个等级。

对需要在全国范围内统一的技术要求，应制定国家标准。国家标准由国务院标准化行政部门制定。

对没有国家标准而又需要在全国某行业范围内统一的技术要求，可制定行业标准。行业标准由国务院有关行政主管部门制定，并报国务院标准化行政主管部门备案。在公布国家标准之后，该项行业标准即行废止。

此外，对没有国家标准和行业标准，又需在省、自治区、直辖市范围内统一要求，可以制定地方标准。企业生产的产品没有国家标准和行业标准的，应当制定企业标准，作为组织生产的依据。

3. 市政道路建筑材料的种类

用于市政道路建筑材料的种类很多，按照产地、制法、性质及应用可分为下列几类：

（1）土的材料：黏土、砂土等；

（2）砂石材料：砂、砾石、碎石等；

（3）无机胶结材料：石灰、水泥等及其制品；

（4）有机胶结材料：沥青及其混合料；

（5）金属材料；

（6）木材；

（7）其他材料及产品：橡胶、环氧树脂、土工合成材料等。

（二） 土

1. 土的组成与分类

（1）土的组成

土是不连续介质，在道路工程中主要是松软土。其特点是：

1）土是自然历史组合体。

2）土是相系组合体，它是由三相（固体、液体、气体）所组成的体系。

3）土是多矿物组合体。

（2）土的分类

目前土的工程分类法还不统一，各国各行业各有自己的一套分类体系，即目前的分类是一种行业约定或行业标准。这里仅简单介绍交通部颁布的《公路土工试验规程》（JTJ051—93）所列的分类标准。其分类依据为：

1）土颗粒组成特征；

2）土的塑性指标：液限 ω_L、塑限 ω_P 和塑性指数 I_P；

3）土中有机质存在情况。

土的颗粒根据表 3-1 所列粒组范围划分粒组。

粒组划分（mm）　　　　　　表 3-1

巨粒组		粗粒组						细粒组	
漂石 （块石）	卵石 （小块石）	砾（角砾）			砂			粉粒	黏粒
		粗	中	细	粗	中	细		
200	60	20	5	2	0.5	0.25	0.074	0.002	

本分类将土分为巨粒土、粗粒土、细粒土和特殊土，分类总体系见图 3-1。

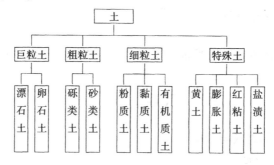

图 3-1　土分类总体系

2. 土的物理性质

（1）土的三相体

凡在一个物理体系中，其物理化学性质完全均匀一致的部分称为相，相和相之间有明显的分界面，并且不能用机械的方法将它们彼此分开。天然的土体是由固体颗粒、颗粒周围的水分，和颗粒与颗粒之间为气体充满的孔隙所组成三相体。由岩石矿物破碎而成的颗粒为固体相，水分为液态相，孔隙中的气体为气态相。见图3-2。

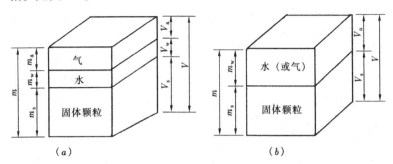

图 3-2　假想土三相体积示意图

（a）三相比例关系；（b）三相比例关系

（2）土的常用指标

1）土粒比重　　$G_S = m_S/(\rho_w \cdot V_S)$　　　　　　　（3-1）

2）天然密度　　　$\rho = m/V$　　　　　　　　　　（3-2）

3）饱和密度　　$\rho_{sat} = (m_S + V_V \cdot \rho_w)/V$　　　（3-3）

4）干密度　　　　$\rho_d = m_S/V$　　　　　　　　　（3-4）

5）浮密度　　$\rho' = (m_S - V_S \cdot \rho_w)/V$　　　　（3-5）

6）含水量　　$\omega(\%) = m_w/m_S \times 100$　　　　（3-6）

7）孔隙比　　　　$e = V_V/V_S$　　　　　　　　（3-7）

8）孔隙率　　$n(\%) = V_V/V \times 100$　　　　　（3-8）

9）饱和度　　　　$S_r = V_W/V_V$　　　　　　　（3-9）

10）液限含水量 ω_L

11）塑限含水量 ω_P

12）塑性指数 I_P

13）液性指数 I_L

14）相对密度 D_r

3. 土的水理性质

（1）土的透水性

1）渗透的概念：土中的自由液态水在重力作用下沿孔隙发生运动的现象，称为渗透。

2）渗透的特性：水在土层中流动是通过土层中孔隙，或层流或紊流状态，渗流顺着水位降坡向前不停的渗透。

3）黏性土的相对不透水性：在黏性土中，因土粒表面结合水的特殊性质，严重影响了土的渗透性。结合水的黏滞性对自由水起着黏滞作用，使水不易形成渗透现象，故把黏性土的透水性能相对地称为不透水性。

（2）土的毛细性

土的毛细性是指土中毛细孔隙能使水产生毛细现象的性质。毛细水的上升可引起道路翻浆、盐渍化、冻害等，会导致路基失稳。

土的毛细现象，主要是砂性土中的孔隙，相互连同成微型管道，纵横如网状的分布在土体中，这些微型管道可以吸引水分子克服重力影响向上运动。管道的孔径越小，毛细水上升的高度越大。

（3）黏性土的稠度和塑性

1）黏性土的稠度与界限含水量

黏性土的含水量不同，它的物理性质和物理状态都不同。稠度是指黏性土随含水量的多少而表现出的稀稠程度。黏性土在不同稠度时所呈现的固态、塑态、液态称为稠度状态。由于含水量的变化，黏性土可以从一个稠度状态转变为另一种稠度状态的界限，称为稠度界限。由于稠度界限是由含水量表示的，又称为界限含水量。

2）液限、塑限和塑性指数

液限（ω_L）黏性土由可塑状态转变为流动状态时的分界含水量。

塑限（ω_P）黏性土由可塑状态与半干硬状态之间的分界含水量。

黏性土自可塑状态起，逐渐增加含水量到滞留状态出现时止，若增加的含水量幅度大，说明该黏性土的吸水能力很强，称这样的黏性土具有高塑性；如果由可塑状态转变到滞留状态所增加的含水量很小，称这样的黏性土为低塑性。黏性土的塑性高低，通常以塑性指数 I_P 表示，即塑性指数大的黏性土具有高塑性，塑性指数小的黏性土具有低塑性。在数值上，塑性指数等于液限与塑限之差。

$$I_P = \omega_L - \omega_P \qquad (3-10)$$

塑性指数是反映黏性土中黏粒与胶粒含量的一个重要指标，塑性指数大的黏性土，表明土中黏粒和胶粒多。

3）液性指数

黏性土的塑性指数，只能反映黏性土的某一方面的物理性质，不能反映黏性土在天然状态下的稠度状态。同一类的黏性土，由于稠度状态不同，其物理性质相差很大。为了反映黏性土在天然状态下的稠度状态，可以用液性指数 I_L 表示，即土的液限和天然含水量之差与塑性指数的比值。

$$I_L = \frac{\omega - \omega_P}{\omega_L - \omega_P} \qquad (3-11)$$

4. 道路工程中土的使用

在道路工程中，土可以作为结合料使用，也可以作为填充料或骨料使用。用途不同，要求也不同。

（1）作级配碎砾石面层及级配磨耗层用。

（2）作石灰稳定土用。

（3）作沥青稳定土用。

（4）作水泥稳定土用。

（三）砂、石材料

1. 天然石料的分类

天然石料是地壳上的岩石经自然风化而成不同粗度的松散粒

料（如砂、砾石、漂石等），或由大块岩石经加工而成不同尺寸形状的块状石料（如碎石、块石、条石等）。

2. 路用石料制品和技术要求

道路工程用的石料制品，包括直接铺砌路面面层用的整齐块石、半整齐块石、不整齐块石；用作路面基层用的锥形块石、片石等。

3. 石料的技术性质

石料的技术性质，主要从物理性质、力学性质、化学性质三方面来进行评价。

（1）物理性质

石料的物理性质包括：物理常数（如真实密度、毛体积密度和孔隙率等）、吸水性（如吸水率、饱水率等）和耐候性（耐冻性、坚固性等）。

（2）力学性质

路桥工程所用石料在力学性质方面的要求，除一般的抗压、抗拉、抗剪、抗弯、弹性模量等，还有一些为路用性能特殊设计的力学指标，如抗磨光性、抗冲击、抗磨耗等。

这里主要讨论确定石料等级的抗压强度和磨耗两项性质。

1）单轴抗压强度

道路建筑用石料的（单轴）抗压强度，按我国现行《公路工程石料试验规程》（JTJ—054—94）。

石料的单轴抗压强度值，取决于石料的组成结构（如矿物组成、岩石的结构和构造、裂缝的分布等），同时也取决于试验的条件（如试件几何外形、加载速度、温度和湿度等）。

2）磨耗性

磨耗性是石料抵抗撞击、剪切和摩擦等综合作用的性能。按我国现行《公路工程石料试验规程》（JTJ—054—94）规定。石料的磨耗试验有下列两种方法：

①洛杉矶式磨耗试验—按我国现行《公路工程集料试验规程》（JTJ058—2000）规定。

②狄法尔式磨耗试验—按我国现行《公路工程石料试验规程》（JTJ—054—94）规定。

（3）化学性质

1）石料的化学性质对其路用性能的影响

在道路与桥梁建筑中，各种矿质骨料在混合料中与结合料起着复杂的物理—化学作用。矿质骨料的化学性质很大程度地影响着混合料的物理—化学性质。具体比较如表3-2所列。

不同矿物成分骨料组成的沥青混合料强度比较　　表 3-2

编号	矿质混合料名称	干燥抗压强度 （20℃）$f_{R(d)}$ （kPa）	浸水后抗压强度 （浸水 72h,20℃）$f_{R(w)}$ （kPa）	浸水后强度降低 s_t （%）
1	石灰石矿质混合料	2058	1893	8.01
2	花岗岩矿质混合料	1372	1166	15.01
3	石英石矿质混合料	1176	917	22.08

注：表中沥青混合料为细粒式密级配，沥青为环烷基沥青，其针入度为 60（1/10mm），沥青用量 7%。

2）石料与沥青粘附性

石料与沥青的黏附性不仅决定于沥青的性质，同时也决定于石料的性质。当沥青性质相同时，不同矿物成分的石料具有不同的黏附性，例如，选取石灰石、花岗石和石英石 3 种典型石料，试验结果列于表3-3。

不同矿物组成石料的黏附性比较　　表 3-3

岩石名称	石灰岩	花岗岩	石英岩
水煮法黏附性（抗剥落面积的等级）	V级	Ⅱ级	Ⅰ级

注：水煮法采用的沥青为黏度 $C_{60.5} = 240s$ 的慢凝液体沥青。

4. 石料的技术要求

（1）路用石料的技术分级

按我国现行行业标准《公路工程石料技术标准》（M0201—

94）规定，道路建设用天然石料按其技术性质分为四个等级：

1) 1级—最坚强的岩石；

2) 2级—坚强的岩石；

3) 3级—中等坚强的岩石；

4) 4级—较软的岩石。

(2) 路用石料的技术标准

按我国现行行业标准《公路工程石料技术标准》（M0201—94）规定。

（四）石灰、水泥

水泥（或沥青）混凝土是水泥（或沥青）将矿质混合料胶结而成的复合材料。水泥（或沥青）等能将矿质材料胶结起来的材料称为胶凝材料。胶凝材料按其化学成分分为有机和无机胶凝材料。其中无机胶凝材料，按其能否在水中结硬，又分为水硬性胶凝材料（如水泥）和非水硬性胶凝材料（如石灰）。而非水硬性胶凝材料中，只能在空气中硬化的称为气硬性胶凝材料。

1. 石灰

石灰是由以碳酸岩类岩石（石灰石、白云石等）为原料，经过900~1300℃高温的煅烧，分解出二氧化碳后所得到的一种胶凝材料。其主要成分为氧化钙和氧化镁。

(1) 根据成品加工方法的不同，石灰可分为：

1) 块状生石灰：由原料煅烧而成的原产品，主要成分为氧化钙（CaO）。

2) 生石灰粉：由块状生石灰磨细而成的细粉，主要成分亦为氧化钙（CaO）。

3) 消石灰：将生石灰用适量的水消化而得的粉末，亦称熟石灰，其主要成分为 $Ca(OH)_2$。

4) 石灰浆：将生石灰加多量的水消化而得的可塑性浆体，

称为石灰膏，其主要成分为$Ca(OH)_2$和水。如果水加的更多则呈白色悬浮液，称石灰乳。

在道路工程中，随着半刚性基层在高等级路面中的应用，近年来石灰稳定土、石灰粉煤灰稳定土及其稳定碎石等广泛应用。

（2）石灰的生产工艺概述

将主要成分为碳酸钙和碳酸镁的石灰岩经高温煅烧，溢出二氧化碳气体，得到白色或灰白色块状材料称生石灰，其主要成分为氧化钙和氧化镁。

石灰岩在煅烧过程中，一定要控制好煅烧温度，如果温度控制不好，常会出现"欠火"石灰或"过火"石灰。

欠火石灰：由于石灰石原料的尺寸过大，或窑中温度不均匀等造成石灰中含有未烧透的内核。欠火石灰比质量纯的生石灰密度大，颜色发青，未消解的残渣含量高，有效氧化钙和氧化镁的含量低，使用时缺乏粘结力。

过火石灰：由于石灰石原料煅烧时温度过高或时间过长而造成的石灰过火。过火石灰表面有裂缝或具有玻璃状的外壳，体积收缩明显，颜色呈灰黑色，块体密度大，消化缓慢。过火石灰用于工程中仍继续消化，以致引起体积膨胀，导致产生裂缝等破坏现象对工程危害极大。

优质石灰：优质石灰色质洁白或带灰色，质量较轻，块状石灰堆积密度为 $800 \sim 1000kg/m^3$。

（3）石灰的消化和硬化

1）石灰的消化

烧制成的生石灰为块状的，使用时必须加水使其"消化"成粉末状的"消石灰"，这一过程亦称"熟化"，故消石灰亦称熟石灰。石灰加水后，质纯且煅烧良好的石灰体积增大 2 倍左右。

为消除过火石灰对工程的危害石灰消化时间要"陈伏"两个星期，给予充分消化，然后才能使用。这是因过火石灰消化慢的缘故。

2）石灰的硬化

石灰的硬化过程包括干燥硬化和碳化两部分。

①石灰的干燥硬化。石灰浆中水分逐渐蒸发或被周围砌体所吸收，氢氧化钙从饱和溶液中析出结晶并逐渐紧密起来，具有一定的胶结性。

②石灰的碳化。石灰的碳化是石灰浆与空气中的二氧化碳作用，生成碳酸钙并放出水分。

（4）石灰的技术要求和技术标准

1）技术要求

用于道路或桥梁工程的石灰应符合下列要求：

①有效氧化镁和氧化钙的含量。石灰中产生粘结性的有效成分是活性氧化钙和氧化镁，它们的含量是评价石灰质量的主要指标。有效氧化钙和氧化镁含量测定的方法，按我国现行行业标准《公路工程无机结合料稳定材料试验规程》（JTJ057T08013—94）的规定。

②生石灰产浆量和未消化残渣含量。产浆量是单位质量的生石灰（1kg）经消化后，所产生石灰浆体的体积（L）。石灰产浆量愈高，其质量愈好。

③二氧化碳含量。生石灰或生石灰粉中二氧化碳含量越高，即表示未分解完全的碳酸盐含量越高，则有效氧化钙和有效氧化镁的含量相对降低，石灰的胶结性越差。

④消石灰粉游离水含量。游离水是指化学结合水以外的水，游离水含量的增加将直接影响石灰的使用质量。

⑤石灰的细度。石灰的细度与石灰的质量有密切的关系，现行标准（JC/T480—92）和（JC/T481—92）以 0.9mm 和 0.125mm 筛余百分率控制，不同等级的石灰对其细度要求也不同。

2）技术标准

石灰按其氧化镁的含量大小，将其划分为钙质石灰和镁质石灰两大类，其分类界限按表3-4的规定。

钙质石灰和镁质石灰分类界限 表 3-4

氧化镁含量／品种 类别	生石灰	生石灰粉	消石灰粉
钙质石灰	≤5	≤5	<4
镁质石灰	>5	>5	≥4

由于生石灰和消石灰粉的分等技术项目和指标不同，故分别提出不同要求。

①生石灰技术标准，生石灰的技术标准如表3-5。

②生石灰粉技术标准，生石灰粉的技术标准如表3-6。

③消石灰粉技术标准，消石灰粉的技术标准如表3-7。

生石灰的技术标准 表 3-5

项　目		钙质生石灰			镁质生石灰		
		优等品	一等品	合格品	优等品	一等品	合格品
1.（CaO + MgO）含量（%）	不小于	90	85	80	85	80	75
2. 未消化残渣含量（5mm圆孔筛筛余量）（%）　不大于		5	10	15	5	10	15
3.CO_2（%）	不大于	5	7	9	6	8	10
4. 产浆量（L/kg）	不小于	2.8	2.3	2.8	2.8	2.3	2.0

注：按 JC/T478.2—92，石灰 CaO + MgO 含量均为络合滴定法测定。

生石灰粉技术标准 表 3-6

项　目			钙质生石灰			镁质生石灰		
			优等品	一等品	合格品	优等品	一等品	合格品
1.（CaO + MgO）含量（%）		不小于	85	80	75	80	75	70
2.CO_2（%）		不大于	7	9	11	8	10	12
3. 细度	0.9mm 筛筛余（%）	不大于	0.2	0.5	1.5	0.2	0.5	1.5
	0.125mm 筛筛余（%）	不大于	7.0	12.0	18.0	7.0	12.0	18.0

项　目	钙质消石灰			镁质消石灰			白云石消石灰		
	优等品	一等品	合格品	优等品	一等品	合格品	优等品	一等品	合格品
1.（CaO + MgO）含量（%）　不小于	70	65	60	65	60	55	65	60	55
2. 游离水（%）	0.4～2.0			0.4～2.0			0.4～2.0		
3. 体积安定性	合格	合格	—	合格	合格	—	合格	合格	—
4. 细度　0.9mm 筛筛余（%）不大于	0	0	0.5	0	0	0.5	0	0	0.5
0.125mm 筛筛余（%）不大于	3	10	15	3	10	15	3	10	15

（5）石灰的应用与储存

石灰的应用很广，主要用于制成石灰砂浆及石灰水泥混合砂浆，砌筑砖石材料。石灰的储存、运输应注意以下事项：

1）石灰应防潮防水，运到工地最好储存在密闭的仓库中，存期不宜过长，一般以一个月为限。

2）如长期储存，最好将生石灰消化成石灰浆，然后用砂子草席等覆盖，并同时加水使石灰浆表面有水与空气隔绝。

3）石灰在运输中应用帆布盖好，以防途中水分侵入，自行消化或放热过多，造成火灾。

4）石灰能侵蚀呼吸器官及皮肤，所以工程施工中应注意防护。

（6）石灰的外观验证与出厂资料验收

1）外观验证：石灰（消石灰）含水量不能太大，用手抓少量白灰握紧后张开，石灰是松散状态的。且白灰细度要均匀，不得有石碴。

2）出厂资料验收：进入施工现场前，供方为本工程做的《白灰等级化验报告》。

2. 水泥

水泥与水拌合后成为塑性胶体，是一种水硬性胶凝材料，它既能在空气中硬化，又能在水中硬化。在道路与桥梁工程中，通常应用的水泥有：硅酸盐水泥、普通硅酸盐水泥、矿渣硅酸盐水泥、火山灰硅酸盐水泥和粉煤灰硅酸盐水泥等五大品种。此外在特殊工程中，还使用了高铝水泥、膨胀水泥、快硬水泥等，硅酸盐水泥是最常用的一种。

（1）硅酸盐水泥

凡由硅酸盐水泥熟料、0~5%石灰石或粒化高炉矿渣、适量石膏磨细制成的水硬性胶凝材料，称为硅酸盐水泥。硅酸盐水泥分为两种类型，不掺加混合材料的称Ⅰ类硅酸盐水泥，代号 P·Ⅰ。在硅酸盐水泥粉磨时掺加水泥质量5%石灰石或粒化高炉矿渣混合材料的称Ⅱ型硅酸盐水泥，代号 P·Ⅱ。

（2）普通硅酸盐水泥

凡由硅酸盐水泥熟料、6%~15%混合材料、适量石膏磨细制成的水硬性胶凝材料，称为普通硅酸盐水泥（简称普通水泥），代号 P·O。

（3）材料要求

1）石膏

①天然石膏：应符合 GB/T5483 中规定的 G 类或 A 类二级（含）以上的石膏或硬石膏。

②工业副产石膏：工业生产中以硫酸钙为主要成分的副产品。采用工业副产石膏时，必须经过试验证明对水泥性能无害。

2）活性混合材料

符合 GB/T203 的粒化高炉矿渣，符合 GB/T1596 的粉煤灰，符合 GB/T2847 的火山灰质混合材料。

3）非活性混合材料

活性指标低于 GB/T203、GB/T1596、GB/T2847 标准要求的粒化高炉矿渣、粉煤灰、火山灰质混合材料以及石灰石和砂岩。

石灰石中的三氧化二铝含量不得超过 2.5%。

4）窑灰

应符合 JC/T742 的规定。

5）助磨剂

水泥粉磨时允许加入助磨剂，其加入量不得超过水泥质量的 1%，助磨剂须符合 JC/T667 的规定。

（4）强度等级

硅酸盐水泥强度等级分为 42.5、42.5R、52.5、52.5R、62.5、62.5R。

普通水泥强度等级分为 32.5、32.5R、42.5、42.5R、52.5、52.5R。

（5）技术要求

1）不溶物

Ⅰ型硅酸盐水泥中不溶物不得超过 0.75%；

Ⅱ型硅酸盐水泥中不溶物不得超过 1.50%。

试验方法：按 GB/T 176 进行。

2）烧失量

Ⅰ型硅酸盐水泥中烧失量不得大于 3.0%，Ⅱ型硅酸盐水泥中烧失量不得大于 3.5%。普通水泥中烧失量不得大于 5.0%。

试验方法：按 GB/T176 进行。

3）氧化镁

水泥中氧化镁的含量不宜超过 5.0%。如果水泥经压蒸安定性试验合格，则水泥中氧化镁的含量允许加宽到 6.0%。

试验方法：按 GB/T 176 进行。

4）三氧化硫

水泥中三氧化硫的含量不宜超过 3.5%。

试验方法：按 GB/T176 进行。

5）细度

硅酸盐水泥比表面积大于 $300m^2/kg$，普通水泥 $80\mu m$ 方孔筛筛余不得超过 10.0%。

试验方法：按 GB/T1345 进行。

6）凝结时间

硅酸盐水泥初凝不得早于 45min，终凝不得迟于 6.5h。普通水泥初凝不得早于 45min，终凝不得迟于 10h。

试验方法：按 GB/T1346 进行。

7）安定性

用沸煮法检验必须合格。

试验方法：按 GB/T1346 进行。

8）强度

水泥强度等级按规定龄期的抗压强度和抗折强度来划分，各强度等级水泥的各龄期强度不得低于表 3-8 中的数值。

硅酸盐水泥的强度指标   表 3-8

品　种	强度等级	抗压强度（MPa）		抗折强度（MPa）	
		3 天	28 天	3 天	28 天
硅酸盐水泥	42.5	17.0	42.5	3.5	6.5
	42.5R	22.0	42.5	4.0	6.5
	52.5	23.0	52.5	4.0	7.0
	52.5R	27.0	52.5	5.0	7.0
	62.5	28.0	62.5	5.0	8.0
	62.5R	32.0	62.5	5.5	8.0
普通水泥	32.5	11.0 16.0	32.5	2.5	5.5
	32.5R	16.0	32.5	3.5	5.5
	42.5	16.0	42.5	3.5	6.5
	42.5R	21.0	42.5	4.0	6.5
	52.5	22.0	52.5	4.0	7.0
	52.5R	26.0	52.5	5.0	7.0

试验方法：按 GB/T17671 进行。

9）碱

水泥中碱含量按 $Na_2O + 0.658K_2O$ 计算值来表示。若使用活性骨料，用户要求提供低碱水泥时，水泥中碱含量不得大于0.60%或由供需双方商定。

试验方法：按 GB/T176 进行。

（6）掺混合材料的硅酸盐水泥

在硅酸盐水泥中掺入适量的各种混合材料可以提高水泥的产量，改善水泥的性能，扩大使用范围，降低水泥成本，充分利用工业废渣、废料，保护环境，变害为利，变废为宝。

1）矿渣硅酸盐水泥

凡由硅酸盐水泥和粒化高炉矿渣，适量的石膏磨细制成的水硬性胶凝材料称为矿渣硅酸盐水泥，简称矿渣水泥。具有如下特性：

①具有较高的抗软水侵蚀及抗硫酸盐侵蚀的能力；

②水化热低，宜用于大体积混凝土工程中；

③早期强度低后期强度高；

④抗冻性与耐磨性差；

⑤耐热性较强，它更适用于高温车间、高炉基础等耐热工程。

2）火山灰硅酸盐水泥

凡由硅酸盐水泥熟料和火山灰质混合材料、适量石膏磨细制成的水硬性胶凝材料称火山灰硅酸盐水泥，简称火山灰水泥。其早期强度低，后期强度高；凝结硬化受温度湿度影响较大；抗冻性差，水化热低；抗腐蚀性强。其主要适用范围如下：

①最适用于地下或水中工程，尤其是需要抗渗性、抗淡水及抗硫酸盐侵蚀的工程中。但是火山灰水泥的抗冻性较差，不宜用于受冻的部位。

②可以与普通水泥同样用于公路工程中，但用软质混合材料的火山灰水泥，由于干缩变形较大，不宜用于干燥地区或高温车间。

③适宜用蒸汽养护生产混凝土预制构件。

④火山灰水泥水化热较低，宜用于大体积混凝土工程。

3）粉煤灰硅酸盐水泥

凡是由硅酸盐水泥熟料、粉煤灰和适量石膏磨细制成的水硬性胶凝材料称粉煤灰硅酸盐水泥，简称粉煤灰水泥。

粉煤灰水泥的主要特点：

①早期强度低，晚期强度高。

②干缩性小，抗裂性好。

③抗硫酸盐的能力，仅次于抗硫酸盐水泥。

④和易性好，密度小。用相同用水量时，粉煤灰水泥的和易性较其他水泥好，坍落度可增大 2~3cm。

⑤水化热甚低，对碱性骨料反应能起一定的抑制作用，特别适用于水中大体积建筑物。

（7）水泥的外观验证与出厂资料验收

1）外观验证：收到时，首先核对水泥袋上标识的生产日期、批号与供方提供的《水泥厂水泥化验报告单》及出厂合格证的生产日期、批号是否一致；其次检查水泥袋是否有破损，然后检查水泥是否有板结现象。

2）出厂资料验收：本产品本批次水泥的《水泥厂水泥化验报告单》及出厂合格证（28d 强度后补）。

（五）建 筑 砂 浆

砂浆是由胶凝材料、细骨料和水等材料按一定比例配制而成。与混凝土在组成上的差别仅在于砂浆不含有粗骨料，因此有关混凝土和易性、强度和耐久性的基本规律，原则上也能适用于砂浆。

1. 砌筑砂浆

（1）砌筑砂浆的作用与分类

在公路与桥梁工程中，主要用砂浆砌筑挡土墙，护坡，桥涵和其他砖石结构以及砌体表面的修饰。在施工时砂浆以薄层状态起粘结作用和传递应力，同时还起防护、衬垫和装饰作用。砂浆按其所用胶结材料不同可分为：

1）水泥砂浆：用于砌筑潮湿环境或水中的砌体，制作薄壁件。

2）石灰砂浆：用于砌筑强度要求不高，处于干燥环境中的砌体。

3）混合砂浆：掺有适量掺合材料的水泥砂浆或石灰砂浆，可节约水泥或砂浆，并可改善和易性。常用的有水泥石灰砂浆、水泥黏土砂浆、石灰粉煤灰砂浆，其耐久性和抗冻性一般次于水泥砂浆。

4）聚合物水泥砂浆：水泥砂浆中加入适量聚乙烯醇胶粘剂（108），颜料及少量其他附加物，加水拌制而成。用于表面装饰，具有较强的粘结力和耐久性。

（2）筑砌砂浆的组成材料

1）水泥：砂浆用水泥品种，应根据砂浆的用途来选择，一般采用普通水泥，若用于潮湿环境和地下水位较高的建筑砌体，可采用矿渣水泥或火山灰水泥。

2）石灰：一般将生石灰熟化成石灰膏后使用。

3）掺合料：为节约水泥与石灰，在一般水泥中掺入粉煤灰、石灰石、黏土粉等掺合料共同磨细或分别磨细后再混合，可取得良好的经济效果。

4）细骨料：由于砂浆层较薄，砂的最大粒径必须适合砌体灰缝宽度及砌体的特点。

5）水：不含有害杂质的洁净水均可拌制砂浆。

6）外加剂：为改善砂浆的性能，在必要时可掺入适量的外加剂。

（3）砂浆的和易性

对新拌砂浆的主要要求是和易性。和易性好的砂浆，容易在砖石表面铺展成均匀的薄层，并使砌体之间紧密粘结。砂浆的和易性包括流动性和保水性两个方面。

1）流动性　砂浆流动性和许多因素有关，砂浆中胶结材料的品种和用量、用水量、沙粒粗细、形状、级配以及搅拌时间都会影响砂浆流动性。

2）保水性　是指新拌砂浆在运输和施工过程中，能保持水分不流失和各组分不分离的能力。

（4）硬化后砂浆的性质

1）抗压强度　砌筑砂浆在砌体或建筑物中主要起承递荷载作用，应具有一定的抗压强度。砂浆强度以强度等级表示。砂浆强度等级是边长 70.7mm 的正方体试块，在标准温度（20±3℃）和正常湿度条件下，养护 28d 的抗压强度值。

2）粘结性　为保证砌体的整体性，砂浆要有一定的粘结力。影响砂浆粘结性的因素很多，一般砂浆的抗压强度愈高，其粘结性愈好。

3）耐久性　砌体砂浆经常遭受环境水作用，故除强度外，还应考虑抗渗性、抗冻性和抗蚀性等性能。提高砂浆耐久性，主要是提高其密实度。

2. 抹面砂浆

抹面砂浆的作用在于保护砌体不受风雨及有害介质侵蚀，提高防腐蚀、抗风化性能，增强耐久性，同时使表面平整美观。抹面砂浆的保水性比砌筑砂浆更高，同时使用的胶结材料也较多。

3. 装饰砂浆

装饰砂浆是以增加建筑物美观为主的砂浆，具有特殊的表面形式，或呈现各种色彩、线条与花样。常用的胶结材料有石膏、白水泥、石灰，或在水泥中掺加白色大理石粉，使砂浆表面色彩更为明朗。装饰砂浆表面可做成各种艺术处理，如水磨石、水刷石、斩假石、拉毛、人造大理石等。

（六）沥青材料

沥青材料是一种有机胶凝材料，是由高分子碳氢化合物及其非金属（氧、硫、氮等）衍生物所组成的复杂混合物。在常温下，沥青呈褐色或黑褐色的固体、半固体或液体状态。

沥青的特点是：具有不透水性、不导电、耐酸、碱、盐的腐蚀，同时具有良好的粘结性及塑性。它主要用作道路工程的路面材料，屋面或地下防水工程及防腐工程等。

沥青按其在自然界中获得的方式，分为地沥青和焦油沥青，常见沥青的分类如图3-3。

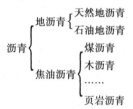

图 3-3　沥青分类

在道路建筑工程中，最常用的是石油沥青和煤沥青。

1. 石油沥青

（1）石油沥青分类

1）按原油成分可分为：

①多蜡沥青：石蜡含量 > 5%；

②沥青基沥青：含蜡量 < 2%；

③混合基沥青：石蜡含量为 < 2% ~ 5%。

2）按加工方法不同，可分为：直馏沥青、氧化沥青。

3）按稠度可分为：液体沥青、黏稠沥青。

4）按用途不同，可分为：

①道路石油沥青：主要含直馏沥青，常用于路面工程、屋面防水、地下防潮、防水。

②建筑石油沥青：主要含氧化沥青，常用于屋面、作地下防水材料，用于配制涂料及建筑防腐等。

③普通石油沥青：石蜡基沥青，含蜡量高达 20% 左右，粘结性很差，建筑工程中一般不直接使用，需掺配后成为混合沥

青，方可使用。

（2）石油沥青的技术性质

1）黏滞性（黏性）

石油沥青的黏滞性是指沥青在外力作用下抵抗变形的能力，是沥青性质的重要指标之一。

2）塑性

塑性是指石油沥青在外力作用时，产生变形而不破坏，外力去除后，仍保持变形前的形状。

3）温度敏感性（感温性）

温度敏感性是指石油沥青的黏滞性和塑性随温度升降而变化的性能。

①高温敏感性用软化点表示。软化点是沥青材料由固体状态变为具有一定流动性膏体时的温度。

②脆点表示低温变形能力。沥青在低温时的变形能力是路用一项重要指标。目前对沥青低温变形多采用达到条件脆裂时的温度表示，此温度称为脆点。在工程实际应用时，要求沥青具有较高的软化点和较低的脆点。

4）大气稳定性。大气稳定性是指石油沥青在热、阳光、空气、氧气和潮湿等因素的长期综合作用下抵抗老化的性能。

5）溶解度。溶解度是指石油沥青在三氯乙烯中溶解的百分率（即有效物质含量）。

6）闪燃点。为了保证施工安全，应掌握石油沥青在施工中的闪燃点。

7）含水量。沥青中含有水分，施工中挥发太慢，影响施工速度，所以要求沥青中含水量不宜过多。

（3）石油沥青的技术标准

黏稠石油沥青按使用道路的交通量，分为中、轻交通量和重交通量道路用沥青两个标准，沥青技术标准列于表 3-9 和表 3-10。

表 3-9

重交通量道路石油沥青技术要求

试验项目	AH-130	AH-110	AH-90	AH-70	AH-50	试验方法
针入度(25℃,100g,5s)(0.1mm)	120~140	100~120	80~100	60~80	40~60	T0604
延度(5cm/min,15℃)（cm）	>100	>100	>100	>100	>100	T0605
软化点（环球法）（℃）	40~50	41~51	42~52	44~54	45~55	T0606
闪点（COC）（℃）			>230			T0611
含蜡量（蒸馏法）（%）			≯3			T0615
密度（15℃）（g/cm³）			实测记录			T0603
溶解度（三氯乙烯）（%）			>99.0			T0607
薄膜加热试验 163℃ 5h — 质量损失（%）	<1.3	<1.2	<1.0	<0.8	<0.6	T0609
薄膜加热试验 163℃ 5h — 针入度比（%）	>45	>48	>50	>55	>58	T0609 T0604
薄膜加热试验 163℃ 5h — 延度（25℃）（cm）	>75	>75	>75	>50	>40	T0609 T0605
薄膜加热试验 163℃ 5h — 延度（15℃）（cm）			实测记录			T0609 T0605

表 3-10

中、轻交通量道路用石油沥青技术要求

试验项目 \ 标号	A-200	A-180	A-140	A-100甲	A-100乙	A-60甲	A-60乙	试验方法
针入度（25℃，100g，5s）(0.1mm)	200~300	160~200	120~160	90~120	80~120	50~80	40~80	T0604
延度（25℃，5cm/min）（cm）		>100	>100	>90	>60	>70	>40	T0605
软化点（环球法）（℃）	30~45	35~45	38~48	42~52	42~52	45~55	45~55	T0606
溶解度（三氯乙烯）（%）	>99.0	>99.0	>99.0	>99.0	>99.0	>99.0	>99.0	T0607
蒸发损失试验（163℃5h）— 质量损失（%）	≯1	≯1	≯1	≯1	≯1	≯1	≯1	T0608
蒸发损失试验（163℃5h）— 针入度比（%）	≮50	≮60	≮60	≮65	≮65	≮70	≮70	T0608 T0604
闪点（COC）（℃）	≮180	≮200	≮230	≮230	≮230	≮230	≮230	T0611

在同一品种黏稠石油沥青中，牌号越大，沥青越软，此时针入度、延度越大，而软化点降低，牌号越小，沥青越硬，此时针入度、延度越小，而软化点升高。

选用沥青材料，应根据工程性质及当地气候条件，来选用不同牌号的沥青。在使用时，加热温度不宜过高，以满足施工最小稠度要求为宜。施工阶段任何时候石油沥青的加热温度均不得超过176.6℃。沥青加热温度过高，加热时间过长，将会影响沥青的性质，并易引起火灾。加热至施工温度后的保温时间，石油沥青应不超过6h。

（4）石油沥青的应用

1）道路石油沥青

道路石油沥青具有一定的黏性，良好的塑性，较好温度稳定性，因此常用它拌制沥青砂浆及沥青混凝土，作为道路路面材料。

2）建筑石油沥青

建筑石油沥青黏性大、弹性大、温度稳定性好，主要用来制造油毡、油纸、防水涂料，用于屋面、地下防水、防腐工程。

3）普通石油沥青

普通石油沥青含有石蜡成分较多，主要用于一般公路及水利工程。在建筑工程中常需与建筑石油沥青掺配使用。

2. 煤沥青

煤沥青（俗称柏油）是炼焦炭和制煤气的副产品，煤在干馏过程中的挥发物质，经冷凝称为黑色黏性液体称为煤焦油。煤焦油经分馏加工提取轻油、中油、重油、蒽油后，所得残渣为煤沥青。

根据蒸馏程度不同可分为低温沥青、中温沥青、高温沥青。在工程中多采用黏稠或半固体的低温沥青。

（1）煤沥青的化学组分与结构

1）煤沥青的化学组分：主要包括游离碳、固态树脂、可溶性树脂油分等。

2）煤沥青的结构

煤沥青的物理—化学结构亦是复杂的胶体分散体系，游离碳和固态树脂是分散相，油分是分散介质。可溶性树脂溶解于油分中，并吸附在固体分散相微粒表面，有助于分散体系的稳定性。

（2）煤沥青的技术要求及其特性

1）煤沥青的质量要求应符合《沥青路面施工及验收规范》（GB50092—96）的要求，如表3-11所示。

道路用煤沥青质量要求　　　　表3-11

试验项目			T-1	T-2	T-3	T-4	T-5	T-6	T-7	T-8	T-9
黏度（s）	$C_{30,5}$		5~25	26~70							
	$C_{30,10}$				5~20	21~50	51~120	121~200			
	$C_{50,10}$								10~75	76~200	
	$C_{60,10}$										35~65
蒸馏试验馏出量（%）	170℃前	不大于	3	3	3	2	1.5	1.5	1.0	1.0	1.0
	270℃前	不大于	20	20	20	15	15	15	10	10	10
	300℃前	不大于	15~35	15~35	30	30	25	25	20	20	15
300℃蒸馏残渣软化点（环球法）　（℃）			30~45	30~45	35~65	35~65	35~65	35~65	40~70	40~70	40~70
水分　不大于（%）			1.0	1.0	1.0	1.0	1.0	0.5	0.5	0.5	0.5
甲苯不溶物　不大于（%）			20	20	20	20	20	20	20	20	20
含萘量　不大于（%）			5	5	5	4	4	3.5	3	2	2
焦油酸含量　不大于（%）			4	4	3	3	2.5	2.5	1.5	1.5	1.5

2）煤沥青的特性

由于煤沥青的组分不同于石油沥青组分，故与石油沥青相比在性能上存在某些差别：

①大气稳定性差：由于煤沥青中含有较多不饱和碳氢化合物，在热、阳光、氧气等长期综合作用下，煤沥青的组分变化较大，易老化变脆。

②温度稳定性差：由于可溶性树脂含量较多，受热易软化，故温度稳定性差。

③塑性较差：因含有较多的游离碳，所以在使用时因受力变形而开裂。

④煤沥青与矿质材料表面黏附性能好：煤沥青组分中含有酸碱等表面活性物质，故与矿质材料表面粘结力较强。

⑤防腐性能好：由于煤沥青中含有酚、萘、油等成分，所以防腐性好，故选用于地下防水层及其防腐材料等。

3. 乳化沥青

（1）概述

乳化沥青是指沥青的微粒（微粒 1μm）左右，在机械强烈搅拌作用下，分散在有乳化剂的水中，形成水包油状的沥青乳液。乳化沥青的特点如下：

1）提高道路质量；

2）扩大沥青使用范围；

3）节约能源；

4）节省材料；

5）延长施工季节；

6）减少环境污染，改善施工条件。

（2）乳化沥青组成材料

乳化沥青主要由沥青、水、乳化剂三部分组成。

1）沥青：沥青在乳化沥青中占 55% ~ 70%，是乳化沥青的基本组分。用于乳化沥青中的沥青，要求针入度或软化点较低的石油沥青，如 60 号或 60 号与其他牌号掺配的石油沥青。

2）水：水在乳化沥青中起着湿润、溶解及化学反应的作用。所以要求乳化沥青的水应当纯净，不含其他杂质，每升水中氧化

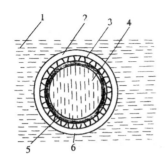

图 3-4 乳化沥青颗粒示意图
1—水；2—水膜；3—乳化剂；
4—沥青；5—乳化剂的非极性
端；6—乳化剂的极性端

钙含量不得超过 80mg 的洁净水。

3）乳化剂

①乳化剂的作用：乳化剂是表面活性剂，具有不对称分子结构的特殊功能。如图 3-4 所示。

②乳化剂分类：沥青乳化剂分类有很多方法，但最常用的方法是按离子的类型分类，见图 3-5。

按离子类型分类，是指沥青乳化剂溶解于水溶液时，凡是能电离成离子的叫离子型沥青乳化剂，凡是不能电离成离子的叫做非离子型乳化剂。

离子型乳化剂按生成的离子电荷种类又分为阴离子型、阳离子型、两性离子型三种。

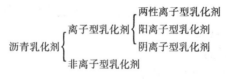

图 3-5 乳化剂分类

③稳定剂

用单一乳化剂制备乳化沥青乳液，乳液颗粒不易均匀，乳液易发生絮凝或沉降现象。如果在单一乳化剂中添加无机盐类制备沥青乳液，就可得到颗粒均匀而微细的乳液。并增强乳液颗粒周围的双电层效应，增加颗粒之间的相互排斥力，减缓颗粒之间的合一凝聚速度，提高乳化能力，改善乳液的稳定性，增强了与骨料的黏附能力。这种无机盐类叫做无机稳定剂。常用无机稳定剂有氯化铵、氯化钠、氯化钙、氯化镁、氯化铬等氯化物均可作无机稳定剂。稳定剂的用量不易过多，一般为沥青乳液的 0.1% ~ 0.15%为宜。

（3）乳化沥青类型的选用

选用乳化沥青类型应根据使用目的、矿料种类、气候条件来选用。

对酸性石料，或当石料处于潮湿状态或在低温下施工时，宜采用阳离子乳化沥青；对碱性石料（石料处于干燥状态）或与水泥、石灰、粉煤灰共同使用时，宜利用阴离子乳化沥青。

4. 沥青混合料

沥青混合料是以沥青为结合料，经合理选择级配组成的矿质混合料（如碎石、石屑、砂等），在一定温度下经拌合而成的路面材料，将沥青混合料摊铺，碾压成型具有整体性能的路面材料，即成为各种类型的沥青路面。

（1）沥青混合料的特点

1）具有较好的力学性能。采用它修筑的路面平整、无接缝，具有足够的力学强度及其形变的稳定性。

2）耐久性好。沥青混凝土具有较好的塑性，因而降低了路面与车轮的磨损率。

3）良好的抗滑性。沥青混合料修成的路面，具有一定的粗糙度，能保证高速行车的安全性。

4）便于分期修筑路面及再生利用。

其缺点为：

1）沥青老化对道路影响很大。

2）温度稳定性差。夏季高温时易软化，路面易产生车辙、波浪等现象。冬季低温时易脆裂，在车辆重复荷载作用下易产生裂缝。

（2）沥青混合料的分类

1）按胶结料的种类不同分：石油沥青混合料和煤沥青混合料。

2）按矿质材料的级配类型分：连续级配沥青混合料和间断级配沥青混合料。

3）按矿质材料最大粒径分：粗粒式、中粒式、细粒式和砂粒式沥青混合料。

①粗粒式沥青混合料一般用于高级路面的基层、双层式沥青面层的下层。

②中粒式沥青混合料一般用于路面的面层或双层式沥青面层的下层。

③细粒式沥青混合料可用于双层式沥青路面面层。

④砂粒式沥青混合料一般用于高级路面上的磨耗层。

4）沥青混合料的密实度分：密级配沥青混合料、开级配和半开级配的沥青混合料。

5）按矿分含量多少分：沥青混凝土和沥青碎石。

6）按应用情况分：普通沥青混合料及特种沥青混合料。

7）按沥青混合料施工温度分：热拌热铺、热拌冷铺和冷拌冷铺沥青混合料。

（3）热拌热铺沥青混合料

热拌热铺沥青混合料是按密实骨架原则设计的矿质混合料与高稠度的石油沥青，经过高温加热拌合后，趁热摊铺，碾压而成。

热拌热铺沥青混合料组成材料的技术要求如下：

1）沥青材料：拌制沥青混合料选用沥青材料时，要根据当地的气候条件、混合料的类型、交通性质及其施工条件，来选择沥青的品种标号及黏度。

2）粗骨料：通常采用碎石卵石及冶金钢渣等。

3）细骨料：沥青混合料所用的细骨料是指天然砂（河砂、山砂、海砂）及轧制的石屑（小于 5mm 以下的粒径）。要求细骨料质地坚硬、有棱角、干净、含泥量小于 1%。

4）矿粉：矿粉应采用碱性石料磨制的石粉，如石灰石、白云石、大理石等。要求石粉应具有足够的细度，故小于 0.074mm 的石粉应大于 80%，并要求石粉干净、疏松、不结团、含水量小于 1%、亲水系数小于 1。

热拌热铺沥青混合料的技术性质和技术标准：

1）沥青混合料的技术性质，主要包括施工和易性、高温稳定性、低温抗裂性、耐久性和抗滑性。

①施工和易性：是指沥青混合料在施工过程中容易拌合、摊铺和压实的性能。和易性好与差，主要决定于矿料的级配，沥青的品种及用量，施工环境条件以及混合料的性质等。

②高温稳定性：是指沥青混合料在夏季高温条件下，在车轮重复荷载作用下，能抵抗车辙及车轮水平荷载推挤的能力。

③低温抗裂性：是指沥青混合料在低温条件下应具有一定的柔韧性，以保证在低温时，沥青混凝土不产生裂缝。

④耐久性：是指沥青路面受长期的荷载作用及自然因素的影响下。影响沥青混合料耐久性的因素很多，有组成混合料中各材料的性质、沥青混合料的组成结构等。

⑤抗滑性：随着高速公路的发展，为了保证车辆在路面上行驶的安全，对沥青混合料的抗滑行提出更高的要求。

2）热拌沥青混合料的技术标准，按我国《公路沥青路面施工技术规范》（JTGF40—2004）规定，对于热拌沥青混凝土混合料的技术要求，按热拌沥青混合料马歇尔试验技术标准实行。

（4）沥青混合料的外观验证与出厂资料验收

1）外观验证：首先核对其出厂合格证是否符合设计要求，再检查进场时的温度是否符合要求，最后检查其搅拌是否均匀有无离析现象。

2）出厂资料验收：出厂合格证。

（七）水泥混凝土

在道路与桥梁工程中，水泥混凝土是应用最广泛，用量最大的建筑材料之一。水泥混凝土是由水泥、细骨料（砂）、粗骨料（碎石或卵石）、水，必要时掺入化学外加剂或矿物混合材料，按一定比例配合拌制而成的复合混合料。水泥混凝土具有抗压强度高，耐久性、耐火性好，养护费用小。在凝结前具有良好的塑性，能够制成各种形状和尺寸的构件。整体性好，具有较强的抗振能力。便于就地取材，施工、制造比较容易，不需要特别熟练的工人。但是，水泥混凝土抗拉强度低，由于干缩，易发生裂缝，施工日期长，自重较大，结构拆除比较困难等特点。

1. 普通水泥混凝土对组成材料的技术要求

为保证水泥混凝土具有良好的技术性质，降低工程造价，必须正确选用水泥混凝土中的各种原材料。

（1）水泥品种、强度等级的选用

为了保证水泥混凝土的设计强度、耐久性，节约水泥和降低造价，就必须根据工程特点、施工条件、气候与所处的环境等因素，正确选用水泥的品种与强度等级。常用水泥品种的选用范围如表 3-12。

常用水泥品种的选用　　　　　　　　　　表 3-12

混凝土工程特点或所处环境条件		优先选用	可以使用	不得使用
普通混凝土	1. 在普通气候环境中的混凝土	普通水泥	矿渣水泥 火山灰质水泥	
	2. 在干燥环境中的混凝土	普通水泥	矿渣水泥	火山灰质水泥
	3. 在高温环境中或永远处于水下的混凝土	矿渣水泥	普通水泥 火山灰质水泥 粉煤灰水泥	
	4. 厚大体积的混凝土	矿渣水泥 火山灰质水泥 粉煤灰水泥	普通水泥	硅酸盐水泥
有特殊要求的混凝土	1. 要求快硬高强（≥C30）的混凝土	硅酸盐水泥 快硬硅酸盐水泥	高强度等级水泥	矿渣水泥 火山灰水泥 粉煤灰水泥
	2. ≥C50 的混凝土	高强度等级水泥	硅酸盐水泥、普通水泥、快硬硅酸盐水泥	火山灰水泥 粉煤灰水泥

混凝土工程特点或所处环境条件	优先选用	可以使用	不得使用
3. 严寒地区的露天混凝土，严寒地区处于水位升降范围内的混凝土	普通水泥（强度等级≥32.5级）硅酸盐水泥	矿渣水泥（强度等级≥32.5级）	火山灰水泥粉煤灰水泥
4. 有抗渗性要求的混凝土	普通水泥火山灰质水泥	硅酸盐水泥粉煤灰水泥	矿渣水泥
5. 有耐磨要求的混凝土	普通水泥（强度等级≥32.5级）	矿渣水泥（强度等级≥32.5级）	火山灰水泥粉煤灰水泥
6. 受侵蚀性环境水或侵蚀性气体作用的混凝土	根据侵蚀性介质的种类、浓度等具体条件按专门的规定选用		

注：蒸汽养护时的水泥制品，易根据具体要求通过试验选定。

水泥强度等级的选择，应与混凝土的设计强度等级相适应。由经验得知，对于配制 C30 以下的混凝土时，水泥的强度等级应为混凝土强度等级的 1.2～2.2 倍。对于配制 C30 以上的混凝土时，水泥的强度等级应为混凝土强度等级的 1.0～1.5 倍。

（2）细骨料（砂）的技术要求

混凝土中的细骨料是天然砂或硬质岩石轧碎而成的人工砂。要求质地坚硬、颗粒洁净、耐久性好且不含杂质。

1）砂的粗度与颗粒级配。混凝土用砂的级配根据《公路工程集料试验规程》（JTJ058—2000）T0327 的规定。

2）有害杂质含量。砂的含泥量，是指粒径小于 0.08mm 的颗粒含量。砂的含泥量的测定方法，按《公路工程集料试验规程》（JTJ058—2000）T0333 的规定。

（3）粗骨料（碎石或卵石）的技术要求

混凝土常用粗骨料有碎石和卵石，碎石和卵石的选用应根据具体情况而定，一般情况下，配制高强度等级混凝土宜采用碎石。

1）强度。为保证混凝土的强度，要求碎石必须具备一定的强度。碎石的强度可用岩石的抗压强度和压碎指标值表示。压碎指标值的检测方法，按我国现行《公路工程集料试验规程》（JTJ058—1994）T0315 的规定。

2）坚固性。为保证混凝土的耐久性，用于混凝土的粗骨料应具有足够的坚固性，以抵抗冻融和自然因素的风化作用。混凝土粗骨料坚固性的检测方法，按《公路工程集料试验规程》（JTJ058T0314—2000）规定。

3）级配。粗骨料级配的好坏，直接影响混凝土的技术性质和经济效果，为了获得密实高强的混凝土，要求粗骨料应具有良好的级配。

4）粒径的选择。通常在条件允许情况下，尽量选择较大的粗骨料颗粒粒径。

5）针片状颗料含量。混凝土用粗骨料的针、片状颗粒含量的测定方法，按《公路工程集料试验规程》（JTJ058—2000）T0311 的规定。

6）含泥量。粗骨料的含泥量，按《公路工程集料试验规程》（JTJ058M0302—94）规定。

7）有害杂质含量。粗骨料中有害杂质含量的测定方法，按《公路工程集料试验规程》（JTJ058T0310—2000）规定。

（4）混凝土拌合水的技术要求

1）水中不应含有影响水泥正常凝结与硬化的有害杂质或油脂、糖类及游离酸等。

2）污水、pH 值小于 4 的酸性水及硫酸盐量，按 SO_3 计超过水的质量 0.27% 的水均不得使用。

3）钢筋混凝土和预应力混凝土不得用海水拌制。

4）供饮用水，一般能满足上述要求，使用时可不经试验。

2. 普通水泥混凝土的主要技术性质

（1）和易性

1）和易性包含："流动性"、"可塑性"、"稳定性"、"易密性"四个方面。优质的新拌混凝土应具有：满足运输和振捣的流动性；不为外力作用而产生脆断的可塑性；不产生分层、泌水的稳定性和易于浇捣密实的密实性。

2）和易性的测定方法

按《公路工程水泥混凝土试验规程》（JTJ053—94）规定。

3）影响混凝土和易性的因素

①水泥品种；②骨料特性；③集浆比的影响；④水灰比的影响；⑤砂率的影响；⑥外加剂的影响；⑦温度的影响；⑧搅拌时间的影响。

（2）混凝土的力学性质

1）混凝土的强度

①抗压强度（R）。混凝土抗压强度的测定方法，按《公路工程水泥混凝土试验规程》（JTJ053 中 T0517—94）规定，用边长为 15cm 的立方体试件，在标准养护条件下（温度为 $20 \pm 3℃$，相对湿度为90%以上），养护 28 天后，测定的试件单位抗压极限强度值。

②轴心抗压强度（R_a）。为了使混凝土试件抗压强度试验时的受力状态更接近其在结构中的承压状态，通常采用 150mm × 150mm × 300mm 棱柱体作为标准试件，测其轴心抗压强度。

轴心抗压强度的测定方法，按《公路工程水泥混凝土试验规程》（JTJ053 中 T0518—94）规定。

③抗拉强度（R_t）。混凝土抗拉强度的测定方法，按《公路工程水泥混凝土试验规程》（JTJ053 中 T0522—94）规定。

④抗弯拉强度（R_b）。抗弯拉强度的测定方法，按《公路工程水泥混凝土试验规程》（JTJ053 中 T0520—94）规定。

2）影响水泥混凝土强度的因素

影响水泥混凝土强度的因素主要有以下几方面：

①材料组成对水泥混凝土强度的影响；

②养护条件对水泥混凝土强度的影响；

③试验条件对水泥混凝土强度的影响。

3）提高水泥混凝土强度的措施

①采用高强度等级水泥或特种水泥。

②采用低水灰比和浆集比。

③掺合外加剂。

④蒸汽养护和蒸压养护。

⑤采用机械拌合机械振捣。

（3）水泥混凝土的外观验证与出厂资料验收

1）外观验证：首先核对出厂合格证上的技术指标与设计要求强度是否一致，再检查其搅拌是否均匀，有无离析现象或凝固情况。

2）出厂资料验收：出厂合格证及本产品的试验报告。

（八）建筑力学简介

建筑结构是在力学基础上发展起来的，按采用材料的不同，结构可分为钢结构、木结构、砖石结构、混凝土结构。

1．静力平衡

建筑力学与结构所涉及的力学范围主要是静力平衡，平衡是物体运动的一种特殊状态。

（1）力的概念　力是物体间相互的机械作用，这种作用使物体的机械运动状态发生变化。

（2）力的三要素为：

1）力的大小；

2）力的方向；

3）力的作用点。

力的三要素缺一不可。它们共同决定着力的作用效果。三者中任一因素的改变，都使力的效应随之而改变。

2．结构上的作用

力是物体间的相互作用，在建筑物中，物体间相互作用力有两大类：

①非直接接触作用—作用是通过某种"场"进行的。

②直接接触作用—作用通过物体与物体直接接触产生。

其中最主要的是直接作用（荷载），另一类是间接作用。

（1）直接作用—荷载

直接作用在结构构件上的荷载，按其作用线方位可归纳为两大类：竖载与侧力。

1）竖载—即地球对物体的引力或称重力其方向铅垂，使结构构件有往下运动趋势。按其作用的量值与时间变化性质，可分为两种：恒载与活载。

2）侧力—因其产生的原因不同，有下列三种：

①人群的侧推力。在某些活动场所，由于活动人群的拥挤、摇晃会对栏杆产生水平推力。

②水土侧压力。贮液池、挡土墙及地下室外墙等，都会受到贮液、地下水或填土层的水、土侧压力。

③风载。其值取决于建筑物所在地理位置、地形地貌、海拔标高。

（2）间接作用

建筑物除受重力与风力外，还可能承受自然界其他外在因素作用，有下列三种：

1）温差作用。建筑物处在自然界无休止的气温变化中，昼夜温差、冬夏温差、室内外温差都会使结构材料产生相对胀缩，引起结构尺寸与形状变化。

2）沉差作用。地基土受压后必然压缩固结。

3）地震作用。地震是偶然作用，地震时地基土在原位迅速振动，迫使其上建筑物随之运动。

3. 梁的内力

受弯构件包括各种各样的板与梁，按其支承情况将梁分为两大类：

（1）静定梁

①悬臂梁；

②简支梁；

③外伸梁；

④铰接梁。

（2）超静定梁

①固端梁；

②连续梁。

（九）新 材 料

1. 土工布

土工合成材料是以高分子聚合物为原料的新型建筑材料，广泛应用于土木工程各个领域。目前土工合成材料主要包括：土工织物（透水、布状）、土工网、格、垫（粗格或网状）、土工薄膜（不透水、膜状）和土工复合材料（以上材料的组合）。

（1）土工布的种类和特点

按照不同的制造工艺，可将土工布分为有纺、无纺、编织和复合织物四种。

1）有纺织物

是由经线和纬线相互交织而成的织物，与日用布相似可分为平纹织物（经、纬线相互垂直）和斜纹织物。分为单丝有纺织物、复丝有纺织物、扁丝有纺织物。

2）无纺织物

将纤维沿一定方向或随机地以某种方法相互结合而成的织物，无纺织物纤维之间的结合方式很多，有以下四种：针刺法、热粘合法、化学粘合法。

3）编制织物

由一股或多股纱线组成的线卷相互连锁而制成。

4）复合织物

将编制织物、有纺织物和无纺织物等重叠在一起，用粘合或针刺等方法使其相互组合加工而成的织物。

（2）土工布在道路工程中的应用

土工织物在工程中可以起到多方面的作用，概括起来有以下几种：

1）排水作用

织物是多孔隙透水介质，埋在土中可以汇集水分，并将水排出土体。

2）返滤作用

为防止土中细颗粒被渗流潜蚀（管涌现象），工程中往往同时利用织物的反滤和排水两种作用。

3）分隔作用

在岩土工程中，不同的粒料层之间经常发生相互混杂现象，使各层失去应有的性能。将织物铺设在不同粒料层之间，可以起分隔作用。

4）加筋作用

织物具有较高的抗拉强度和较大的破坏变形率，以适当的方式将其埋在土中，作为加筋材料，可以控制土的变形，增加土体稳定性。

2. 改性沥青

随着重型大交通量的增加，对沥青路面的稳定性和耐久性提出了更高的要求，要求沥青混凝土路面同时具有抵抗高温变形和低温开裂的能力，因而要求使用优质的道路沥青。由于原油品质、油源的差异和石油热加工工艺的不同，造成沥青路面结构的路用品质和使用年限难以达到预期的目标。鉴于我国原油含蜡量高和现有的沥青生产工艺，国产石油沥青很难适应重型交通的要求，故必须对沥青加以改性。

（1）沥青的改性发展概况

改性沥青国外应用较多，主要根据不同的使用要求，改善沥青某些方面的性能。我国石油沥青改性，主要针对国产沥青路用性能较差，通过改性达到合格路用沥青的要求。

（2）沥青的改性措施

提高沥青结合料及其混合料的强度、温度稳定性、抗老化性能以及黏附性、弹性、韧性的途径有：

1）以矿料等填充料改善沥青的性能。

2）以橡胶材料改善沥青的性能。

3）以树脂材料改善沥青的性能。

4）以复合材料提高沥青的性能。

（3）橡胶沥青的性能

橡胶改性沥青的特点是低温变形能力提高，韧度或韧性增大，高温（施工温度）黏度增大。掺加橡胶后的改性沥青，其性能主要表现在：

1）在常规指标上，针入度值减小，软化点升高，常温（25℃）延度稍有增加，而低温（5℃）延度有较明显的增加。

2）具有良好的高温稳定性。

3）具有优良的低温抗开裂性能。

4）与骨料的粘结性好。

（4）橡胶沥青在道路上的应用

利用废旧橡胶粉配制成橡胶改性沥青，目前世界上已广泛应用于道路路面中。常用的有废旧橡胶、再生胶和丁苯橡胶改性沥青，在湿热地区道路整体强度不足时，采用废旧橡胶沥青作为表面处理，以防治或延缓大面积网裂，维持较好的行车使用品质，可获得明显的效果。

3. 钢纤维混凝土

钢纤维混凝土主要用碳钢纤维作增加材料，在长期受潮或受高温条件下则使用不锈钢纤维。纤维的体积率一般为 1% ~ 3%，它的抗冲击性、抗爆能力、抗裂性、耐磨性、耐疲劳性等性能均优于普通混凝土。可用于现场施工，建造公路路面、飞机场跑道、桥面与防护堤等。

（1）钢纤维混凝土材料的组成和特点

1）水泥：应采用高强耐磨、收缩性小、抗冻性好的盐酸水泥或普通水泥，水泥强度等级不低于 32.5 级，其物理性能和化学成分应符合国家有关标准规定。

2）细骨料：应采用洁净、坚硬、符合规定级配、细度模数在 2.5 以上的粗、中砂。

3）粗骨料：应采用质地坚硬并符合规定级配，最大粒径不超过 25mm。

4）水：拌合与养护用水应清洁，宜采用饮用水。

5）钢纤维：钢纤维品种、规格应符合设计要求。钢纤维的长度为 20～40mm，直径为 0.35～0.7mm。钢纤维应互补熔结缠绕。不符合设计要求截面尺寸的钢纤维应不超过钢纤维总重的 5%，颗粒状粉末状的钢屑应低于总重的 0.5%，纤维表面应不黏油污。

（2）钢纤维混凝土在道路上的应用

钢纤维混凝土在公路、桥梁、机场道路等方面的应用正在扩大。其优点在于减薄了铺筑厚度，比普通混凝土路面可减薄 35%～56%；可以加大伸缩缝间距，普通混凝土路面伸缩缝间距一般为 5～6m，钢纤维混凝土路面可放大到 15～60m，而且可以不设路面的胀缝和纵缝。由于钢纤维混凝土延韧性抗裂性好，使路面性能大为延长，可节省养护维修费用，还能提高结构的抗振性能。

思 考 题

1. 硅酸盐水泥的技术性质有哪些？进场时应作何检验？

2. 简述掺混合材料的各种水泥在性质、使用范围上的区别。

3. 什么是水泥混凝土？水泥混凝土的优缺点有哪些？进场时应作何检验？

4. 什么是沥青混合料？其优缺点有哪些？进场时应作何检验？

5. 简述沥青混合料的技术性质。

四、道路养护工程机械

（一）概　　述

1. 道路养护工程机械的作用和分类

道路养护工程机械的使用，可节省大量人力、降低劳动强度、完成靠人力难以承担的高强度工程施工；能大幅度地提高工作效率和经济效益、降低成本；对加快工程建设速度、确保工程质量提供了可靠保证。

根据道路养护工程的作业对象，道路养护工程机械可分为：路基养护工程机械；沥青路面养护工程机械；水泥混凝土路面养护工程机械。

路基养护工程机械主要有推土机、铲运机、平地机、挖掘机、装载机、稳定土拌合机、石料破碎筛分机、石料撒布机、洒水车、压路机等。

沥青路面养护工程机械详见表 4-1。

水泥混凝土路面养护工程机械详见表 4-2。

沥青路面养护维修机械　　　　表 4-1

项目	机械设备名称	规　　格	备　　注
日常养护机械	割清除草机	$30cm^2/s$，1.84kW	背携式
	路面划线机	线宽 80～300mm	手推式或自行式
	车载升降机	高度 6～8mm	构造物、沿线设施、行道树用
	除雪机	除雪宽度 2.2m	根据地区需要配备
	路面清扫车	清扫宽度 2～3m	或真空吸扫车
	洒水车	5000L	可带喷药装置

项目	机械设备名称	规　格	备　注
日常养护机械	多功能养护车		可换装挖掘、挖护坑、挖沟等养护作业常用的十多种装置
	推土机（或装载机）	>56kW	
	水泵	扬程25m，吸程6m	清塌方、堆雪用
	摩托车	三轮	
	巡路车	3~6座	
路面面层修复机械	路面破碎机械	宽度0.5~2m	液压或气压破碎装置
	路面铣刨机	宽度0.5~2m	
	沥青路面加热机	汽车底盘	用于热铣或铲油包
	沥青路面综合养护车	汽车底盘	具有破碎、洒布、拌合、压实等功能
	沥青路面热养护修补车		用于沥青路面坑槽、裂缝、拥包等病害的维修
	沥青洒布机	500~2000L	
	沥青洒布车	3500~8000L	
	稀浆封层机	厚度3~12mm	拖式或自行式
	沥青混合料摊铺机	宽度2.5~12m	
	路缘石成形机	25cm×25cm	
	回砂机	宽度1.8~3m	
	石屑撒布机	宽度1~3m	
	砂浆拌合机	7~12m³/h	包括钻孔机械、压浆泵等
	装载机		
	稳定土拌合机	宽度2m	
压实机械	夯实机械		平板振动夯或冲击夯
	静作用压路机		
	振动压路机		

项目	机械设备名称	规　格	备　注
材料准备机械	沥青加热设备	800~1500kg	太阳能、远红外加热装置或导热油锅炉
	沥青储罐		
	沥青混合料拌合机		
	沥青路面再生机械		
	凿岩机	钻孔深3~9m	配空压机
	碎石机械	8~10m³/h	或碎石筛分机组
	地磅		
	皮带输送机	带宽500~800mm	
	卷扬机	3~5t	
	发电机组	30~75kW	
装运设备	自卸汽车		
	沥青运输油罐车		
	抢险排障车		
	汽车式起重机		

水泥混凝土路面养护维修机械　　　表4-2

项目	机械设备名称	规　格	备　注
日常养护机械	清扫机	清扫宽度2~3m	配备洒水装置
	洒水机		
	清缝机	清缝宽3~20mm 清缝深0~150mm	
	多功能养护机		可换装挖掘、挖坑、挖沟等养护作业常用的十多种装置
	除雪机	除雪宽度2.2m	
	路面划线机	线宽80~300mm	手推或自行式
	洒盐机		冬天除雪用
	嵌缝机	嵌缝宽3~20mm 嵌缝深度0~150mm	

项目	机械设备名称	规格	备注
面板修补机械	路面破碎机械		液压或气压破碎装置
	混凝土拌合机		
	混凝土搅拌楼（站）		
	混凝土搅拌运输车		
	机动翻斗车	容积 0.4 ~ 1.2m³	
	自卸汽车		
	手推车	容积 0.16 ~ 0.18m³	
	平板振动器	功率 1.1 ~ 2.2kW	
	插入式振动器	功率 1.1 ~ 2.2kW	高频振捣器
	振动梁	功率 1.1kW	
	表面抹光机	抹盘直径 800mm	
	压纹器		手扶式
	切缝机	功率 4 ~ 5.5kW 刀片直径 60 ~ 80mm	
板下封堵机具	砂浆搅拌机	最小转速 800r/min 最大转速 2000r/min	
	喷射压力泵	压力 1.75MPa 泵送能力 5.7L/min	也可选购由喷射泵、胶体搅拌机及砂浆回流系统组成的多功能板下封堵机
	水箱		按需配备
	钻孔设备	孔径 3 ~ 5cm	旋转钻、风钻
旧混凝土再生	路面破碎机械		落锤式
	轧石机		可选用颚式或反击式轧碎机
	振动压路机		

2. 道路养护工程机械安全使用一般规定

（1）操作人员应体检合格，无妨碍作业的疾病和生理缺陷，并应经过专业培训、考核合格取得建设行政主管部门颁发的操作证或公安部门颁发的机动车驾驶执照后，方可持证上岗。

（2）操作人员在作业过程中，必须按照出厂使用说明书规定的技术性能、承载能力和使用条件，集中精力，正确操作、合理使用，严禁超载作业或任意扩大使用范围，随时注意机械工作情况，不得擅自离开工作岗位或将机械交给其他无证人员操作。严禁无关人员进入作业区域或操作室内。

（3）操作人员应遵守机械有关保养规定，认真及时做好各级保养工作，经常保持机械的完好状态。机械不得带病运转，运转中发现异常现象时，应先停机检查，排除故障后方可使用。

（4）实行多班作业的机械，应执行交接班制度，认真填写交接班记录；接班人员经检查确认无误后，方可进行工作。

（5）在工作中操作人员和配合作业人员必须按规定穿戴劳动保护用品，长发应束紧不得外露，高处作业时必须系安全带。

（6）现场施工负责人应为机械作业提供道路、水、电、机棚或停机场地等必备的条件，并消除有碍机械作业的不安全因素，夜间作业应设置充足的照明。

（7）机械进入作业地点后，施工技术人员应向操作人员进行施工任务和安全技术措施交底。操作人员应熟悉作业环境和施工条件，听从指挥，遵守现场安全规则。

（8）机械上的各种安全防护装置及监测、指示、仪表、报警等自动报警、信号装置应完好齐全，有缺损时应及时修复。安全防护装置不完整或已失效的机械不得使用。

（9）机械集中停放的场所，应有专人看管，并应设置消防器材及工具；大型内燃机械应配备灭火器；机房、操作室及机械四周不得堆放易燃、易爆物品。

（10）所有从路面上铣刨的或铲除、废弃的沥青混凝土、水泥混凝土、基层残渣以及机械设备的修理残渣和油污等废弃物，均应分类后集中堆放处理。

（11）在机械产生对人体有害的气体、液体、尘埃、渣、放射性射线、振动、噪声等场所，必须配置相应的安全保护设备和三废处理装置。

（12）停用一个月以上或封存的机械，应认真做好停用或封存前的保养工作，并应采取预防风沙、雨淋、水泡、锈蚀等措施。

（13）机械使用的润滑油（脂），应符合出厂使用说明书所规定的种类和牌号，并应按时、按质更换。

（14）当机械发生重大事故时，企业各级领导必须及时上报和组织抢救，保护现场，查明原因、分清责任、落实及完善安全措施，并按事故性质严肃处理。

（15）汽车及自行轮胎式机械在进入城市交通或公路时，必须遵守国务院颁发的《中华人民共和国道路交通安全法》。

（16）机械设备不得靠近架空输电线路作业，如限于现场条件，应采取安全保护措施；机械运行范围与架空线的安全距离应符合有关规定。

（二）路基养护工程机械的用途、简单构造及安全使用常识

1. 推土机

（1）用途

推土机是路基施工中主要机械之一，由于推土机具有构造简单、操纵灵活、移动方便、行驶速度快、所需作业面小、既可挖土又可用作短距离运土等优点，所以广泛用于土方工程的施工。

在道路路基养护工程中，推土机主要用于路基修筑、基坑开挖、填筑堤坝、平整场地、清除树根、填平壕堑、堆集石碴及其他辅助作业。并可为铲运机与挖装机械送土和助铲及牵引各种拖式工作装置作业。

（2）构造

图 4-1 所示为 TL-180 型轮胎式推土机构造简图。它主要由发动机、离合器、液力变矩器、变速箱、前后桥、轮边减速器、转向机构、行走机构、制动系统及推土装置等组成。

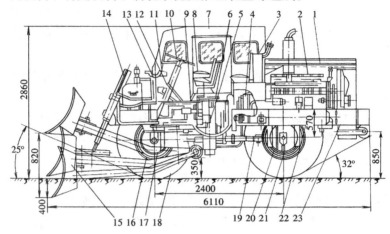

图 4-1　TL-180 型轮胎式推土机

1—发动机罩；2—柴油机；3—柴油箱；4—液力变矩器；5—变速箱；6—变矩器变速器液压系统；7—驾驶室；8—座椅；9—中央盖板；10—转向系统；11—工具箱；12—操纵机构；13—仪表盘；14—工作装置液压缸；15—推土板；16—轮边减速器；17—前驱动桥；18—轮胎；19—传动轴；20—后驱动桥；21—后轮边减速器；22—制动系统；23—车架

（3）安全使用常识

1）陡坡上（地面坡度在 25°以上）不能横向行驶，在陡坡上纵向行驶也不能原地转向，否则会引起履带脱轨，甚至可能造成侧向翻车。

2）下陡坡时应将推土板着地并倒车下行，使推土板协助制动。

3）推土机在超过 30°的坡上横向推土时，应先设法挖填，使推土机能保持平稳后方可进行作业。

4）在坡地上发生故障或发动机熄火时，应先将推土板放置在地面上，踏下并锁住制动踏板，然后进行检修工作。必要时在履带（或轮胎）的前后方垫三角木，以防止机械下滑。

5）在下陡坡转向时，可以利用推土机自重惯性加速的作用实现转向，并使用反方向的转向离合器操纵杆。如右转弯时，拉起左面的转向操纵杆，但不能使用制动踏板。

6）下坡时，不准切断主离合器滑行，否则将造成机件损坏或发生翻车事故。

7）在高低不平或坚硬的路面上以及障碍物较多的区域行驶时，必须采用低速，以免发生机件损坏和事故。

8）在高速行驶时，切勿急转弯，尤其在石子路上和黏土路上，更不能高速急转弯，否则将严重损坏行走装置，甚至引起履带脱轨事故。

9）向深沟悬崖的地缘推土时，事先应了解崖下有无人、物；推土板不得推出边缘，并在换好倒档后，先起步后提刀，以免压垮边缘的土壤产生翻车事故。

10）推土机纵向成队行驶时，应始终保持适当的机间距离，在狭窄的道路上行驶，未得前车同意，不得超越。

11）推土机开动时，驾驶室内不准堆放任何物体，以免影响操作或因无意碰撞操纵杆而造成事故。

2. 平地机

（1）用途

平地机是铲土、移土和卸土同时进行的连续作业式机械。刮刀是它的主要工作装置。通过对刮刀的水平回转、左右升降、左右侧伸和机外倾斜四种基本动作的调整，采用合理的施工方法，可以完成开挖沟槽、平整场地、回填沟渠、清除积雪、铺散或路拌路面材料及修筑路基路堑的边坡作业。放下平地机的齿耙，还可以进行松土作业。

（2）构造

图 4-2 所示为国产 PY160 型自行式液压平地机的结构简图。

它主要由发动机、液力变矩器、离合器、变速器、平衡器、车轮、刮土刀、松土器及操纵系统等组成。

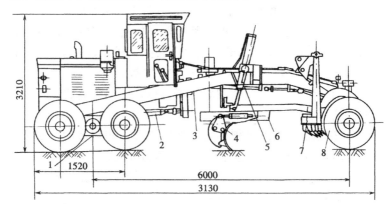

图 4-2　PY160 型自行式液压平地机

1—平衡箱；2—传动轴；3—车架；4—刮土刀；5—刮土刀升降油缸；
6—刮土刀回转盘；7—松土器；8—前轮

（3）安全使用常识

1）作业前必须清除施工现场有损轮胎的污物和钢钉等坚硬锋利的杂物，作业中操作人员要严格按操作规程进行作业。

2）平地机在平整凹凸较大的地面或自卸车倾倒的土堆时，应先用推土机推平或刮刀粗平，方可进行平整，以免因超过前后桥结构允许的摆动角度而失稳，发生倾翻、陷落或损坏机件。

3）遇到坚硬的土质，需要松土器翻松时，应用Ⅰ档行驶，并缓慢下齿，以免折断齿尖，不准用松土器来翻松碎石路面和高级路面，以免损坏机件。

4）平地机刮刀大角度回转，向机侧倾斜及铲土角大范围调整都必须停机进行。起步前，应先将刮刀下降到接近地面，起步后方可逐渐切土。禁止刮刀先切土后起步。作业中，随铲土阻力的大小变化调整刮刀的切土深度，不得一次调整过多而影响平整度。

5）禁止使用平地机拖拉其他机械。

6）驾驶室只准按规定乘员坐人。行驶时，必须将刮刀、松土器升到最高位置，并将刮刀斜放，刮刀两端不得超出后轮胎外侧宽度。下坡时，严禁发动机熄火和超速滑行。

3. 挖掘机

（1）用途

挖掘机是用铲斗挖掘土，并把土卸到运输车上，由运输车运到卸料处，或将挖出的土直接卸在附近弃土场的土方工程机械。

挖掘机有单斗式和多斗式之分，前者为循环作业式，后者为连续作业式。在道路养护工程中，一般使用单斗液压挖掘机，每一个工作循环包括：挖掘、回转、卸载、返回四个过程。

单斗液压挖掘机具有多种工作装置，可根据作业的对象安装相应的工作装置，如图4-3所示。

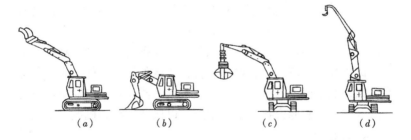

图 4-3　单斗液压挖掘机

（a）反铲；（b）正铲；（c）抓斗；（d）吊钩

（2）构造

单斗液压挖掘机主要由柴油机、回转机构、行走机构、机架、操纵系统、驾驶室、工作装置和配重组成，工作装置主要由动臂、斗杆、铲斗等部分组成。

（3）单斗液压挖掘机安全使用常识

1）开工前，挖掘机操作人员和现场施工人员要查看地形，了解工程情况，确定工作面与开挖顺序。

2）初开工作面时，可自行或用其他机械整理出至少可容纳

165

一台挖掘机作全回转的场地，特别要选择平整、坚实的场地作为停机面，如系挖装作业，还应考虑运土车辆的调头和停车位置。

3）配合反铲挖掘机清理沟底、平整修刮边坡时，必须在最大挖掘半径以外作业。否则需待挖掘机停机熄火、铲斗落地后方可进行作业。挖掘机继续挖掘作业时，需待沟槽内工作人员撤离完毕，并在指挥人员发出指令后方能开始。

4）当挖掘机挖掘基坑或沟槽，深度在 5m 以内，两边不加支撑时，应根据土质情况确定安全的边坡度。

5）挖掘悬崖时要采取防护措施，作业面不得有摆动的大石块，如发现有塌方的危险，应立即处理或将挖掘机撤离到安全地带。

6）挖掘机不得靠近架空输电线路作业或行走。如限于现场条件，必须在线路近旁作业时，应采取安全保护措施。

7）履带式挖掘机只能在现场转移工作面时作短距离行驶，通过铁道、跨越电缆和管道时应采取一定的安全措施，用车、船等运输工具作长途转运时，应充分考虑挖掘机的长度、高度和重量，选择合适的车、船，如有不符合装运条件的部件，应在装运前拆卸，挖掘机上下车船前，应检查制动器和其他操纵机构是否灵活可靠，并有专人指挥上下车船，以保证人身和机械的安全。

4．装载机

（1）用途

装载机是用来对运输车辆装卸松散的物料或自行完成短途转运作业的一种机械。

装载机按行走装置形式，可分为轮胎式和履带式两类；按工作装置可分为单斗式、挖掘装载式和斗轮式三种；按本身结构可分为刚接式和铰接式两种。

装载机的作业过程如下：铲、装、运、卸。由于装载机具有结构紧凑、操纵轻便灵活、工作平稳、使用安全可靠、生产效率高等优点，换装如图 4-4 所示不同的工作装置后，还具有木料装卸、重物起吊、集装箱搬运和作为牵引动力等功能。

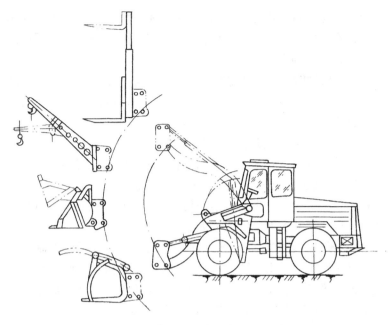

图 4-4　装载机及其可换工作装置

（2）构造

装载机的外形见图 4-4，它主要由发动机、驾驶室、车架、行走装置（前桥总成和后桥总成）、工作装置等组成。

（3）安全使用常识

1）装载机进入施工现场前，操作人员和施工人员要对现场进行观察分析，了解施工要求和施工条件，制定最佳的安全施工方案和作业路线。对影响装载的障碍物，或用装载机自行清除，或用推土机协助清除。对地下管道、电缆、基础桩等隐蔽的障碍物要事先探测清楚，妥善处理，以免装载机正常作业时造成事故。

2）在拆迁和清理废墟的工作中，推倒半墙要选择有利地形，选择有裂缝的地方，提高铲斗后推动。必须推半墙的上部，或从一端沿纵向与墙成一定倾斜角斜推，以免发生塌坏机械事故。

3）装载机通过乱石和不平整道路时，必须慢速行驶，下坡时禁止空档滑行；在坡道上横向行驶要倍加小心，防止发生翻车事故；在水中作业时，水深应低于轮胎直径的一半。作业后应进行清洗及防腐蚀保养。

4）装载机配合自卸汽车装载时，应与汽车保持一定安全距离，防止发生撞车事故。铲土作业时，铲斗不能斜插，要求对准物料正面接近，避免急剧冲装，以免轮胎超载打滑。向汽车卸装物料时，应将铲斗提升到一定高度，使铲斗前翻不致碰到车箱。对准车箱倾翻时，动作要缓和以减轻物料对汽车的冲击。

5）装载机作业时，严禁人员在铲斗及斗臂下走动，以免物料落下、斗臂及铲斗突然下落而伤人。严禁铲斗内站人进行举升作业，以防铲斗突然下降而伤人。

6）履带式装载机装车转移前，应先检查行车机构和制动器等操纵机构是否灵敏可靠，并用方木或跳板搭成10°～15°的坡道，各种准备工作就绪后，方可装车，装车时，要由经验丰富的人员现场指挥，机械不得超载、超高和超宽。

5. 稳定土拌合机

（1）用途

稳定土拌合机是改良软地基或道路基层的一种机械，它的工作过程分为：粉碎、拌合和摊铺。移动式稳定土拌合机施工时，先将素土按一定的厚度均铺在路床上，接着将添加剂（白灰或水泥）按一定的比例均铺在素土层上，然后稳定土拌合机在行进中将其进行粉碎、拌合、摊铺，经压实后，可得到灰土层路基。如果再按一定比例均铺石料，则经过稳定土拌合机搅拌合摊铺后又可得到灰土石层路基。由于使用稳定土拌合机施工能获得质量优良的路基，所以它是修筑道路和机场路基不可缺少的机械，也是道路养护工程中较大面积路基养护维修不可缺少的机械。

（2）构造

如图4-5所示，稳定土拌合机主要由主机、工作装置和稳定剂喷洒控制系统等组成。主机包括发动机、动力传动系统、行走系统、转向系、制动系、驾驶室和电气系统等。工作装置由转子及转子架、转子升降液压缸、罩壳及其后斗门开启液压缸组成。喷洒控制系统的作用是计量、喷洒稳定剂所需要的粘结液和水。

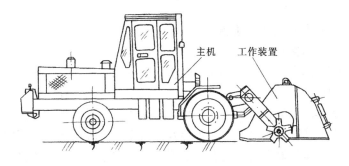

主机　工作装置

图 4-5　稳定土拌合机

（3）安全使用常识

1）稳定土拌合机在行驶时，必须将拌合装置提升到行驶状态，各种操纵机构和装置要齐全完好，驾驶室按规定乘坐人员，下坡时严禁发动机熄火滑行，并随时注意仪表及周围的动向。避免发生交通安全事故。

2）稳定土拌合机在施工作业中，垫铺的土层和外加剂厚度不能超过规定的最大拌合深度，材料中不能有超过规定粒径的石块、矿渣等坚硬的块状物或钢筋等条状物，以免损坏搅拌刀具或卡住拌合转子或刺破轮胎。

3）严禁使用倒档进行拌合作业。

4）稳定土拌合机在新填的土堤上作业时，要离坡沿一定的安全距离，以免发生滑坡倾翻事故。

5）当清理搅拌转子上的黏土、嵌石或置换刀具时，必须停机熄火，并将工作装置置于一定高度，支垫结实，或使用保险装置销紧，以防下落伤人。若要转动转子，人员及工具材料等要预先撤离，机上机下呼应，并由专人指挥方可操纵转子转动。否则禁止操纵起落和转动，以免发生恶性事故。

（三）沥青路面养护工程机械的用途、
简单构造及安全使用常识

1.乳化沥青生产设备

（1）用途及组成

乳化沥青生产设备的作用是在乳化剂的作用下将沥青破碎成为小的颗粒，并均匀分散在水中形成稳定的乳液，即乳化沥青。

图4-6为固定式乳化沥青生产设备总体布置示意图。它主要由沥青加热及供给系统、水加热及供给系统、乳化剂水溶液掺配系统、计量控制系统、乳化机、乳化沥青储存及外运系统组成。其中乳化机是完成沥青相破碎分散的装置，其性能的好坏对乳液的质量有着重要的影响，是乳化沥青生产设备的心脏。

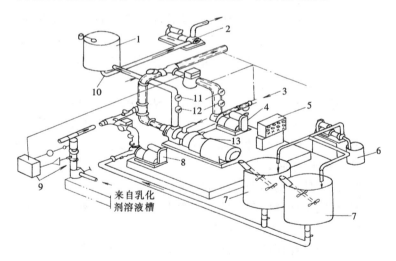

图4-6 固定式乳化沥青生产设备总体布置

1—乳液成品调压罐；2—乳液成品输送泵；3—沥青进料管；4—沥青进料泵；5—控制柜；6—沥青乳化剂；7—乳化剂水溶液掺配罐；8—乳化剂水溶液输送泵；9—交替搅拌控制系统；10—乳液成品输送管；11—压力表；12—密度表；13—乳化机

（2）安全使用常识

1）严格控制沥青和乳化剂水溶液的温度：石油沥青的温度控制在 120～140℃；软煤沥青的温度不超过 100℃；乳化剂水溶液的温度为 50～80℃；沥青和乳化剂水溶液混合后温度不应超过 100℃，以免乳化时产生过多泡沫，影响乳化沥青的质量，导致外溢而污染环境和烫伤人员。

2）根据沥青的规格和性质，选用相应的乳化剂，确定合适的浓度，以保证乳化沥青的质量，避免配比不当发生外溢而发生污染和烫伤事故。

3）操作人员应戴好安全帽和手套，穿好工作衣和工作鞋，以防热沥青飞溅伤人。

4）应用电热管加热装置，接线柱部分应有安全防护罩，罐体要接地，操作人员要具备安全用电知识，防止发生触电事故。

5）生产结束后，应及时关闭阀门，清洗管道，以防堵塞，损坏设备。

2. 沥青稀浆封层机

（1）用途

乳化沥青稀浆封层是用适当级配的骨料、填料、乳化沥青和水等四种材料，按一定比例掺配、拌合，制成均匀的稀浆混合料，并按要求厚度摊铺在路面上，形成密实、坚固、耐磨的表面处治薄层，乳化沥青稀浆封层机是完成稀浆封层施工的专用设备。它适用于公路和城市道路部门对路面进行周期性预防保养，以保持路面的技术性能和延长使用寿命。

按行走装置形式，稀浆封层机可分为拖式和自行式两种。

（2）构造

图 4-7 所示为自行式稀浆封层机结构简图。它主要由汽车底盘、离合器、沥青乳液供给系统、供水系统、骨料输送装置、矿粉供给机构、搅拌装置和摊铺系统组成。

（3）安全使用常识

1）施工前，应对全路面进行全面摸底，并进行技术处理，

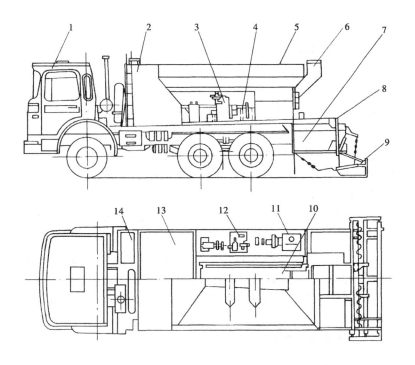

图 4-7　自行式稀浆封层机结构简图

1—行使系统；2—水箱；3—作业柴油机；4—机械传动系；5—骨料仓；
6—填料仓；7—搅拌箱；8—操作台；9—摊铺器；10—皮带输送机；
11—添加剂箱；12—流控系统；13—乳液箱；14—柴油清洗装置

对所施工的路段设置安全标志，全面封闭交通，禁止行人车辆进入，以免发生事故和影响施工质量。

2）施工时，要有专人指挥，操作人员不准站在摊铺槽上，以免发生意外事故；作业速度一般以 10～20m/min 为宜，作业速度选定后，应保持相对稳定，以免影响封层质量。

3）用装载机上料时，应停机进行，并掌握好上料距离和铲斗倾翻的角度，防止矿料撒落。

4）每班作业结束后，应对设备的乳化沥青供给系统、拌合筒、摊铺槽进行彻底清洗，以防沥青稀浆凝结。

3. 路面铣刨机

（1）用途

路面铣刨机是一种用装满小块铣刀的滚筒（简称铣刨鼓）旋转对路面进行铣刨的高效率路面修复机械。它适用于沥青路面和水泥路面，铣刨后形成整齐、平坦的铣刨面和齐直的铣刨边界，为重新铺设沥青混合料或混凝土创造条件。修复后新老铺层衔接良好，接缝平齐。路面铣削机械主要有热铣刨和冷铣刨两种。

热铣刨机是在铣刨前先用液化气或丙烷气或红外线燃烧器将路面加热，然后进行铣刨。这种铣刨方式切削阻力小，但消耗能量较大。热铣刨机多用于沥青路面养护及再生作业中。

冷铣刨机是直接在旧路上或需要养护的路段上进行铣刨的。该机切削的料粒较均匀，适应性广，但切削刀齿磨损较快。冷铣刨机多用于铣削沥青路面隆起的油包及车辙等。

（2）构造

目前国内使用较多的铣刨机有 SF-13000C 铣刨机、美国英格索兰公司及德国维特根公司生产的各类铣刨机。下面仅介绍 SF1300C 路面铣刨机，该机是一种全液压轮式中型冷铣刨机。它主要由发动机、底盘、铣刨装置、洒水装置、料输送装置等组成，其外型见图 4-8，铣刨装置中的铣刨鼓见图 4-9。

（3）安全使用常识

1）施工前，操作人员和施工人员应到现场了解情况和施工要求，确定最佳施工方案，由于铣刨机是在不封闭交通的情况下作业的，所以必须设置安全标志，并有专人指挥。

2）根据路面结构及破坏的情况，合理选择铣刨鼓的转速、刀具的材料和形状。

3）铣刨机作业时，要掌握好切削深度，开始下切时，速度不要过快，而且要均匀。

4）铣刨路面时，应开启洒水装置洒水，以减少灰尘飞扬和冷却刀具。但洒水量不宜过多，以免导致道路泥泞。

5）有输送带的铣刨机都要与自卸汽车联合作业，此时应有

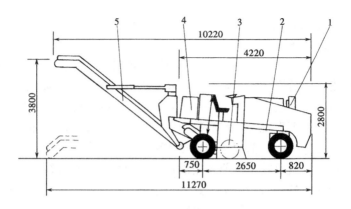

图 4-8　SF1300C 路面铣刨机

1—发动机；2—底盘；3—铣刨装置；4—洒水装置；5—料输送装置

专人指挥，操作人员要密切配合，防止撞车和撒料。

6) 铣刨机夜间作业，其上方应有警示灯，施工现场要有足够的亮度。

7) 履带式铣刨机转移工地上下拖车时，要事先检查操纵机

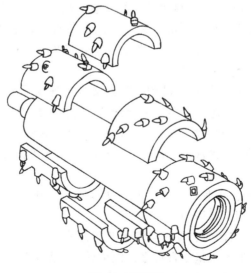

图 4-9　铣刨鼓

构和制动装置是否灵敏可靠，并有专人指挥。还要考虑不得超长、超宽和超高，否则应采取措施。

4. 沥青混合料搅拌设备

（1）用途

沥青混合料搅拌设备是一种将不同粒径的骨料和填料按规定的比例掺配在一起，用沥青做结合料，在规定的温度下拌合成均匀混合料的专用机械。沥青混合料搅拌设备是沥青路面施工的关键设备之一，其性能直接影响沥青路面的质量。

沥青混合料搅拌设备可按生产能力、搬运方式、工艺流程等方法进行分类。按生产能力可分为小型（生产率在 40T/H 以下）、中型（生产率在 40～400T/H）和大型（生产率在 400T/H 以上）；按搬运方式可分为移动式、半固定式和固定式。城市道路施工一般使用固定式沥青混合料搅拌设备；按工艺流程可分为间歇强制式和连续滚筒式。高等级公路建设应使用间歇强制式，而连续滚筒式多用于普通公路和场地建设。

（2）组成

图 4-10 所示为间歇强制式沥青混合料搅拌设备总体结构。该搅拌设备由冷骨料储存及配料机、带式输送机、烘干筒、热骨料提升机、热骨料筛分及计量装置、石粉供给及计量装置、沥青供给系统、搅拌器、除尘装置、成品料储仓和控制室组成。

间歇强制式沥青混合料搅拌设备工艺流程如图 4-11 所示。

（3）安全使用常识

1）现场管理人员和操作员应戴安全帽、穿工作衣和工作鞋；转动件附近严禁穿肥大的衣服，以免卷入发生意外事故。

2）严禁在运转的设备上堆放工具及物件，以防发生事故。

3）调整和检修设备工作应在停机后进行，严禁设备运转时进行调整和检修。

4）严禁在溢流管道周围逗留、通过，以免伤人。

5）当冷料斗下料不畅，需要人工辅助作业时，必须两人以上作业，不准一人单独作业，也不准跳入料坑作业，以免发生人

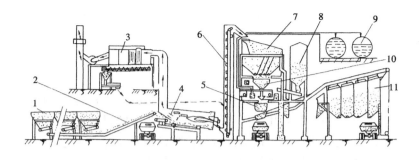

图 4-10　间歇强制式沥青混合料搅拌设备总体结构

1—冷骨料储仓及给料器；2—带式输送机；3—除尘装置；4—冷骨料烘干筒；
5—搅拌器；6—热骨料提升机；7—热骨料筛分及储存；8—石粉供给及计量
装置；9—沥青供给系统；10—热骨料计量装置；11—成品料储仓

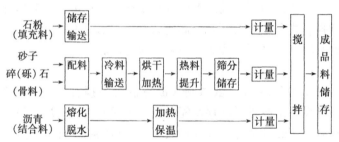

图 4-11　间歇强制式沥青混合料搅拌设备工艺流程

被埋入料中的恶性事故。

6）在冷配料周围工作的人员必须带上安全头盔，以防石料飞出砸伤头部或头部碰到机件。

7）接料时要注意安全，放料口与车厢（或接料口）对好以后才能放料。放料的数量要控制好，不要溢出。

8）根据沥青罐容量，严格控制沥青的加入量，防止发生沥青因含水受热外溢、烫伤人员、污染环境的事故。

9）导热油加热系统初次使用或更换导热油之后，必须按规定进行"汽化"处理，以免系统内空气、水和蒸汽因受热急剧膨胀而发生爆炸。

10）成品料仓提升小车的制动器间隙调整要合适，制动要灵敏可靠；牵引钢丝绳应定期检查，发现严重磨损或钢丝有折断情况要及时停机更换。提升小车轨道下方严禁人员穿行，以防料漏出或小车冲出伤人。

5. 沥青混合料摊铺机

（1）用途

沥青混合料摊铺机是将沥青混合料按技术要求迅速均匀地摊铺在筑成的路基上，并保证摊铺层厚度、宽度、路面拱度、平整度和密实度等。它广泛用于公路、城市道路、大型货场、停车场、机场和码头等工程中的沥青混合料摊铺作业。

（2）分类

1）按摊铺宽度，沥青混合料摊铺机可分为小型、中型、大型、超大型等四类，摊铺宽度一般为 3600~9000mm。小型摊铺机主要用于低等级公路的路面养护和城市狭窄道路的修筑工程。中型摊铺机主要用于一般公路路面的修筑工程，也可用于路面的养护作业。大型摊铺机主要用于高等级公路路面施工。超大型摊铺机常用的摊铺宽度为12000mm，主要用于高速公路、机场、码头、广场等大面积沥青混合料路面施工。

2）按行走方式分，沥青混合料摊铺机分为拖式和自行式两类。其中自行式又分为履带式和轮胎式两种。

（3）构造

履带式和轮胎式摊铺机的结构除行走装置及相应的控制系统有区别外，其余组成部分基本相似。它们都是由基础车、供料装置、工作装置及控制系统组成，外形结构见图4-12。

摊铺机的工作过程为接料、送料、分料、熨平和振捣。

（4）安全使用常识

1）摊铺机作业前，应在施工现场设置安全标志，行人和车辆不得进入施工区，以免影响施工作业和发生安全事故。

2）摊铺机的离地间隙比较小，所以起步前一定要及时清理周围障碍物。

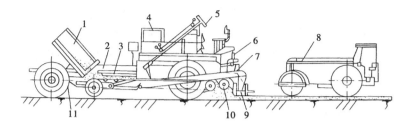

图 4-12　推铺机外形结构图

1—自卸车；2—接料斗；3—刮板输送器；4—发动机；5—方向盘；6—熨平板
升降装置；7—调整杆；8—压路机；9—熨平器；10—螺旋摊铺器；11—顶推滚轮

3）运输沥青混合料的自卸汽车倒车驶向摊铺机时要对准，并有专人指挥。汽车和摊铺机要密切配合，避免发生冲撞和撒料等现象。

4）工作过程中，摊铺机不得倒退，如需倒退，必须提起熨平板停止工作后进行，否则容易损坏机件和影响摊铺层的质量。

5）工作或运输过程中，人员不准在料斗内座立或作业，熨平板上不准随意站人，非操作人员不得攀登摊铺机，以免发生人身安全事故。

6）运输摊铺机时，应提起熨平板，并用锁紧装置锁住。履带式摊铺机转移工地时，自行上拖车或起重机吊装上拖车，都要有专人指挥，注意安全。

7）摊铺机停机后，要认真做好保养工作，及时清洗料斗、刮板、螺旋输送器和熨平板等部件。清洗时必须将发动机熄火后进行，一次清洗不完，可再次发动机械，转过一定距离或一个角度后再停机熄火清洗。

（四）压实机械的用途、简单构造及安全使用常识

1. 概述

为了使筑路材料（沥青混凝土、水泥混凝土、稳定土等）颗

粒处于较紧的状态和增加它们之间的内聚力，可以采用静力和动力作用的方法使其变得更为密实。这种密实过程对提高各种筑路材料和整体构筑物的使用强度有着实质性的影响。对于塑性水泥混凝土，材料的密实过程主要是依靠振动液化作用使材料颗粒之间的内摩擦力和内聚力降低，从而在自重的作用下下沉而变得更加密实。对于包括碾压混凝土在内的大多数筑路材料来说，它们都可以通过压实作用来完成这种密实过程。

压实机械按工作机构的作用原理分为以下几种主要类型：

1）静作用碾压机械　碾压滚轮沿被压材料表面反复滚动，靠自重产生的静力作用，使被压层产生永久变形达到压实目的，如图 4-13（a）所示，这类压实机械包括各种型号的光轮压路机、轮胎压路机、羊脚压路机及各种拖式压路滚等。

2）振动碾压机械　碾轮沿被压实表面既作往复滚动，又利用偏心质量 m 旋转产生的激振力，以一定的频率、振幅振动，使被压层同时受到碾轮的静压力和振动力的综合作用，给材料短时间的连续脉动冲击，如图 4-13（b）所示，这类机械包括各种拖式和自行式振动压路机。

3）夯实机械　夯实机械又分为夯实和振动夯实两类，前者是利用重物自重 m_T 自一定高度 H 落下，冲击被压层，使之被压实，如图 4-13（c）所示，这类机械包括各种内燃式和电动式夯土机等。振动夯实机械，除具有冲击夯实力外，还有一个附加的振动力同时作用于被压实层，如图 4-13（d）所示，这类机械包括振动平板夯和快速冲击夯等。

2. 静力式压路机

（1）用途

静力式压路机与振动压路机相比，压实功能有一定的局限性，压实厚度也受到一定限制，一般不超过 20～50cm，且光面静力式压路机在压实作业中容易产生"虚"压实现象。静力式压路机因其结构简单，使用与维护简便，而且国产静力式压路机的系列化程度较高，可供选择的机型较多，能适应某些特定条件下

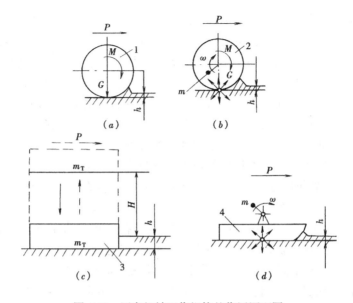

图 4-13　压实机械工作机构的作用原理图

（a）静压实；（b）振动压实；（c）夯实；（d）振动夯实

的压实工作。因而国内在机械化施工程度不高的施工条件下仍普遍使用静力式压路机。静力式压路机可用来压实公路路基和路面、铁路路基、建筑物基础及土石坝、河堤、广场和其他各类工程的地基。其工作过程就是沿工作面前进与后退反复地滚动。

（2）构造

各种静力式压路机的基本结构大致相同，一般包括动力装置、传动装置、制动系统、碾压轮、转向系统、电气系统、附属装置等组成部分。本书主要介绍国产三轮二轴式 3Y12/15 光面静力式压路机的结构，见图 4-14。

（3）安全使用常识

1）压路机碾压时，应距路基边缘有一个安全距离，以防止倾翻；碾压的厚度应按规定进行，不得超厚，否则不能得到足够的密实度，并容易损坏机件。夜间工作，应装置照明设备，并开灯进行。

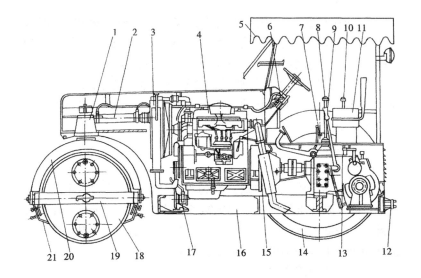

图 4-14　3Y12/15 压路机结构

1—转向立轴轴承；2—转向油缸；3—散热水箱；4—柴油机；5—遮阳棚；
6—液压转向器；7—制动锁定手柄；8—变速操纵杆；9—差速锁手柄；
10—换向操纵手柄；11—座椅；12—后牵引座；13—变速器；14—驱
动轮；15—主离合器；16—机架和机身；17—液压油泵；18—转向轮；
19—框架；20—"Ⅱ"形架；21—刮泥板

2）两台以上压路机同时碾压时，间距应在 3m 以上。禁止在坡道上纵横行驶。

3）碾压沥青路面时，应启用压路机的自动洒水装置。严禁人工倒退拖刷润湿压路滚，以免发生人身伤亡事故。

4）压路机增加配重时，应加干砂和水；冬季不得加水，以免因热胀冷缩而损坏压路滚。

5）禁止用牵引法强行发动内燃机，不准用压路机拖拉机械和物件。

6）压路机高速行驶时不得急转弯，在坡道上行驶，应事先改换低速档，禁止在坡道上踩下离合器，如必须在坡道上变速，应使压路机制动后才能进行。上、下坡时禁止滑行。

7）压路机在运行中发生故障，应及时停机熄火进行检修。在坡道上停机时，应用楔块对称楔紧滚轮。压路机应停放在平坦的地方，并用制动器制动，不准停放在土路边缘及斜坡上。

8）压路机转移工地，如果距离较近，路况良好，坡度不大，则可自行驶往，否则，必须用平板拖车装运，装运时要有专人指挥，注意安全。

3．振动压路机

（1）用途

各种振动压路机的质量一般为静力式压路机的 1～4 倍，平均 2.5 倍，振动压路机最适宜压实各种非黏性土、碎石、碎石混合料及各种沥青混凝土等，是公路、机场、海港、堤坝、铁路等建筑和筑路工程中不可缺少的压实设备。

（2）安全使用常识

振动压路机除参照静力式压路机的安全使用常识外，还应做到：

1）注意察看施工环境，调查地上地下的建筑物，防止振动压路机的振动引起边坡倒塌、管道碎裂和建筑物毁坏等事故。

2）不得在坚硬的路面上开启振动压路机的振动装置，以免损坏机械。

3）经常检查避振装置，发现损坏应及时更换，以免影响操作人员的健康。

4．夯实机械

（1）蛙式夯实机

蛙式打夯机是利用偏心块旋转产生离心力的冲击作用进行夯实的一种小型夯实机械，图 4-15 所示为 HW20 型打夯机外形图。

蛙式夯安全使用常识：

1）蛙式打夯机应加装漏电保护器，操作人员应戴绝缘手套，穿绝缘鞋。电源引线应有专人提拿。使用前，应对机械各部分进行认真检查，连接螺栓如有松动，需用扳手逐一紧固；按规定加注润滑油和调整三角皮带的松紧度；检查电器设备是否符合要

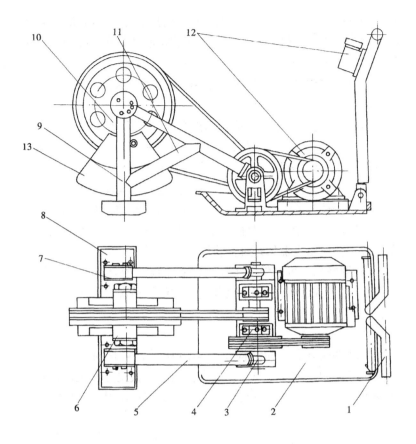

图 4-15　HW20 型蛙式打夯机构造

1—操纵手柄；2—拖盘；3—轴销铰接头；4—传动装置；5—动臂；
6—前轴装置；7—前轴；8—夯板；9—立柱；10—夯头架；11—斜
撑；12—电气设备；13—偏心快

求，电机、动力软线及接地线等均不能有漏电和接触不良的现象
发生。一切准备就绪后，接通电源试运转，无异常情况方可进行
工作。

2) 操作时，操作者必须集中精力，注意行夯路线，跟随打
夯机线行走，双手要轻握手柄，不能用力推进、拉后或按压手

柄。转弯时不应用力过猛，如因工作场地狭窄，不能机动转弯时，则应停机人工转弯。要防止夯板或偏心块打在坑壁上，以免破坏坑壁，损坏机械。

3）几台打夯机并列工作时，各机之间要保持一定的距离，一般为 5~10m。

4）打夯机在工作中，应注意避免夯头架和偏心块与动力线绞在一起，否则会损坏机械，破坏电线，造成事故。如果机械发生故障，应立即停机，排除以后才可继续使用。

5）打夯机一般连续工作 2h 左右，应停机检查一次。打夯机的电机在条件较差的情况下工作，不但承受振动，而且不断侵入灰尘，因此工作中应随时注意温升和是否漏电。电器系统及电机发生故障，应由电器修理部门排除。

6）做好打夯机的保养工作，保养工作中要认真检查导线和电缆是否发生破损，检测电机和电器的绝缘情况，发现问题，及时解决。

（2）振动平板夯实机

振动平板夯实机的结构如图 4-16 所示。它是利用电动机或内燃机驱动的一种冲击与振动综合作用的平板式夯实机械，利用激振器产生的振动能量进行压实作业。其与被压材料的接触为一

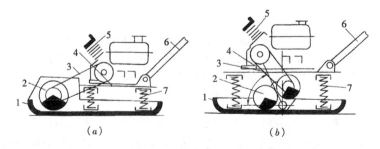

图 4-16　振动平板夯结构
（a）非定向振动式；（b）定向振动式
1—托盘；2—偏心轮；3—传动皮带；4—动臂；5—内燃机；
6—操纵手把；7—弹簧

平面，能产生较大的压力而有效地压实各种土层，有较好的压实效果，特别对非黏性砂质黏土、砾石、碎石的压实效果最佳。

振动平板夯实机安全使用常识：

1）经常检查紧固件有无松动，连接件是否可靠，悬挂系统有无因振动而产生裂缝和疲劳破坏。

2）不得在坚硬的地面上使用，以免损坏机件。

3）皮带传动装置的防护罩不得随意拆除，如因检修需要拆除时，修好后应及时装好。

4）清理底板上的粘结料时，应停机进行。

（3）振动冲击夯实机

振动冲击夯根据其动力的不同分为内燃式和电动式，其结构如图4-17、图4-18所示。均是由动力源、激振装置、缸筒和夯板等组成。

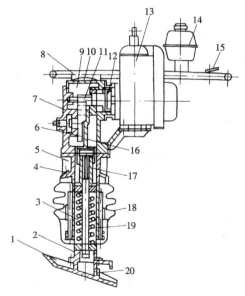

图 4-17　HC70 型内燃式快速冲击夯构造

1—夯板;2—内缸体;3—工作弹簧;4—加油塞;5—外缸体;6—大齿轮;7—箱盖;8—
手把;9—曲轴箱;10—减振块;11—小齿轮;12—离合器;13—发动机;14—油箱;15—
油门控制器;16—连杆;17—活塞头;18—防尘罩;19—活塞杆;20—放油塞

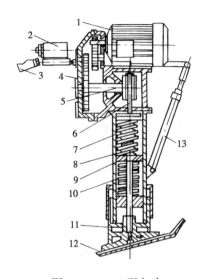

图 4-18 HD60 型电动
式快速冲击夯构造

1—电动机;2—电气开关;3—操纵手柄;4—
减速器;5—曲柄;6—连杆;7—内套筒;8—
机体;9—滑套活塞;10—螺旋弹簧组;11—
底座;12—夯板;13—减振器支撑器

振动冲击夯实机安全使用常识:

1）使用前，注意检查各部分连接有无松动，特别是气门导杆上的开口销不能脱落，否则会使气门掉入气缸中造成机械事故。

2）要特别注意内燃打夯机的起跳和振摆，以免误伤操作者的头部和胸部。

3）加油或起动时滴落在机身上的燃料应及时擦净；操作时不得引入火种，混配燃料和加油时不准抽烟，以免引起火灾。

（五）水泥混凝土路面养护工程机械的用途、简单构造及安全使用常识

1. 混凝土搅拌机

（1）用途

混凝土搅拌机是将水泥、砂、石和水按一定的配合比例，进行均匀拌合的机械。其种类很多。按搅拌原理分为自落式和强制式两类；按作业方式分为周期式和连续式；按搅拌筒的结构分为鼓筒形、双锥形、梨形、圆盘立轴式及圆槽卧轴式；按出料方式分为倾翻式和不倾翻式；按搅拌容量分为大型（出料容量 1 ~

$3m^3$)、中型（出料容量 $0.3 \sim 0.5m^3$）、小型（出料容量 $0.05 \sim 0.25m^3$），各种搅拌机的分类见表 4-3。

混凝土搅拌机分类　　　　　　　　　　　表 4-3

自 落 式				强 制 式		
倾翻出料		不倾翻出料		立轴式		卧轴式
单 口	双 口	斜槽出料	反转出料	涡浆式	行星式	双槽式

（2）安全使用常识

1）混凝土搅拌机应安装在坚实平整的地面上，撑脚应调整到轮胎不受力，支撑受力均匀，以防止机架在长期负载的情况下变形。

2）使用前应做好清洁、润滑、紧固、调整、防腐等工作。检查结合件是否松动，离合器和制动器是否灵活可靠，钢丝绳有无损坏等。

3）钢丝绳的表面要保持一层油膜，绳头卡结必须牢固，钢丝绳断丝过多或绳股松散时应更换。

4）使用过程中，进料斗升起后，斗下不能站人；保养检修上料系统时，上料斗升高后应锁紧，以免料斗突然下滑伤人。

5）机械运行过程中，不得拆卸机件、检修、润滑和调整，进料坑和导轨上不得站人和摆放工具。

6）机械不能超载运行，否则容易损坏机件。

7）停机后要及时做好机械和环境的清洁工作，防止水泥凝固损坏机件。

2．混凝土搅拌运输车

（1）用途

混凝土搅拌运输车是把搅拌站生产的混凝土运送到距离较远的施工工地的专用车辆。它是在汽车的底盘上安装一个可以自行转动的搅拌筒，车辆在行使过程中可继续缓慢地旋转搅拌筒进行搅拌，以防止混凝土产生离析现象，从而保证混凝土的质量。

（2）构造

混凝土搅拌运输车一般由运载底盘、搅拌筒、驱动装置、给水装置和操纵系统组成。如图 4-19 所示。

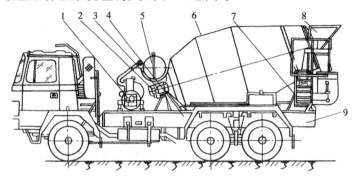

图 4-19 混凝土搅拌运输车

1—泵连接组件；2—减速机总成；3—液压系统；4—机架；5—供水系统；
6—搅拌筒；7—操纵系统；8—进出料装置；9—底盘车

（3）安全使用常识

1）搅拌运输车装料时，应先空转拌筒 10min 左右，在空转过程中应进一步检查操纵系统的灵活性和可靠性，拌筒在旋转过程中装料量不得超过额定容量。拌筒旋转速度稳定后再开动汽车行驶。

2）搅拌筒在满载时不可停止转动，否则再次启动拌筒时易使传动系统因扭矩过大而损坏。

3）混凝土从装入拌筒到卸出，时间不宜过长，否则会影响混凝土的质量。

4）行驶中，应将卸料槽卸下，安置在工具箱下面并扣牢，以免行驶途中发生摆动，造成其他事故。

3. 小型混凝土路面施工机械

（1）振动设备

混凝土振动设备是对浇灌以后的混凝土进行振实和捣固的机械。常用的振动设备有：插入式振捣器、平板振动器和振动梁。

1）插入式振捣器

插入式振捣器的振动部分插入浇灌后的混凝土内部，直接把振动传给混凝土，所以生产效率较高，是混凝土路面翻修不可缺少的设备，如图 4-20 所示。

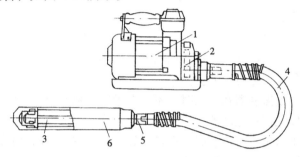

图 4-20　偏心式插入式振捣器

1—电动机；2—增速器；3—激锡子；4—传动软轴；5—连接套；6—激振体

安全使用常识：

①操作人员应穿绝缘鞋、戴绝缘手套，以免发生触电事故。

②使用前应检查电动机的绝缘是否良好，振动棒、软轴和导线的外表及连接部分有无损坏痕迹，棒壳和电动机上的螺栓是否紧固，动力导线的外皮有无破损和潮湿等。

③振捣时，要使振动棒垂直并自然地沉入混凝土中，不能用力硬插或斜插，避免振动棒碰撞钢筋或模板，更不能用棒体撬拨钢筋。振动器的振动频率很高，如果在操作中和钢筋等硬物发生碰撞，则容易振坏棒壳。

④振动器在使用时要注意棒壳、软管和接头的密封性，避免水浸入。冬期施工，如因润滑脂凝结而不易启动时，可用炭火烘烤振动棒，但不得用烈火猛烤或沸水冲烫。

⑤振动器在使用中如果温度过高，须停机降温，一般连续工作 30min 左右，应停歇一段时间，使其冷却后再使用。

⑥工作中，最好将动力软线悬吊空中，以免受潮或拖伤表皮，发生触电事故。如果手提动力软线，则须穿绝缘鞋和戴绝缘手套。

2）平板振动器

平板振动器是在混凝土的表面施加振动而使混凝土被捣实的机械。它的作用深度一般约为 18~25cm，工作部分是一钢质或木质平板。

安全使用常识：

①操作人员和手提电缆的辅助人员必须穿绝缘鞋、戴绝缘手套，以免发生触电事故。

②平板振动器在试振时，不可在干硬的地面上作长时间的空运转，以免损坏振动器。

③操作中进行移动时，电机的导线要保持有足够的长度，勿使其张拉过紧，以防拉断线头。

④工作完后及时清洗底板，注意做好维护和保养工作。定期测试电机的绝缘电阻，并拆检电机和激振子，绝缘电阻不得低于规定值。

（2）抹光机

1）用途

抹光机的作用是平整混凝土表面。可分为叶片式和浮动圆盘式两种。叶片式抹光机较适用于路面较干时的粗抹；浮动圆盘式抹光机适用于路面较干时的光抹和道面较湿时的粗、光抹。

2）结构（如图 4-21 所示）

3）安全使用常识

①操作人员和手提电缆的辅助人员必须穿绝缘鞋、戴绝缘手套，以免发生触电事故。

②使用前，应检查电机、电器开关、电缆线和接线是否符合规定；检查和清理抹盘上的杂物。

③接通电源后要进行试运转，叶片必须按顺时针方向旋转，不准反转。

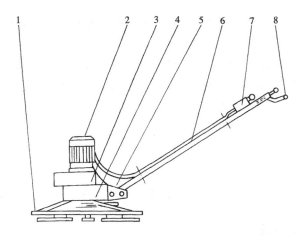

图 4-21 抹光机结构图

1—护罩；2—电动机；3—减速器；4—抹盘；

5—螺栓；6—扶手架；7—开关；8—手柄

④抹光机发生故障，必须停机切断电源后才能检修。

⑤使用完毕，应及时清洗干净，存放在干燥、清洁和没有腐蚀性气体的环境中，手柄应放在规定的位置。转移时不得野蛮装卸。

（3）切割机

1）用途

切割机是切割混凝土伸缩缝的机械。混凝土经过真空吸水、抹光等工序，并经一定时间的凝结，便可使用切割机切缝。由于切割机能连续进行施工，所以能加快施工进度，提高伸缩缝的质量，保证接缝的平整度。

2）安全使用常识

①操作电动式切割机的人员应穿绝缘鞋和戴绝缘手套，以防触电事故发生。

②使用前应检查电机、电器、开关、电缆线及接线是否正常，是否符合规定。检查刀盘的转向，新刀盘的转向应与箭头所示方向一致，旧刀盘的转向可由金刚石颗粒的磨削痕迹确定。严

禁刀盘正向、反向轮流作用，注意每次启动切割机前，都应检查刀盘转向和紧度，并放下防护罩。

③切割过程中，进刀、退刀要缓慢，切割推进要均匀，不能用刀盘单边切割，以防刀盘变形和损坏，同时应注意水箱水位，当水位降至水箱高度一半以下时，要及时补充水。严禁无冷却水切割。冷却水应对准刀口和切缝，喷射要均匀。

（六）路面破碎机械的用途、简单构造及安全使用常识

1. 液压破碎机

（1）用途

液压破碎机是一种利用液压推动活塞在缸内往复运动、冲击钎子、进行破碎作业的机械。液压破碎机有手提式和机械夹持式两种。手提式液压破碎机属小型机械，配有液压动力机，具有耗能少、效率高、噪声小、不污染环境和使用方便等优点。机械夹持式液压破碎机一般采用工程机械底盘，如图4-22所示，工作装置设计比较灵活，可用来进行装载、挖掘、破碎等工作。

（2）安全使用常识

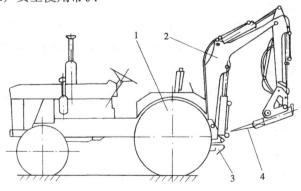

图 4-22　液压破碎机

1—底盘；2—工作臂；3—支腿；4—工作装置

1）液压破碎机与液压动力机的连接要可靠，拆装接头时，应避免灰尘、泥浆等物进入管路和机件内，连接后应检查油压是否在允许范围内，如超出允许范围，应重新调定工作压力，调定后应关闭压力表开关。

2）当破碎效率降低时，应先检查液压动力机，如没有问题再检查蓄能器的隔膜和充气压力。检查蓄能器压力和添加气体，要使用专用的充气阀和氮气瓶，并按压力容器有关安全技术操作规程进行。

3）更换钎子时，应先关断通入破碎机的液压油路。

2. 风镐

（1）用途

风镐是利用压缩空气作动力进行开凿和破碎的一种风动机械。它主要用于施工现场破碎坚固的或冻结的地层、水泥混凝土结构物和板块、沥青混凝土的路基和面层，是道路养护工程中常用的破碎机械。

（2）结构

风镐的结构如图 4-23 所示，它主要由启动机构、配气机构和冲击机构组成。

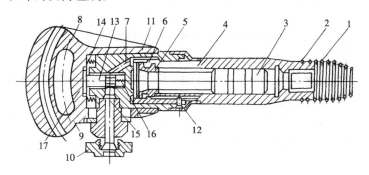

图 4-23　风镐结构

1—弹簧；2—轴套；3—活塞；4—筒身；5—管形气阀；6—气阀箱；7—中间环节；8—把手；9—气门管；10—连接螺帽；11—平板；12—螺钉；13—阻塞阀；14、15—弹簧；16—过滤阀；17—钢片

启动机构的作用是控制风镐的起动和停止。压缩空气经风管接头进入风镐，当压下手把 8 时，阻塞阀 13 下移，风道打开，压缩空气经斜管进入配气机构，使风镐开动；松开手把 8，阻塞阀 13 受阻塞阀弹簧 15 和把手弹簧 14 的作用而返回顶端位置，关闭气路，风镐停止工作。

配气机构位于连续套的内部。压缩空气进入配气机构，通过阀在前、后不同位置的分配作用，控制着压缩空气交替地进入筒身 4 的前后腔，驱动活塞 3 作往复运动，冲击钎尾，使钎子连续不断地冲击路面，达到破碎的目的。

（3）安全使用常识

1）风镐和空气压缩机联合使用，使用压缩机要遵守安全技术操作规程。

2）使用风镐时，每隔 2~3h 要加注润滑油一次。

3）不能空击，禁止镐钎全部插入破碎层。

4）检修或更换钢钎时，必须先关闭风镐的气源，防止伤人。

5）禁止行人进入现场，防止飞溅的碎石伤人。

（七）道路养护工程机械化施工

1. 道路养护工程机械化施工的意义与要求

（1）道路养护工程机械化施工的意义

现代化施工建设是当今世界的发展主流，而机械化施工是道路养护工程的重要措施与手段，是道路建设发展的必然趋势。道路养护工程的特点是建设周期短、质量要求高、施工难度日趋复杂，在实行招标投标制的今天，企业更加注重施工的质量与经济效益。

机械化施工是通过合理地选用机械化施工机械、科学地组织施工来完成工程作业的全过程。机械化施工的评定是以施工的机械化程度来衡量。即：

$$机械化程度 = \frac{机械设备完成的实际工作量(或实物工作量)}{全部工程量} \times 100\%$$

(4-1)

机械化程度愈高，工程施工中机械完成的实际工作量占总工程施工量的比例就愈大。机械化施工程度的高低，在一定程度上反映出工程施工周期的快慢、施工质量的高低和施工效益的好坏。

（2）道路养护工程机械化施工的要求

机械化施工是提高工作效率、保证施工质量、加快施工建设速度、减轻施工强度、降低施工成本和提高施工效益的重要手段。机械化施工在技术、组织与管理上都具有更高的要求。

首先，机械化施工要有严密的施工组织与管理，有一定业务专长的技术人员与较为熟悉的技术工人，有良好的维修设备、高素质的维修人员、完善的附属设施、充足的燃料能源和零配件供应以及相应的运输条件等。

其次，为了在整个施工过程中均衡协调各个作业和各道工序，需要有足够数量、种类和规格的机械施工设备及管理、操作与维修人员。

机械化施工程度在很大程度上决定了工程施工质量的好坏、施工效率的高低、工期的快慢以及施工成本和效益的多少。但是，机械化施工程度高也不完全能说明机械施工的优越性所在。因为，即使是机械化程度一定时，由于施工技术、管理水平和施工组织的差异，完成相同的工程量，在施工进度、技术经济效果和节约劳动力等方面会出现较大的差别。因此，机械化施工不是停留在仅仅为了代替人的劳动，或完成人工无法完成的施工作业。机械化施工有着自己更为广泛的内涵，它不仅体现在机械化程度上，而且更注重在机械化施工水平上，体现在机械化设备利用程度与利用率上。机械化施工应该是涉及施工机械、施工技术、施工组织和施工管理等学科的现代施工技术，是施工技术与管理技术的结合，是技术经济在工程施工中的体现。

2. 路基机械化施工

路基施工作业复杂，不同路段所使用的施工机械和施工方法也不完全一样。一般城市道路路基施工工艺为：土方开挖→装运→铺卸→平整→稳压→压实→封层碾压。根据施工工艺和所用设备可绘制出路基机械化施工循环作业网络，如图 4-24 所示。

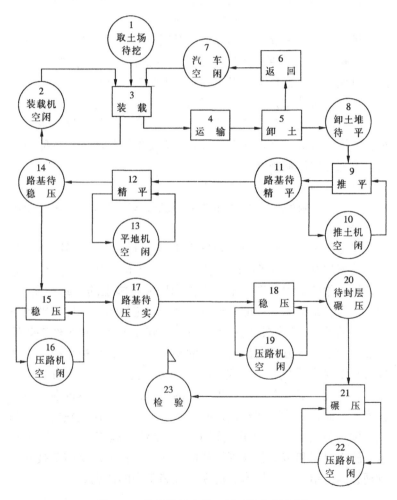

图 4-24　路基机械化施工循环作业网络图

3. 沥青混凝土路面面层机械化施工

常见城市道路沥青路面面层施工工艺为：沥青混合料拌合→沥青混合料运输→沥青混合料摊铺→沥青混合料初压→沥青混合料复压→沥青混合料终压。根据施工工艺流程可绘制出沥青路面面层机械化施工循环作业网络，如图4-25所示。

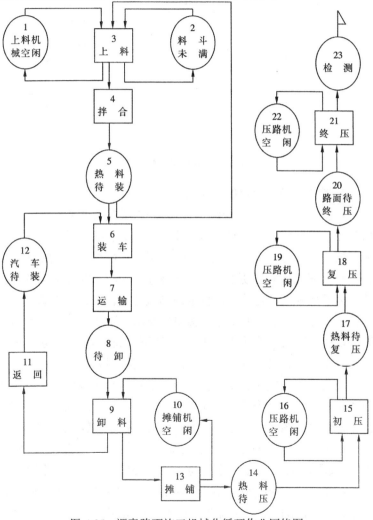

图 4-25　沥青路面施工机械化循环作业网络图

4. 混凝土路面面层机械化施工

水泥混凝土路面的施工过程如图 4-26 所示。

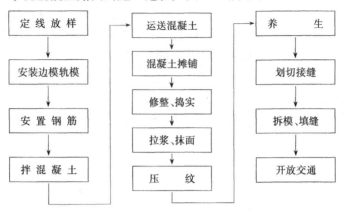

图 4-26　混凝土路面施工工艺

5. 道路养护工程机械发展动态

　　工程机械是技术的载体，人类每一项成熟技术的开发与应用都会在工程机械上体现的淋漓尽致。内燃机、电动机的诞生，使工程机械有了更适宜的动力装置，液压与气动技术的成熟与发展，使工程机械有了更适合的传动装置。进入 20 世纪 70 年代，随着电子技术尤其是计算机技术的迅猛发展，工程机械的控制技术得到长足的发展，使工程机械整体技术水平迈上了一个新的台阶。现代工程机械在人类高科技支持下，正向着光机电液一体化、自动化、智能化方向发展，最终实现机器人作业。

　　现代工程机械在功能上，呈现出多功能与两极化（大型化与小型化）的特点。美国"山猫"滑移式装载机，通过更换不同的机具，可完成 30 余种作业；推土机、挖掘机等亦可同样实现 10 余种以上作业。大型化使日本的推土机达到了 735kW（1000 马力），美国的推土机每铲推土量达 28~35m^3，装载机斗容可达 17.5~30.4m^3，挖掘机斗容达 107m^3，沥青摊铺机摊铺宽度达 17.5m，而小型化又使挖掘机斗容到了 0.01m^3，装载机斗容到了

$0.1m^3$。

现代工程机械在性能上向高效率、智能化发展。如摊铺机、平地机、推土机等，采用光机电液一体化找平系统、激光控制找平系统、卫星定位找平系统等。挖掘机也采用了光机电液一体化控制系统，对发动机、液压系统、多功能换向阀和执行元件进行全面的一体化智能控制。

现代工程机械在行走、转向方面，普遍采用自动或半自动变速、换向、制动，采用多模式转向（前轮转向、后轮转向、四轮转向、滑移转向），从而大大提高了机械的自动化和智能化程度。现代工程机械也更加注意故障自行诊断、故障自行保护和提供维护决策等系统的研制开发。2003 年，日本神户制钢推出的 21 世纪挖掘机采用人工智能控制系统，可自行检测、显示电子系统异常状态 33 项，具有维护诊断功能 35 项，可存储故障模式 100 项。日立建机则采用手持式终端形式，插入仪表盘预留孔，即可进行自我诊断。德国 O&K 公司率先采用卫星通信，将机械的故障状态信息由机载发射机发射到同步卫星上，再由卫星的转发器发回维修中心，维修中心的计算机屏幕上实时显示机械的运行情况。

当今人类社会面临着环境、资源、人口三大问题，已威胁着我们的生存与发展。自 20 世纪 80 年代，人类开始形成可持续发展的概念，正逐步转向绿色生产，走可持续发展道路。现代工程机械在注重自动化、智能化的同时，也更加注重环保、节能及人性化设计，最终向节能型绿色机器人方向发展。

思 考 题

1. 沥青路面面层修复机械有哪些？
2. 混凝土路面修补机械有哪些？
3. 道路养护工程机械安全使用有哪些规定？
4. 道路养护工程机械化施工有哪些要求？

五 道路养护施工

（一）城市道路基本知识及养护等级分类

1. 我国城市道路的现状及养护概况

近二十年来，我国城市发展速度很快，截止于 1996 年底，全国已建城市 666 个，较 1981 年增加了 449 个。随着城市的发展，城市道路的里程也随之增加，到 1995 年底，全国城市道路总长度为 137953km，是 1978 年的 5 倍，并且以飞快的速度发展着。但是随着车辆的增加、车辆的大型化、自然因素等多种因素的影响，城市道路出现了不同程度的病害，给人民群众正常的工作、生活带来了许多不便之处。因此就要经常的养护、维修使其在设计年限内经常保持完好状态，有计划、有步骤地改善城市道路的技术标准，提高城市道路的服务质量，最大限度地发挥城市道路的作用。

本着"预防为主，防治结合"的养护工作方针，相应的城市道路养护技术政策可归纳为：

1）因地制宜、就地取材，尽量选用当地天然材料和工业废渣，充分利用原有工程材料和原有工程设施，以降低养护成本。

2）应用和推广先进的养护技术和科学的管理方法，改善养护生产手段，提高养护技术水平。

3）重视综合治理，保护生态平衡，防止环境污染。

4）全面贯彻执行《城市道路养护技术规范》，规范操作程序，保证养护质量。

5）养好路面是养路工作的中心环节，是质量考核的首要对象。

2. 城市道路基本知识

(1) 城市道路的概念、基本组成

城市道路指的是修建在市区、路两侧有连续建筑物、用地下沟管排除地面水、采用连续照明、横断面上布置有人行道的道路，具体由以下几部分组成：

1) 车行道　供各种车辆行驶的道路部分。其中供汽车、无轨电车等机动车辆行驶的称为机动车道；供自行车、三轮车等非机动车行使的称为非机动车道；供轻轨车辆或有轨电车行使的称为轻轨线或有轨电车道。

2) 路侧带　车行道外侧缘石至道路红线之间的部分，包括人行道、设施带、路侧绿化带等三部分，其中设施带为行人护栏、照明杆柱、标志牌、信号灯等设施的设置空间。

3) 分隔带　在多幅道路的横断面上，沿道路纵向设置的带状部分，其作用是分隔交通、安设交通标志及公用设施等。分隔带有中央分隔带和车行道两侧的侧分带两类。中央分隔带用以分隔对向行驶的机动车车流，侧分带则是用以分隔同向行驶的机动车和非机动车车流。分隔带同时也是道路绿化的用地之一。

4) 交叉口和交通广场、桥梁、隧道和涵洞。

5) 停车场和公交停靠站台。

6) 道路雨水排水系统：如街沟、雨水口（集水井）、检查井、排水干管等。

7) 其他设施：如渠化交通岛、安全护栏、照明设备、交通信号（标志、标线）等。

(2) 城市道路的主要功能及特点

1) 城市道路的主要功能如下：

①承担交通

城市道路的主要功能是承担交通。城市里各种座位的客车、各种吨位的货车、非机动车、行人、都是在道路上行进，完成客、货运送任务。一般说来，城市道路上的车流量大，各种车辆相互干扰；在商业区、车站、码头和大型娱乐场所，人流量很大；在交叉路口，车流和人流，有的要改变前进方向。因此，承担交通是城市交通的最主要功能。

②布设基础设施

城市地面上的各种杆线、地下管道、地下轨道、高架道路，都沿道路布设。在某些路段还开辟路边停车场地。因此道路养护时要格外注意保护沿线基础设施。

③美化城市

城市道路是交通设施，也是线形构筑物，它象其他建筑物一样，其设计、修建应体现出艺术品味。道路两侧和分隔带上的绿化、街头艺术小品应当反映城市风貌，成为美化城市的组成部分。此外，两侧建筑物更可大做文章，用不同体形，不同色彩，不同造型的建筑物装点城市空间。所以，在道路养护中要注意文明施工，不能对周围环境造成严重污染。

④通风、采光、防火

城市道路是城市的风道，各方来风，经道路的空间送到街坊、住室；污染的空气通过道路飞向空中。沿街建筑物的日照、采光与道路走向、宽度密切相关。城市防火设施也沿街布设。

⑤形成城市平面结构功能

从城市规划的过程来看，在基本确定用地性质和划定用地范围后，第一步便是进行道路网（包括道路红线）的规划与设计，这就足以说明城市道路在形成城市平面结构中的重要作用。通常干线道路形成城市骨架，支路则形成街区、邻里街坊，城市的发展是以干道为骨架，然后以骨架为中心向四周延伸。从某种意义上说，城市道路网的形式将直接决定城市平面结构和市区发展趋势；反之，城市道路网的规划也取决于城市性质、城市规模、城市结构及城市功能的确定和界定。

2）城市道路具有以下特点：

①功能多样、组成复杂

城市道路除了交通功能外，还具有其他许多功能，如上面所述的城市结构功能、公用空间功能等，并且组成也比较复杂，它除了有机动车道外，还会有非机动车道、人行道、设施带等，这些都会给道路养护带来相应的难度。

②交叉口众多，行人、非机动车交通量大

由城市道路的功能已经知道，它除了交通功能之外，还有沿路利用的功能。加之一个城市的道路是以路网的形式出现的，因此不可避免会出现较多的道路交叉口。

③沿线两侧建筑物密集

城市道路的两侧是建筑用地的黄金地带，道路一旦建成，沿街两侧鳞次栉比的各种建筑物也相应地建造起来，以后很难拆迁房屋拓宽道路。因此必须严格控制好道路红线宽度，此外在养护中也要注意保护沿线建筑物，不能对沿街建筑物造成损坏。

④景观艺术要求高

城市干道网是城市的骨架，城市总平面布局是否美观、合理，在很大程度上首先体现在道路网特别是干道网的规划布局上。城市环境的景观和建筑艺术，必须通过道路才能反映出来，道路景观与沿街的人文景观和自然景观浑为一体，尤其与道路两侧建筑物的建筑艺术更是相互衬托，相映成趣。完善、合理的城市道路网也从一个侧面体现和反映了城市的文明程度。

⑤城市道路规划、设计、养护的影响因素多

城市里一切人和物的交通均需利用城市道路；同时，各种市政设施、绿化、照明、防火等无一不设在道路用地上，这些因素，在道路规划设计时必须综合考虑，要不必然会给道路养护带来一定的困难。

3．城市道路和养护的分类、分级

根据我国现行的《城市道路设计规范》（CJJ 37）依据道路在城市道路网中的地位和交通功能以及道路对沿路的服务功能，将城市道路划分为四种类型，即城市快速路、主干路、次干路、支路。

（1）城市快速路完全是为机动车辆（主要是汽车）交通服务的，是解决城市长距离快速交通的汽车专用道路。

（2）城市主干路是以交通功能为主的连接城市各主要分区的干线道路。

（3）城市次干路是城市内区域性的交通干道，为区域交通集散服务，兼有服务功能，配合主干路组成城市干道网络，起到广泛连接城市各部分及集散交通的作用。

（4）城市支路是以服务功能为主的，直接与两侧建筑物、街坊出入口相接的局部地区道路，它既是城市交通的起点，又是交通的终端。

城市道路分级本着使道路既能满足使用要求，又节约投资和用地的原则。根据《城市道路设计规范》（CJJ 37）规定，除快速路不明确分级以外，其他各类道路各分为Ⅰ、Ⅱ、Ⅲ级。一般情况下，道路分级与大、中、小城市相对应，见表5-1。我国各城市所处的地理位置不同，地形、气候条件各异，同一类的城市其道路设计不一定采用同一等级的设计标准，应根据实际情况论证地选用。但是无论提高或降低道路的技术标准，均需经过城市总体规划审批部门的批准。

城市道路的分类、分级　　　　　　　　　表5-1

项目类别	级别	设计车速（km/h）	双向机动车道数（条）	机动车道宽（m）	分隔带设置	道路断面形式
快速路		80、60	≥4	3.75	必须设	二、四幅路
主干路	Ⅰ	60、50	≥4	3.75	应设	一、二、三、四幅路
	Ⅱ	50、40	≥4	3.75	应设	一、二、三幅路
	Ⅲ	40、30	2—4	3.5～3.75	可设	一、二、三幅路
次干路	Ⅰ	50、40	2—4	3.75	可设	一、二、三幅路
	Ⅱ	40、30	2—4	3.5～3.75	不设	一幅路
	Ⅲ	30、20	2	3.5	不设	一幅路
支路	Ⅰ	40、30	2	3.5～3.75	不设	一幅路
	Ⅱ	30、20	2	3.5	不设	一幅路
	Ⅲ	20	2	3.5	不设	一幅路

以上介绍了城市道路的分类以及分级，相应地养护工作按其作业性质也可进行分类，我国对养护工程分为小修保养、中修、大修和改善四类，其划分原则如下：

（1）小修保养工程

对城市道路及其工程设施进行预防性保养和修补其轻微损坏部分，使之经常保持完好状态。

（2）中修工程

对城市道路及其工程设施的一般性磨损和局部损坏进行定期的修理加固，以恢复原状的小型工程项目。

（3）大修工程

对城市道路及其工程设施的较大损坏进行周期的综合修理，以全面恢复到原设计标准，或在原技术等级范围内进行局部改善和个别增建以逐步提高公路通行能力的工程项目。

（4）改善工程

对城市道路及其工程设施因不适应交通量和轴重需要而分期逐段提高技术等级，或通过改善显著提高其通行能力的较大工程项目。

按照各类道路在城市中的重要性，本着保证重点，养好一般的原则，城市道路分为三个等级来进行养护：

一等：城市道路中快速路、市内主干路、集会中心、省或市的领导机关所在地、商业繁华街道、重要生产区、外事活动及旅游路线。

二等：市内次干路，区域集会点、商业街道、市或区领导机关所在地、外事活动及旅游路线与市区之间的联络线，重点地区或重点企事业单位所在地。

三等：一般的支路，规划区内居民区及工业区的主要道路、街巷同主次干路的连接线、重点地区及重点企事业单位所在地的街坊路。

城市道路应分类、分等级进行养护。根据养护费用的投资情况，结合城市的养护管理水平，合理地确定各类、各等道路的养护项目周期，使城市道路各个部位的使用状况处于良好状态。

（二）路基路面基本知识及结构层理论

1. 路基概念、特点及其分类、组成

路基是道路的重要组成部分，是按照路线位置和一定技术要求修筑的带状构造物，承受由路面传来的荷载，应具有足够的强度、稳定性与耐久性。

路基工程的主要特点是：工艺较简单，工程数量大，耗费劳力多，涉及面较广，耗资巨大。路基施工改变了沿线原有的自然状态，挖填及弃土石方涉及当地生态平衡、水土保持和农田水利。路基稳定与否，对路面工程质量影响甚大，关系到道路的正常使用。实践证明，没有坚固稳定的路基，就没有稳固的路面，因此，做好路基工程的施工与养护不容忽视。

（1）路基应满足的基本要求

1）具有足够的整体稳定性

路基是直接在地面上填筑或挖去部分地面建成的。路基修建后，改变了原地面的天然平衡状态。在工程地质不良的地区，修建路基可能加剧原地面的不平衡状态，从而导致路基发生各种破坏现象。因此，为防止路基结构在行车荷载及自然因素作用下发生整体失稳，发生不允许的变形或破坏，必须因地制宜地采取一定的措施来保证路基整体结构的稳定性。

2）具有足够的强度

路基的强度是指在行车荷载作用下，路基抵抗变形与破坏的能力。因为行车荷载及路基路面的自重使路基下部和地基产生一定的变形，较大的变形会影响路面的使用品质。为保证路基在外力作用下，不致产生超过容许范围的变形，要求路基应具有足够的强度。

3）具有足够的水温稳定性

路基水温稳定性在此主要是指路基在水和温度的作用下保持

其强度的能力。路基在地面水和地下水的作用下，其强度将会显著降低。特别是季节性冰冻地区，由于水温状况的变化，路基将发生周期性冻融作用，形成冰胀和翻浆，使路基强度急剧下降。因此，对于路基，不仅要求具有足够的强度，而且还应保证在最不利的水温状况下，强度不致显著下降，这就要求路基应具有一定的水温稳定性。

路基横断面形式各不相同，一般可分为填方路基、挖方路基、半填半挖路基和零填路基。具体如图 5-1 所示：

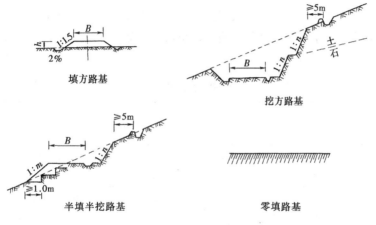

图 5-1　路基横断面

（2）路堤（填方路基）

填方路基边坡坡度要综合考虑路基稳定、工程造价等因素。路堤边坡高度小于表 5-2 所示数值时，边坡坡度可参照表 5-2 取值，对于浸水填土路堤，设计水位至常水位部分的边坡坡度视填料情况，可采用 1:1.75～1:2，常水位以下部分采用 1:2～1:3。

（3）路堑（挖方路基）

挖方路基破坏了原地层的天然平衡状态，其使用质量主要取决于挖方段的地质条件与挖方深度；并且集中表现在边坡稳定性上。地质条件愈差，挖方愈深，则边坡宜缓，必要时还应予以加固。

填方路基边坡坡度   表 5-2

填料种类	边坡高度			边坡坡度		
	全部高度	上部高度	下部高度	全部高度	上部高度	下部高度
细粒土	20	8	12	—	1:1.5	1:1.75
粗粒土	12	—	—	1:1.5	—	—
巨粒土	20	12	8	—	1:1.5	1:1.75
不易风化的石块	8	—	—	1:1.3	—	—
	20	—	—	1:1.5	—	—

路堑边坡坡度，应根据土石种类、边坡高度、地下水情况及施工方法等因素综合分析确定，也可参照表 5-3 取值，也可结合当地经验选用。

路 堑 边 坡 坡 度   表 5-3

土石方种类		边坡高度（m）	边坡坡度
含土或含石土	胶结与密实的	20	1:0.5～1:1
	中等密实的	20	1:1～1:1.5
黄　　土		20	1:0.3～1:1.25
细粒土、粗粒土		20	1:0.5～1:1.15
风化岩石		20	1:0.5～1:1.15
一般岩石		—	1:0.1～1:0.5
坚　　石			直立～1:0.1

（4）半填半挖路基

是路堤与路堑同时存在的一种形式。

（5）零填挖路基：基本上不填不挖的路基或挖（填）方很少的路基，在平原区或城市道路中出现这种形式。

2. 路基的基本构造

路基由宽度、高度和边坡坡度三者所构成。路基宽度取决于道路技术等级；路基高度（包括中心线的挖填深度，路基两侧的边坡高度）取决于纵坡设计及地形；路基边坡坡度取决于地质、水文条件，并由边坡稳定性和横断面经济性等因素比较选定。

路基是岩土性质的结构物，通常路堤主要是选用土质由人工填筑而成，路堑则在天然岩土层中开挖而成，为使路基主体具有足够的强度与稳定性，需要掌握和运用工程地质学、土质学、土力学的基本规律和方法。土质路基的强度主要表现在抵抗剪切变形的能力上，而土的抗剪强度是来自土粒之间的黏聚力和摩擦力，并因土体的湿度和密实度及杂质含量等条件而变。设计与施工时，要求在选择填料、控制含水量、土层组合及人工压实等方面，力求合理，并符合有关规定。填石路基的强度通常较高，但抛石乱填，往往空隙较大，在外力作用下易局部沉陷，需较长时间才能稳定，对于急待修筑较高级路面的道路，使用极为不利。路堑开挖，其稳定性取决于原地层的性质、水文条件，比较难以控制，因而必须事先探明地下情况，根据具体条件与要求，合理确定开挖深度与边坡坡率，对路基顶面下一定深度的原地层应进行必要的处治，并相应设置排水、防护与加固等设施。路基构造方面的这些要求是研究宽度、高度和边坡坡度的先决条件。

3. 路面概念、特点及其分类、组成

路面是用各种筑路材料分层铺筑在公路路基上供车辆行驶的层状构造物。

其主要功能是承受行车和各种自然因素如风、霜、雨、雪、日照等的共同作用，使之能有足够的强度、稳定性平整度和粗糙度，以保证车辆在路上安全、舒适、快速行驶。

为了保证道路全年通车，提高行车速度，增强安全性和舒适性，降低运输成本和延长道路使用年限，要求路面具有足够的下述一系列的性能。

（1）路面的性能及特点

1）强度和刚度

汽车在路面上行驶，除了克服各种阻力外，还会通过车轮把垂直力和水平力传给路面，在水平力中又分为纵向的和横向的两种。此外，由于汽车发动机的机械振动和悬挂系统与车身的相对运动，路面还会受到车辆的振动力和冲击力作用，在车身后面还会产生真空吸力作用。因此路面应具有一定的强度和刚度要求。

2）稳定性

路面结构坦露于大气之中，经常受到温度和水分变化的影响，其力学性能也就随着不断发生变化，强度和刚度不稳定，路况时好时坏。因此，要研究路面结构的温度和湿度状况及其对路面结构性能的影响，以便在此基础上修筑能在当地气候条件下足够稳定的路面结构。

3）耐久性

路面结构要承受行车荷载和冷热、干湿气候因素的多次重复作用，由此而逐渐产生疲劳破坏和塑性形变累积。另外，路面材料还可能由于老化衰变而导致破坏。这些都将缩短路面的使用年限，增加养护工作量。因此，路面结构必须具备足够的抗疲劳强度以及抗老化和抗形变累积的能力。

4）表面平整度

不平整的路面会增大行车阻力，并使车辆产生附加的振动作用。这种振动作用会造成行车颠簸，影响行车的速度和安全、驾驶的平稳和乘客的舒适。同时，振动作用还会对路面施加冲击力，从而加剧路面和汽车机件的损坏，并增大油料的消耗。而且，不平整的路面还会积滞雨水，加速路面的破坏。因此路面要保持一定的平整度。

5）表面抗滑性

汽车在光滑的路面上行驶时，车轮与路面之间缺乏足够的附着力或摩擦阻力。在雨天高速行车，或紧急制动或突然起动，或爬坡、转弯时，车轮也易产生空转或打滑，致使行车速度降低，油料消耗增多，甚至引起严重的交通事故。因此，提高路面抗滑能力对行车安全是十分必要的。

6）少尘性

汽车在路面上行驶时，车身后面所产生的真空吸力会将表层中较细材料吸出而飞扬尘土，甚至导致路面松散，脱落和坑洞等破坏。扬尘还会加速汽车机件的损坏，减短行车视距，降低行车速度，而且对旅客和沿路居民的环境卫生，以及货物和路旁农作物均带来不良影响。因此，要求路面在行车过程中尽量减少扬尘。

（2）路面的分类

1）柔性路面：它主要包括用各种基层（水泥混凝土除外）和各类沥青面层、碎（砾）石面层或块石面层所组成的路面结构。柔性路面刚度小，在荷载作用下所产生的弯沉变形较大，路面结构本身抗弯拉强度较低。车轮荷载通过各结构层向下传递到土基，使土基受到较大的单位压力，因而土基的强度和稳定性，对路面结构整体强度有较大影响。

按技术品质和使用情况，常用的沥青类路面可分为沥青混凝土、热拌沥青碎石、沥青贯入式、沥青表面处治四种类型。

各类路面的特点和适应范围是：

①沥青混凝土路面：强度是按嵌挤密实原则构成的。采用优质沥青，另外采用相当数量的矿粉是沥青混凝土的一显著特点。较高的粘结力使路面具有较高的强度，可以承受比较繁重的车辆交通。但沥青混凝土路面的允许拉应变值较小，会产生规则横向裂缝，因而要求坚强的基层。对高温稳定性与低温稳定性均有要求。较小的空隙率使沥青混凝土路面具有透水性小，水稳性好，耐久性高，有较大的抵抗自然因素的能力，使用年限达 15～20 年以上。沥青混凝土路面适用于高速公路及一、二级公路面层。

②热拌沥青碎石路面：高温稳定性好，路面不易产生波浪，冬季不易产生冻缩裂缝，行车荷载作用下裂缝少；路面较易保持粗糙，有利于高速行车；对石料级配和沥青规格要求较宽，材料组成设计比较容易满足要求；沥青用量少，且不用矿粉，造价低。热拌沥青碎石适用于一般公路，不宜用于高等级公路。中粒式、粗粒式沥青碎石宜用作沥青混凝土面层下层、连接层或整平层。

③沥青贯入式：贯入式路面的强度与稳定性主要由石料相互嵌挤作用构成。贯入式路面需要 2~3 周的成型期，在行车碾压与重力作用下，沥青逐渐下渗包裹石料，填充空隙，形成整体的稳定结构层，温度稳定性好，热天不易出现推移、拥包，冷天不易出现低温裂缝，贯入式路面的最上层应撒布封层料或加铺拌合层。沥青贯入式适用于二、三级公路，也可作为沥青混凝土面层的连接层。

④沥青表面处治：沥青表面处治可改善路面行车条件，承担行车磨耗及大气作用，延长路面使用年限。所铺筑的沥青路面，其厚度可大于 3cm。在计算路面厚度时，其强度一般不计。沥青表面处治，一般用于三级公路，也可用作沥青路面的磨耗层、防滑层。

2）刚性路面：主要指用水泥混凝土作面层或基层的路面结构。水泥混凝土的强度很高，特别是它的抗弯拉强度，较之其他各种路面材料要高得多。它的弹性模量也较其他各种路面材料大的多，故呈现较大的刚性。水泥混凝土路面板在车轮荷载作用下的弯沉变形极小，荷载通过混凝土板体的扩散分布作用，传递到基础上的单位压力，要较柔性路面小得多。

3）半刚性路面：用石灰或水泥稳定土或处治碎（砾）石，以及用各种含有水硬性结合料的工业废渣修筑成的基层，在前期具有柔性路面的力学特性，当环境适宜时，其强度和刚度会随着时间的推移而不断增大，但其最终抗弯拉强度和弹性模量，还是远低于刚性基层。因此把这类基层称为半刚性基层，而把含有这类基层的路面结构成为半刚性路面。

4.路面的基本构造

为了减小雨水对路面的浸湿和渗透入路基，从而减弱路面结构的强度，路面表面应筑成直线型或抛物线型的路拱。等级较高的路面，其平整度和水稳性较好，透水性也小，可采用较小的路拱横坡度，反之则应用较大的横坡度。表 5-4 列出了各种不同类型路面的路拱平均横坡度范围。

不同类型路面的路拱平均横坡坡度范围　　　表 5-4

路面类型	路拱平均横坡度（%）
沥青混凝土、水泥混凝土	1～2
厂拌沥青碎石、路拌沥青碎（砾）石、沥青贯入碎（砾）石、沥青表面处治、整齐石块	1.5～2.5
半整齐石块、不整齐石块	2～3
碎石、砾石等粒料路面	2.5～3.5
炉渣土、砾石土、砂砾土等	3～4

路肩横坡度应较路面横坡大 1%，以利于迅速排水。路肩全宽或部分宽度表面最好用砂石材料或再加结合料予以处治，形成平整、坚实、不透水的表面。这样，既可增加车行道的有效宽度，又可改善路面边部的结构条件，延长路面使用寿命。对沥青路面和水泥混凝土路面，为保护其边缘，可用块石，条石或水泥混凝土预制块铺成路缘石，其宽度为 15～25cm，厚度为 15～20cm。

行车荷载和大气因素对路面的作用是随着路面下深度的增大而逐渐减弱。同时，路基的湿度和温度状况也会影响路面的工作情况。因此，一般根据使用要求，受力情况和自然因素等作用程度不同，把整个路面结构自上而下分成若干层来铺筑。如图 5-2所示。

（1）面层

面层是直接同行车和大气接触的表面层次，它承受较大的行

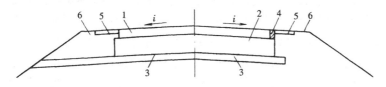

图 5-2　路面结构层次划分示意图

i—路拱横坡度；1—面层；2—基层（有时包括底基层）；
3—垫层；4—路缘石；5—加固路肩；6—土路肩

车荷载的垂直力，水平力和冲击力作用以及雨水和气温变化所产生的不利影响最大。因此，同其他层次相比，面层应具备较高的结构强度、刚度和稳定性，而且应当耐磨、不透水；其表面还应有良好的抗滑性和平整度。

修筑面层所用的材料主要有：水泥混凝土、沥青混凝土、沥青碎（砾）石混和料、砂砾或碎石掺土或不掺土的混合料以及块石等。

（2）基层

基层主要承受由面层传来的车辆荷载垂直力，并把它扩散到垫层和土基中，故基层应有足够的强度和刚度。车轮荷载水平力作用，沿深度递减得很快，对基层影响很小，故对基层材料的耐磨性可不予重视。基层也应有平整的表面，以保证面层厚度均匀。基层遭受大气因素的影响虽比面层小，但难于阻止地下水的浸入；当面层透水时，也不能阻止雨水的渗入，所以基层结构应有足够的水稳性。

修筑基层所用的材料主要有：各种结合料（如石灰、水泥或沥青等）稳定土或稳定碎（砾）石、水泥混凝土、天然砂砾、各种碎石或砾石、片石、块石或圆石，各种工业废渣所组成的混合料以及它们与土、砂、石所组成的混合料等。

基层有时可分两层铺筑，其上层仍称基层，下层则称底基层。对底基层材料质量的要求可低些，可使用当地材料来修筑。

（3）垫层

在土基与基层之间设置垫层，其功能是改善土基的湿度和温度状况，以保证面层和基层的强度和刚度的稳定性和不受冻涨翻浆作用。垫层通常设在排水不良和有冰冻翻浆路段，在地下水位较高地区铺设的能起隔水作用的垫层称隔离层；在冰冻层较厚地区铺设的能起防冻作用的垫层称防冻层。此外，垫层还能扩散由面层和基层传来的车轮荷载垂直作用力，以减小土基的应力和变形；同时它也能阻止路基土挤入基层中，影响基层结构的性能。

修筑垫层所用的材料，强度不一定要高，但水稳定性和隔热性要好。常用材料有两类；一类是用松散粒料，如砂、砾石、炉渣、片石或圆石等组成的透水性垫层；另一类是由整体性材料，如石灰土或炉渣石灰土等组成的稳定性垫层。

此外，路面的结构不是一成不变的，要根据道路等级以及当地的实际情况而定。

（三）路基病害的种类及其病理分析和相应的养护措施

路基存在的主要病害形式为：①路肩破坏、松软；②边坡损坏；③排水设施损坏；④支挡、防护工程损坏；⑤路基翻浆；⑥滑坍。

1. 路肩

路肩是路基的边缘部分主要是保护路面边缘，加强路基的稳定性，便于行人和非机动车的通行，也可用于紧急情况下的临时停车。路肩破坏、松软俗称"啃边"主要是因为水的冲刷、侵蚀作用形成的，因此要将地表水通过路肩尽快排出，对于硬路肩应与路面横坡相同，土或植草的路肩应比路面横坡大 1%～2%，以便排水。

路肩的养护对于土路肩因雨天会车、停车造成的车辙、坑洼，或因行车道加铺磨耗层、保护层造成的错台、残积物等必须及时整理或清除，积水与淤泥应排出和清理，并填平夯实，恢复其原来状态。路肩过高妨碍路面排水时，应铲削整平，达到合乎规定坡度。路肩外缘由于流水冲刷等各种原因形成缺口时，应及时修补，使其保持整齐顺适。对于雨水冲刷严重的路段应有计划地铺成硬路肩或在路肩和边坡上全范围人工植草，以防冲刷。

2. 边坡

边坡包括路堑边坡（挖方路基）和路堤边坡（填方路基）是保护路基的重要组成部分。石质边坡的损坏主要是边坡坡面岩石受到风化、危岩以及浮石的变动所引起的。采取抹面、喷浆、勾缝、灌浆、嵌补、锚固等工艺可以有效地解决此类问题。

土质边坡的损坏主要是因为洪水、边沟流水冲刷所引起的。可以因地制宜地选用种草、铺草皮、栽灌木丛、铺柴束、干砌或浆砌片石护坡等措施进行防护加固。

3. 排水设施

路基排水系统能否正常工作直接影响到路基的稳定性。路基排水设施的损坏主要是由于雨水冲刷、年久失修造成的。因此应加强日常的保养,特别是汛期来临前,应全面进行检查疏通,雨中要上路巡查,及时排除堵塞、疏导水流,保持水流畅通防止水流集中冲坏路基。暴雨后应进行重点检查,如有冲刷、损坏须及时修理加固,如有堵塞应立即清除。在养护工作中,要针对现有排水系统不完善的部分逐步加以改进、完善,充分发挥各种排水设施的功能。

4. 支挡、防护工程

挡土墙和护岸是支挡、防护工程中的主要设施。挡土墙是支承路基填土或山坡土体,以防填土或土体失稳的构造物。挡土墙的损坏主要是由于土体的冻融交替以及使用年代过久造成的。平日应加大检查力度,发现裂缝、断裂、倾斜、鼓肚、下沉、表面风化、泻水孔不通、墙后积水、周围地基错台或出现空隙等情况,应查明原因,并观察其发展情况,采取合理的措施进行修理加固。

对出现裂缝、断缝的挡土墙需将裂缝缝隙凿毛,清除碎渣、杂物后用水泥砂浆填塞;对混凝土或钢筋混凝土挡墙的裂缝,可用环氧树脂粘合,也可用混凝土胶粘剂涂抹缝壁,然后用混凝土或水泥砂浆填塞。

对倾斜、鼓肚、滑动或下沉的挡土墙,可选用以下加固方法:

(1)锚固法

适用于水泥混凝土或钢筋混凝土挡墙。此法用高强钢筋做锚杆,穿入钻好的孔内,灌入水泥砂浆,将锚杆固定,待水泥砂浆达到一定强度后对锚杆张拉，并固紧锚头，以此来分担土压力，见图 5-3。

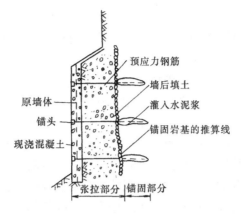

图 5-3　锚固法

（2）套墙加固法

用钢筋混凝土在原墙外侧加宽基础，加厚墙身，施工时，先挖除墙后一部分填土，减除一部分土压力，以策安全。同时，还要注意新旧混凝土的结合。可先将旧混凝土表面凿毛，洗净润湿或加设锚拴以增强连接；也可在已修整过的旧混凝土表面涂覆混凝土胶粘剂，然后浇铸套墙。具体见图 5-4。

（3）增建支撑墙加固

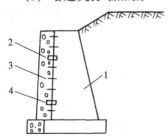

图 5-4　套墙加固法

1—原挡墙；2—套墙；
3—钢筋锚栓；4—联系石榫

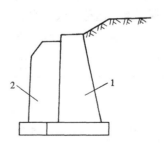

图 5-5　支撑墙加固

1—原墙；2—支撑墙

217

在挡墙外，增建支撑墙，其基础埋置深度、尺寸和间距，应通过计算确定，见图5-5。

如挡墙损坏严重，必要时也可将损坏部分拆除重建，但必须注意新旧墙的不均匀沉陷，在新旧墙结合处应留沉降缝，并注意新旧挡墙接头的协调。

（4）对滑动、下沉破坏的修复

地基处理工程复杂，可采用干砌块石或码砌石笼进行加固。

另外还应保持挡墙的泻水孔畅通，疏通困难时应视墙后地下水情况可增设泻水孔，务必不使墙后积水。挡墙墙面出现碱蚀或风化时，可将风化表层凿除，露出新槎，然后用水泥砂浆抹面或喷涂。锚杆及加筋挡墙，如发现墙身变形、倾斜或肋柱、挡板损坏、断裂等情况时应及时加固或修理、更换其部件，对暴露的锚头、螺母垫圈要定期涂刷防锈漆，锚头螺母如有松动、脱落应及时固紧和补充。挡墙与边坡连接处，易被雨水冲成沟槽或缺口，应及时填补夯实，恢复原状。

5. 路基翻浆

翻浆现象指的是在季节性冰冻地区、水文地质条件不良路段的路基在冰冻过程中，土中的水分不断向上移动，使路基上部的含水量大大增加；春融期间，由于土基含水过多，强度急剧降低，再加上重复行车的作用，路面就发生弹簧、裂缝、鼓包、冒泥等现象，通称翻浆。水、温度以及土质的共同作用是形成翻浆的主要因素，翻浆分级如表5-5。

翻　浆　分　级　　　　　　　　　　　表5-5

翻浆等级	路面变形破坏程度
轻型	路面龟裂、湿润、车辆行驶时有轻微弹簧
中型	大片裂纹、路面松散、局部鼓包、车辙较浅
重型	严重变形、翻浆冒泥、车辙很深

防治翻浆的基本途径是：防止地面水、地下水或其他水分在冻结前或冻结过程中进入路基上部；在化冻期，可将聚冰层中的

水分及时排除或暂时蓄积在透水性好的路面结构层中；改善土基及路面结构；采用综合措施防治。

为了便于应用，现将各种防治翻浆的措施列于表5-6。

防治翻浆措施选择参考表　　　　　　　　表5-6

编号	措施种类	翻浆等级	适用地区或条件
1	路基排水	轻、中、重	平原、丘陵、山区
2	提高路基	轻、中、重	平原、洼地、盆地
3	砂、（砾）垫层	中、重	产砂、砾地区
4	石灰土结构层	轻、中、重	缺少砂、石地区
5	煤渣石灰土结构层	中、重	缺少砂、石地区煤渣供应有保证
6	透水性隔离层	中、重	产砂、石地区
7	不透水隔离层	中、重	沥青、油毡纸、塑料薄膜供应有保证
8	盲　沟	轻、中、重	坡腰或横向地下水出露地段，地下水位高的地段
9	换　土	中、重	产砂砾或水稳性好的材料地区
10	无纺布或土工膜	轻、中、重	平原区、丘陵区、山区

翻浆现象是一个四季都在发生变化的过程。秋季，水分开始聚积；冬季，水分在路基中重分布；春季，水分使路基上部过分潮湿；夏季，水分蒸发、下渗，路基处于干燥状态。因此，在各个季节里，应根据各自不同的现象，采取适当的养护措施，加强预防性的防治工作，以防止或减轻翻浆病害。

（1）秋季养护

秋季养护的中心内容是排水，尽可能防止水分进入路基，保持路基处于干燥状态，以减少冬季冻结过程中由于温差作用向路面下土层聚流的水分，这是一项最根本的措施。所以秋季养护工作要做好下列工作：

1）随时整修路面、路肩、边坡。路面应维护好路拱和平整度，如有裂纹、松散、车辙、坑槽、搓板、纵向冲沟等病害都应及时处理，避免积水。路肩应保持规定的排水横坡，尤其应在雨后夯压密实，保持路肩坚实平整。边坡要保持规定坡度，要拍压密实，防止冲刷和坍塌阻塞边沟，造成积水。

2）检查地面排水设施，保证地面排水畅通。

3）检查地下排水设施，保证地下水能及时排出。

（2）冬季养护

冬季养护的中心内容是采取措施减轻路基水分在温差作用下向路基上层聚积的程度，同时要防止水分渗入路基。所以冬季养护工作是：

1）应及时清除翻浆路段的积雪。雪层导温性能差，因而具有保温作用，将减缓路基土冻结速度，使冻结线长期停留在路面下很近的地方，路基下层水分有机会大量聚积到路基上层，致使翻浆加重。所以应十分注意除雪工作。

2）经常上路检查，发现路面出现裂缝、坑槽等要及时修补，融化雪水要及时排除。

3）在往年发现有翻浆而尚未根治的路段以及发现翻浆苗头的路段，应在翻浆前做好准备工作，包括准备好抢防的用料。

（3）春季养护

春季是翻浆的暴露时期，在天气转暖的情况下，翻浆发展很快，养护工作中心内容是抢防。当路面出现潮湿斑点、松散、龟裂，表明翻浆已开始露头，对鼓包、车辙或大片裂缝，行车颠簸，路基发软等现象，应采取以下抢防措施：

1）在两边路肩上，每隔 3~5m，交错开挖横沟，沟宽一般 30~40cm，沟深按解冻情况逐渐加深，直到路面底层以下，沟的外口高于边沟沟底。

2）路面坑洼严重的路段，除横向外，还应顺路面边缘加修纵向小盲沟，或渗水井。井的大小以不超过 40cm 为宜，井与井的间距应根据实际情况确定，沟或渗水井的深度应至路面底层以下。如交通量不大，也可挖成明沟。

3）如条件许可，应尽量绕道行车或限制重车通过，避免因行车碾压，加剧路面损坏。

4）在交通量较小的县乡道路上，可以用木料、树枝等做成柴排，铺在翻浆路段上。上面再铺碎石、砂土，以临时维持翻浆期间通车，防止将路面压坏。

（4）夏季养护

夏季是翻浆的恢复期，这时养护的中心内容是修复翻浆破坏的路基、路面，采取根治翻浆的措施。首先查明翻浆的原因，对损坏路段的长度、起止时间、气温变化、表面特征、养护情况等进行调查分析，作出记录，确定治理方法和措施。

6. 滑坍

滑坍是最常见的路基病害，也是水毁的普遍现象。根据其形成条件、原因和规模大小，大体分为：坍塌、崩坍、滑坡和泥石流等四种形式。此处主要介绍有关滑坡与崩坍病害的产生原因及其防治方法。

（1）滑波

滑坡指的是山坡土体或岩体由于长期受地面水、地下水活动的影响，使其结构破坏，逐渐失去支撑力，在自重的作用下，整体地沿着一定软弱面（或带）向下滑动，这种地质现象称之为滑坡，这种滑动一般是缓慢的，可延续相当长的时间，但坡度较陡时，也会突然下滑。产生滑坡病害的原因很多，主要是地质因素和水的作用。滑坡的类型很多，且成因复杂。因此，在防治和处理滑坡时，要针对各种不同的情况采取不同的防治措施。防治滑坡的措施应以排水疏导为主，再配合抗滑支撑措施，或上部减重，维持边坡平衡。主要方法有以下几种：

1）地面排水：滑坡体以外的地面水，应予拦截引离；滑坡体上的地面水要注意防渗，并尽快汇集引出。

2）地下排水：排除滑坡地下水的工程措施，应用较多的有各式渗沟。包括：

①支撑渗沟，用以支撑不稳定的滑坡体，兼起排除和疏干滑坡体内地下水的作用，适用深度（高度）为 2~10m，具体形式如图 5-6 所示。

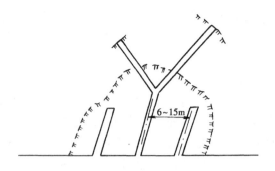

图 5-6 支撑渗沟平面布置图

②边坡渗沟，当滑坡前缘的路基边坡有地下水均匀分布或坡面大片潮湿时，可修建边坡渗沟，以疏干和支撑边坡；同时，也能起到截阻坡面径流和减轻坡面冲刷的作用，具体形式如图 5-7所示。

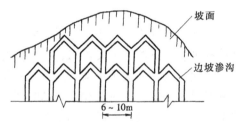

图 5-7 网状边坡渗沟

③截水渗沟，当有丰富的深层地下水进入滑坡体时，可在垂直于地下水流的方向上设置截水渗沟，以拦截地下水，并排出滑坡体外，如图 5-8 所示。

3）减重：减重就是在滑坡体后缘挖除一定数量滑坡体面使滑坡稳定下来。这种措施适用于推动式滑坡，一般滑动面不深，滑床上陡下缓，滑坡后壁或两侧有岩层外露或土体稳定不可能再发展的滑坡。减重主要是减小滑体的下滑力，不能改变其下滑趋势，所以减重常与其它整治措施配合使用。

4）支挡工程：支挡工程分为如下几类：

①抗滑垛：一般用于滑体不大，自然坡度平缓，滑动面位于路基附近或坡脚下部较浅处的滑坡。主要是依靠片石垛的自重，以增加抗滑力的一种简易抗滑措施，如图5-9所示。

②抗滑挡土墙：在滑坡

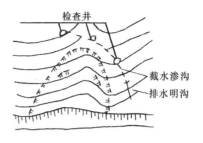

图5-8　截水渗沟

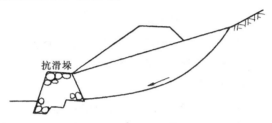

图5-9　抗滑垛

下部修建抗滑挡土墙，是整治滑坡常用的有效措施之一。抗滑挡土墙一般多采用重力式结构。

③抗滑桩：这是一种用桩的支撑作用稳定滑坡的有效抗滑措施。一般适用于非塑性体层和中厚度滑坡前缘，以及使用重力式支撑建筑物砌体量过大，施工困难的地点，具体形式如图5-10所示。

（2）崩塌

崩塌指的是岩体突然而猛烈地从陡峭的斜坡上崩离翻滚跳跃而下的现象。崩塌可发生在高峻的自然山坡上，也可发生在高陡的人工路堑边坡上。发生崩塌的物体一般为岩石，但某些土坡也会发生崩塌。

防治崩塌的主要措施有：

1）路基上方的危岩及危石应及时检查清除，特别在雨季前要细致检查。如有威胁行车安全的路段，可根据地形和岩石情况，采用嵌补、支顶的方法予以加固。

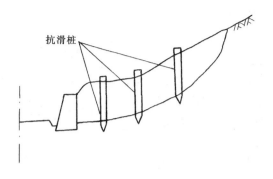

图 5-10　抗滑桩

2）在小型崩塌或落石地段，应尽量采取全部清除的办法；如由于基岩破坏严重，崩塌、落石的物质来源丰富，则宜修建落石平台、落石槽等拦截结构物。

3）由于存在软弱结构面而易引起崩塌的高边坡，可根据情况采用支挡墙或支护墙等措施，以支撑边坡，并防止软弱结构面的张开或扩大。

4）对边坡坡脚因受河水冲刷而易形成崩塌者，河岸要做防护工程。

5）在可能发生崩塌的地段，必须做好地面排水设施。

（四）路基养护的工艺程序、操作要点及施工技术标准

1. 场地清理

这项工作包括清理、清除残渣、去除表土、去除和处理规定范围内的所有草木和石砾，除非有些物品是指定保留在原地上的或是按照规范的其他章节的要求不清除的。这项工作还包括保护所有指定留下的草木和物质不受损害和毁坏。

（1）施工要求概要

1）监理工程师将设定工作范围，并指定各种树木、灌木、

植物和其他东西的存留。承包商应保留所有指定留下的各项内容。

2）清理、去除残渣、树木迁移

所有没有指定留下的各种表面物体、树木、枯木、树桩、根、根株、丛林、其他草木、垃圾和其他突出的障碍物等将清理并挖掘残根，包括需要保存的处理。在道路的路基区域，如果将从该区域内去除表土和不合适材料，或指定进行压实，所有的树桩和根子都应从原表面下至少50cm深和从最下铺面层底部下至少50cm深的区域中去除。在道路挖掘区所有的树桩和树根都应从路基完成地面之下不少于50cm深的地方去除。对坑、沟、渠的清理和挖掘除根的工作将只需达到这些区域所需挖掘的深度既可。树根去除后所留的空隙将由合适的压实材料填充。

3）去除表土

在道路路基区域或是由工程师指定的地方，承包商应根据工程师的指令去除表土和对之进行处理。一般来说，表土的挖出将只包括泥土，这种泥土能使植物继续生长。在工程完工时这些区域都将归还给业主，状态应和以前一样，任何由承包商直接或间接造成的损坏都应由承包商自费修复完好。对任何指定区域的表土去除应根据工程师的指令并达到要求的深度，并且表土应和其他挖掘材料分开存放。如果表土被用来修筑路堤斜坡，或由工程师指定或图纸所示区域时，表土的剥离工作将被视为包括表土的存放和需要时的去除，以及将表土置放和撒布在工程师指定的区域上。在撒布之后，表土应平整成平滑表面，不得有杂草、树根、草皮和大石头。

4）指定保留区域的保护

在工程师指定的区域内，承包商将负责对现存的灌木丛、树木和长草区的保护和日常维护。

（2）清理去除材料的处理

首先，所有清除的材料都是业主的财产，并以业主认为合适的方法来使用和处置。承包商有权使用非销售木材（或在得到政府有关部门的书面批准后可销售木材）进行与合同有关的工作，但条件是确实符合政府代理或有关部门的要求。可销售木材应在公路界限内或靠近处按要求整齐存放，并按有关部门的要求进行修整和堆垛。除了将要用的木材，所有其他木材、树梢、木桩、树根、原木和其他清理和挖掘出来的废物都应由承包商提供的地点进行处置。道路和相邻区域都应保持一个整齐的形象。在公路界限内或附近不得积存有瓦砾。

2. 土方施工

（1）工作范围

道路土方工程包括从路堑挖掘土方和路堤填筑土方、弃置土方等所有工程。包括修建水道、边沟、停车场和引道的所有工程。还包括图纸所示或工程师设立的线段、坡度和断面，清除不稳定土，清除滑坡等所有必要工程。

1）标高和坐标

工程师给承包商提供切线和坡度线的交叉点位置。图纸将标明水平和垂直曲线的特性，在需要的地方标出超高率。承包商要根据以上资料准备断面图，报工程师批准。在进行施工前承包商应在施工区域定线。如工程师有意见可做修改，这种修改在定线前或后都可以，工程师将向承包商发出详细的说明，承包商将按说明修改定线以待进一步批准。

2）水流的处理

水流的处理在工程师要求的地方或工作保护及施工需要时，承包商要提供必要的除水、排水或隔离水流的设施。承包商要提供在雨季前必须的可发挥适当排水作用的临时性或永久性排水边沟。

3）使用和处理挖方

在挖土过程中所有剩余的稳定土，除另有说明外，都要用最有效的方法形成路堤。多余的土方或工程师书面声明的不稳定土都要由承包商处理到公路地界之外。

4）排水沟

在施工中承包商必须建水渠、边沟或截水沟。在工程师指定的地方建这些沟渠，不管是临时性的或是永久性的，为了避免在施工期间路堤、路基、基层或基础被水浸泡，承包商要保证在路堤和沥青结构完成前排水设施足够和有效。承包商应不断的维修排水沟渠，以保证在整个施工期间和保修期内排水设施能有效工作。由于未提供有效的排水设施造成水毁工程，承包商应自费修复。承包商在施工时应首先修筑排水边沟，在施工中由于动迁影响没有办法修边沟排水，也应该在路堤外适当位置设置临时积水井将水排出，这样才能保持路堤干燥避免形成翻浆路堤。并要随时维修，在施工结束时进行全面休整以达到验收状态。要施工的区域内的农田灌溉至少要在施工前 2 个月停止。所有表水都要排除并修筑临时或永久性边沟以保证该区域保持干燥。

5）沟槽开挖

在图纸上标示的地方或在工程师要求的地方，承包商应按要求开挖沟槽。在没有工程师批准的情况下不能开挖。此工作视为普通开挖。

6）路堑、路基的边坡修筑

按工程师的要求必须从边坡上把浮土或浮石清除。

7）填筑原有沟渠

在必须将原有沟渠改道的区域内，要清除所有的有机物和松软的沉积物。用合格的稳定土予以回填。

（2）土方开挖

挖掘包括所有土方挖掘和岩石挖掘，这些挖掘在划定的界线内进行，如图纸所示或按工程师指示，（结构挖掘除外）所有挖掘出的土的清除、运输、适当利用和处理，都要依图纸上注明的开挖线、水平线、坡度、尺寸及截面并按工程师的要求去实施。

路堑开挖：路堑施工就是按设计要求进行挖掘，并将挖掘出来的土方运到路堤地段作填料，或者运往弃土地点。它虽然不像路堤填筑那样有填料的选择和分层压实问题。但是，路堑是由天然地层构成的，天然地层在生成和演变的长期过程中，一般具有

227

复杂的地质结构，处于地壳表层的路堑边坡，开挖暴露于大气中，受到各种自然的和人为因素的影响，比路堤边坡更容易发生变形和破坏。路堑边坡的稳定与施工方法有着密切的关系，例如，施工开挖边坡过陡，弃土堆离边坡太近，施工中排水不良，支挡工程未及时做好，都会引起边坡失稳，发生塌滑。路堑的开挖方式应根据路堑的深度和纵向长度，以及地形、土质、土方调配情况和开挖机械设备的因素确定，以加快施工进度和提高工作效率。

1）横挖法

从路堑的一端或两端按横断面全宽逐渐向前开挖。这种方法适用于较短的路堑。路堑深度不大时可以一次挖到设计标高，路堑深度较大时可分成几个台阶开挖，各层要有独立的出土道和临时排水设施。分层横挖使得工作面纵向拉开，多层多向出土，可以容纳较多的施工机械，加快了施工速度。

2）纵挖法

沿路堑纵向将高度分成不大的层次依次开挖，纵挖法适用于较长的路堑。

如果路堑的宽度及深度都不大，可以按横断面全宽纵向分层挖掘，称为分层纵挖法，如果路堑的宽度及深度都比较大，可沿纵向分层、每层先挖出一条通道，然后开挖两旁，称为通道纵挖法，通道可作为机械通行或出口路线，以加快施工速度，如果路堑很长，可在适当位置将路堑的一侧横向挖穿，把路堑分成几段，各段再采用上述纵向开挖，称为分段纵挖法。分段纵挖法适用于傍山长路堑。

无论采取哪种开挖方法，在挖掘时都应利用挖掘机械把边坡做好，也就是在挖掘的过程中，边挖边做坡。否则，一旦挖掘深度过大机械将无法做坡，给施工造成困难。因此，在挖掘的过程中，测量人员应该及时按照图纸要求把边坡开挖线放好，并应根据挖掘的深度随时指挥调整开挖线，力争利用机械一次做好边坡减少人工的做坡量。

（3）路堤填筑（流程见图 5-11）

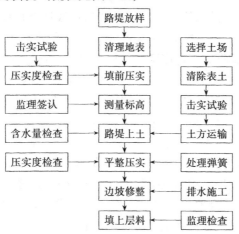

图 5-11　填方路基施工工艺框图

在路堤填筑前首先对原有地面进行清理，对于存在的不平之处应首先予以整平，然后进行碾压（填前碾压）达到规范要求的压实度。对于需要填筑的地段坡度较大时应首先从低处填起分层填筑，并应在原有坡面上修筑台阶以利于新旧土的结合，台阶宽度应在 1m 左右，厚度应根据分层填筑的厚度加以确定。

1）测量放线：①恢复线路中心控制点（中线）；②测设中心桩，按每 20～25m 整桩号和曲线起止点等控制路基中心的各点测设中心桩，桩面用红漆写明里程桩号。木桩的习惯用法是：方桩用于控制中心准确位置而且还要架设仪器对中，可以在木桩顶面定钉，钉顶的标高与路面设计标高齐平，顶面涂红漆以辨认，在中心线垂直方向 1m 外钉一标志桩，并写上里程，桩背与地面成 45°，写有里程一面朝上，面向中心方木桩，字号露出地面。其他中心里程桩用扁形木桩，垂直钉入桩位处，上露一多半，写有里程编号的一面要面向线路的起始方向；③根据近似计算结果，测设路基边坡线，测量出各桩左、中、右三点的高程，作好记录，计算出各桩号左右两侧的路基填筑高度。④按路基设计顶标面宽度加余宽 30～50cm（以保证边坡密度和压路机械的安全而增加的宽度），放边线点，再用白灰沿边线播撒形成两条白色的边线作为填土范围的明显标记。⑤分层计算路基的设计宽度，以备在施工中根据施工进度随时放填土边线，满足施工需要。

2）施工中车辆通行道路一般分为上、下两条行车道。上、下行车道分别填筑，即采用半幅施工时，尚未施工的行车道可作为运土车辆的通行道路；上、下行车道同时施工时，即全幅施工时，可在路侧布置车辆通行道路（便道）。半幅施工时应注意的问题是，两幅路基沉降时间不同，最终沉降量发生的时间不一致，有可能发生不均匀沉降，因此一般应采用全幅施工为宜。

3）布土。合理的土方调配和运土路线是非常重要的。应根据取土场位置及地形确定经济、合理的运土路线。布土时应根据压路机能达到的压实厚度（规范规定或经监理工程师同意的厚度）计算卸车数量，例如每层填土压实厚度不大于 20cm 时，一车土 $8m^3$，可摊铺 $30m^2$。自卸汽车从取土场把土运到铺筑现场，从一端开始，左右成排，前后成行等距离布土。只要把布土的位置和稀疏密度掌握好了，就可以提高摊铺速度。

4）按规定厚度进行摊铺，一般情况如果用推土机进行摊铺虚铺系数一般为 1.2～1.3，如果用平地机进行摊铺虚铺系数一般为 1.1～1.2。由于土质不同应根据实际情况确定虚铺系数。

5）平地机整平。当一段落（50m 以上）由推土机摊平并经复测符合要求时就可用平地机进行工作。平地机整平方法是由路中开始向道路两侧推进，如此往返三次，一般就可以达到平整度的要求。在平整时注意路基的纵坡和横坡，尤其是在雨期施工时，横坡应该适当加大以利路基排水，一般情况路基横坡要求 2%，为利于排水可加大到 3%～4%。

6）路基碾压。其方法是：第一遍用振动压路机静压进行稳压，然后再振动压实，具体要求是：①直线段和大半径曲线段，应先压边缘，后压中间；小半径曲线段因有较大的超高，碾压顺序应先低（内侧）后高（外侧）。②压路机碾压轮重叠轮宽的 1/

3~1/2；③碾压遍数，振动压路机振约6~8遍，一般就可以达到密实度要求。④压路机的行驶速度过慢影响生产率，过快则对土的接触时间过短，压实效果差。一般光轮静压压路机的最佳速度为2~5km/h，振动压路机为3~6km/h。所以各种压路机械的最大速度不应超过4km/h。⑤影响压实效果的主要因素一般来说是含水量、土类、以及压实功能。在施工现场因为已经有标准击实，填土类别和标准填料基本一致，因此影响压实效果的因素主要是含水量。根据现场施工经验，在压实前最好实测一下填料的实际含水量，经验证明土的实际含水量在最佳含水量的正负2%~5%进行碾压效果最好。如果填料含水量过大，碾压遍数再多也达不到标准。因此在实测含水量的基础上，如果含水量过大，应考虑将土摊开晾晒待接近最佳含水量时再进行碾压，否则将出现因含水量过大碾压达不到标准或出现软弹现象，不同类型土压实时的最大容许含水量，见表5-7，现场实测含水量的简单办法是用酒精燃烧法，简单易做，很适合施工现场操作。如果因工期关系没有时间晾晒，可以考虑掺拌石灰的方法减少土的含水量，或者可以将填筑厚度适当减少的办法加以解决。不过这两种方法都要增加成本，应该取得监理工程师的同意以求获得适当补偿。

不同类型土压实时的最大容许含水量　　表 5-7

土　名	最大容许含水量（以最佳含水量倍数计）	
	压实度 1~0.98	压实度 0.95
粗粒砂和细粒砂	2.0	2.5
细砂和粉土质砂	1.4	1.6
轻粉质砂土和粉土	1.3	1.4
重粉质砂土和粉土	1.2	1.3
重粉质土、粉质黏土、黏土	不容许超过1.2	

（4）构造物台背回填

构造物台背回填质量直接影响到路面质量，填筑不好会出现沉降差，发生跳车现象，影响行车速度、舒适与安全，甚至会影响构筑物的稳定，出现交通堵塞现象。解决这一难题的关键是选择适当的填料及填筑方法。

1）填料：应选择渗水性较强的砂石料，从路基底一直填到结构顶。涵洞填到盖板顶；桥梁填到桥头搭板底；挡土墙内侧填到路基底基层底面。

2）填筑范围：桥梁台背后上部距翼墙尾端顺路线方向至少为台高加 4m，下部距基础内缘至少为 3m；涵洞两侧不小于孔径的 2 倍；挡土墙内侧不小于 50～80cm 宽。

3）填筑方法：路堤土填筑完成以后，检查结合部位的压实度是否合格，然后挖成台阶，台阶高度小于 30cm 长度大于 50cm。分层填筑，分层压实。压实机具采用小型压路机或打夯机。

4）填土时应从构造物两侧均衡填筑，避免对构筑物形成楔形压力。

应等构筑物混凝土强度达到至少 70％ 时进行填筑。填筑高度应至少高出构造物 50cm 以上，才可以从构造物上部通过车辆。

（5）旧路面加宽土方填筑

1）旧路面单面加宽填筑

为使新、旧路基紧密结合，加宽之前，旧路边坡需挖成阶梯形，然后分层填筑，层上层夯，使之密实。阶梯宽一般为 1m 左右，阶高约 0.5m。

2）旧路双面加宽填筑

当原有路基加宽系按中线两面加宽时，同样应将旧路基边坡均切成阶梯式，然后再分别分层填筑，进行加宽。

在实际施工中经常遇到加宽的旧路原有路面比较窄，并且还要保证交通畅通，如果修筑台阶势必造成原有旧路变的更窄，不利交通畅通。在这种情况下，为了保证填筑的质量，首先应尽量选择与旧路基的填料相同的填筑材料，这样由于材料比较相近容易结合。其次，由于不能修筑台阶，因此在新旧路基结合部一定要加强压实，如果结合部压路机压实压不到边缘应该用小型夯实机具夯实。再其次，在检测压实度时应该重点检测新旧路基结合部。

（五）路面病害的种类及其病理分析及相应的养护措施

道路路面在使用过程中，由于行车荷载作用和自然因素的影响，将使路面逐渐产生各种破损。路面破损对车辆的行驶速度、荷载能力、燃料耗费、机械破损、行车舒适，以及对交通安全、环境保护等都会造成有害影响。因此，对路面必须采取预防性、经常性的保养和维修措施，使路面保持良好的技术状况，以保证路面的服务水平，并有计划地对原路面进行改善、提高，以适应运输发展的需要。

路面的损坏可以分为两类：一类是结构性损坏，包括路面结构整体或其中某一个或几个组成部分的破坏，使路面达到不能支承预定的车辆荷载；另一类是功能性损坏，它也有可能并不伴随结构性损坏而发生，但由于平整性和抗滑力等的下降，使其不再具有预定的功能，从而影响行车质量。对于功能性损坏，可以通过整修、养护或罩面使面层的功能得到恢复；对于结构性损坏，通常则需对路面进行彻底的翻修。

1. 路面的保养、修理与改善

（1）及时、经常地对路面进行保养和修理，防止路面松散、裂缝和拥包等各种病害的产生和发展。

（2）通过对路面的保养和修理，保持和提高路面的平整度和抗滑能力，确保路面安全、舒适的行驶性能。

（3）通过对路面的修理和改善，保持和提高路面的强度，确保路面的耐久性。

（4）防止因路面的破损和养护操作污染沿线环境。

2. 常见的沥青路面病害

（1）裂缝

沥青路面产生裂缝的原因及其表现形式是很复杂的。按其成因可分为荷载型裂缝和非荷载型裂缝两类；按其形式分则有纵向裂缝、横向裂缝、龟裂与网裂几种。形成的原因不同，裂缝的分布形式也不一样。

纵向裂缝产生的主要原因，一是填土压实度不够，特别是路基拓宽时新老土基压实度不均匀产生的不均匀沉陷；二是因冻胀作用时的冻胀量不同所造成；三是沥青混和料施工时接缝处理不当或碾压不够紧密，在重复行车作用下所形成。

当冬季气温下降时，沥青面层产生收缩，由于路面几何形状的关系，收缩的主轴为路线的纵向，因此形成的裂缝一般都是与道路中心垂直的横缝。土基干缩或冻缩，以及半刚性基层温缩和干缩引起路面的反射裂缝，一般也以横缝居多。

当路面结构强度不均匀，局部范围的路基路面整体强度不足或基层失稳以及沥青面层老化，就会形成荷载型裂缝。这种裂缝一般表现为网裂，并在行车作用下发展为块状网裂。因路面强度和稳定性引起的网裂和龟裂，通常还伴随有路面沉陷变形。

对于以上的裂缝可用以下这些措施进行养护修补：

1）对于轻微且无变形的裂缝，可在高温季节采用喷洒沥青撒料压入方法进行处理，或进行小面积封层；在低温潮湿季节可采用阳离子乳化沥青封层或采用乳化沥青稀浆封层。

2）由于基层收缩引起的反射裂缝以及面层的温度收缩裂缝，缝宽在 6mm 以内的可将缝隙刷扫干净、清除尘土后采用热沥青或乳化沥青灌缝撒料的方法进行封堵；缝宽大于 6mm 的应剔除缝内杂物和松动的缝隙边缘，或沿裂缝开槽后进行清除，采用砂粒式或细粒式热拌沥青混合料填充、捣实，并用烙铁封口，随即撒砂、扫匀，也可采用乳化沥青混合料封填。

3）对于大面积的网裂、龟裂，如因基层、土基的原因所引起的，应分析原因先处理土基或补强基层后再修复面层；如为面层老化或沥青性能不良的原因所引起的，经技术经济比较，可选用以下方法处治：

①乳化沥青稀浆封层。

②层铺法或拌和法加铺沥青混和料上封层，或先铺设土工布后再加铺沥青混合料上封层，以防止裂缝的反射。

③橡胶沥青薄层罩面

（2）麻面

麻面指的是面层沥青用量不足，矿料级配偏粗或嵌缝料规格不当，以及在低温、雨季施工时路面未能成型，致使粒料脱落，即形成麻面。如处理不及时，往往由于麻面渗水，沥青面层碎裂，可发展成为松散。

对于大面积的麻面路段，可在气温上升（10℃以上）时将其清扫干净，喷洒沥青（用量为 0.8 ~ 1.0kg/m²）后，撒布 3 ~ 5 (8) mm 石屑或粗砂（用量为 5 ~ 8m³/1000m²），扫匀并用轻型压路机压实予以处理。在低温潮湿季节可用乳化沥青碎石混合料修理。小面积麻面可采用乳化沥青封层修理。

（3）松散

松散多发生在沥青路面使用的初期，其原因是使用的沥青稠度偏低，用量偏少，与矿料的黏附力不足；或沥青加热过高失去黏性；或所用矿料过湿、铺撒不匀以及嵌缝料不合规格而未能被沥青牢固粘结所致。基层或土基湿软变形，也可导致松散产生。

对于由面层所引起的大面积松散，可将松散材料清除，然后重铺沥青面层；轻微的可采用封面的方法处治。

对于因基层或土基引起的松散，应先处理基层或土基后再重铺沥青面层。

对于局部的严重松散以及因油温过高、沥青失去黏性造成的松散，应采用挖补法处理。

对因采用酸性石料与沥青粘附性差而造成的松散，则应在沥青中掺加抗剥离剂、增黏剂或用部分干燥的生石灰粉、消石灰粉、水泥代替填料以及用石灰浆处理粗骨料等抗剥离措施，以改善沥青与矿料的黏附力，提高沥青混合料的水稳性。

（4）坑槽

坑槽是由于路面松散、龟裂等破损，或被犁铲、履带车、铁轮车砸伤后未及时进行修复，在行车作用下不断扩展恶化而形成的一种路面损坏。

对于路面基层完好，仅面层有坑槽时，可按下面步骤进行处治：

1）按"圆洞方补"原则划出修补范围并开槽，将槽开切成方形或矩形，其纵横边线与道路中心线平行和垂直，并保持槽壁直立。

2）清理坑槽，直至露出坚实稳定的底层，并使槽内保持干燥。如面层材料需要再生利用，应避免混入基层等其他材料和杂物。

3）在槽底与槽壁均匀地洒布一薄层黏层沥青。

4）摊铺沥青混合料并压实，混合料一般采用与原路面相同的材料，但其最大粒径应与槽底相适应。摊铺厚度应使混合料压实后略高于周围的路面。压实方法应视修补坑槽面积的大小而定，小面积坑槽采用小型手扶振动碾或振动夯板压实，面积较大坑槽宜用压路机碾压。为使修补部分表面密实、均匀，对较深坑槽，可分两层铺筑，下层用较粗粒径的混合料，表层用粒径较细的混合料。

5）用压路机压平槽的四周，使新旧路面结合良好并使槽边密封，以防渗水。

如路面基层甚至土基已遭破坏，应先将土基和基层分别妥善修理处治后，再铺补面层。

在低温潮湿季节，可采用乳化沥青作结合料修补；在雨雪连绵的寒冷季节，为控制坑槽扩展，可采用现有路面材料临时填补坑槽，待气候好转后再按要求修复。

（5）沉陷

沉陷是由于路基、路面产生竖向变形而导致路面下沉的现象。通常可有三种情况：

1）均匀沉落：是由于路基、路面在自然因素和行车作用下，达到进一步密实、稳定的表现，这种沉落不会引起路面的破坏。

2）不均匀沉落：由于路基、路面不密实，碾压不均匀，在水的侵蚀下经行车作用所引起的一种变形。

3）局部沉陷：是由于路基下原来有墓穴、枯井、树坑、沟槽或填土路基碾压不密实，当受到水的浸透时而引起的变形。

对不均匀沉落引起的路面裂缝和下沉，如路面和土基已经密实稳定，对裂缝可按前述处治裂缝的办法处理。对不均匀沉落影响路面的平整度，如面积不大，可在拉毛、扫净、洒布黏层沥青后，根据沉落的程度采用不同粒径的热拌沥青混合料予以补平；如面积较大，可采用罩面处治。

对基层和路基结构破坏引起的沉陷，必须先将基层和土基妥善处治后，再修复面层。对于路基下坑洞、沟槽等引起的局部沉陷，应采用砂砾石、碎石、干砌或浆砌片石等将其重新回填密实，面积较大或有暗流时，宜用桥涵跨越。

当桥头路面沉陷高差达 2cm 时，应及时填铺平顺。必要时，可采用钻孔压浆处治加固桥头填土。

（6）车辙

车辙是沥青路面的一种主要损坏形式，多半是发生在实行渠化交通的高等级公路上。路面在车轮荷载的反复作用下，由于路面的磨损、路基与基层的压密、沉降，特别是高温季节下沥青面层的压密和侧向流动隆起，使路面沿行车轮迹逐渐产生纵向带状凹槽的车辙变形，在车道横断面方向上多呈 W 形，个别也有呈 U 形的。当车辙达到一定的深度，辙槽内就会积水并影响车速和行车的舒适和安全，因此就必须采取措施处治。

车辙的修理，可采用路面铣刨机或风镐将车辙表面翻松至一定深度，清理干净后，喷洒 $0.3 \sim 0.5 \text{kg/m}^2$ 粘层沥青，然后采用与原路面结构相同的沥青混合料铺筑，碾压密实，并保持路面横坡，周围接茬处予以碾压密合。

如车辙是由不稳定夹层所引起的，则应清除不稳定层后，重铺面层；对于属于局部下沉造成的车辙，可按处理路面沉陷的方法进行修理。

（7）泛油

泛油多数是由于沥青面层的沥青用量过大、稠度太低或热稳定性差等原因所引起的，但有时也可能由于低温季节施工，层铺法沥青路面的嵌缝料散失过多，在气温转暖后，在行车作用下多余沥青溢至表面而形成。泛油使路面在行车时产生轮迹和粘轮现象，并使路面抗滑性能下降，严重影响行车安全和周围环境。

处治泛油应先对泛油路段取样作混合料抽提试验，根据其油石比确定采用不同的处治方法。

轻度泛油，可撒 3～5mm 的石屑或粗砂，控制车辆碾压至不粘轮为止。

泛油较重路段，根据情况可先撒 5～10mm 的碎石，引导行车均匀碾压待其稳定后，再撒 2～5mm 的石屑或粗砂，控制行车碾压成型。

严重泛油路段，先撒一层 10～15mm 或更粗的碎石，用压路机强行压入，待其基本稳定后，再分次撒布 5～10mm 碎石和 3～5mm 石屑，引导行车碾压成型。

处治泛油，必须掌握先撒粗料后撒细料和少撒、勤撒、撒匀的原则。不应过多重复使用细料，以免形成软的沥青层，影响路面稳定性。

（8）油包

油包是由于局部泛油处理不当，细料过多，沥青含量过大，或因沥青滴流在路面结成油污而形成面积不大的包状物。

处治办法为：可在气温较高时，或用加热罩（器）烘烤路面使其发软后，将油包铲除，而后修补平整，再用压路机压平。对于由油钉或撒漏形成的油包，在气温高时铲去即可。

（9）拥包

拥包是由于沥青面层中沥青含量偏高，黏度和软化点偏低，矿料级配不良，细料偏多，空隙率太低，致使面层材料自身的高温抗剪强度不足，或因基层含水量过大，水分难以蒸发而滞留于基层表面或基层浮土清扫不净、黏层沥青洒布不合要求等原因影响面层与基层之间的结合，造成层间抗剪强度的不足，在行车水平力作用下使路面产生推拥、挤压而在路面两侧或行车道范围内所形成的一种局部的不规则隆起变形。

根据拥包产生的情况，可采用以下方法处治：

对于轻微且已稳定的拥包，可在高温时直接铲平；

由于面层原因引起的较严重的拥包，可在气温较高时，用加热罩（器）烘烤待其发软后铲除，而后修补平顺，夯实后用烙铁熨平；面层较厚、拥包范围较大、气温较低时，可用路面铣刨机铣平；属于层间结合原因引起较重的拥包，应采用挖补法先处理基层后，再修补面层。

（10）波浪（搓板）

波浪是路面表面沿纵向形成成片的有规则的凹凸起伏的一种变形。波浪的产生，一是由于拥包未能及时处治，在行车作用下逐渐演变发展所形成；另外，在层铺法施工的路面中，由于沥青洒布不匀形成油垄，沥青多处矿料厚，沥青少处矿料薄，经行车不断冲击、振动使其发展而造成。

对于小面积的波浪，可在波谷内填补沥青混合料，予以找平处治；如起伏较大，可铲除波峰部分后再铺罩面层；对于大面积的波浪、搓板，宜用路面铣刨机铣削波峰后重新罩面。

对由层间结合不良或因基层强度与稳定性不足引起的波浪，则应揭除面层，对基层处理或补强后，重新铺筑面层。

（11）脱皮

脱皮是沥青面层在行车作用下产生大块的片状剥落现象。根据其产生的原因，可以分别采取以下方法处治：

由于面层与基层之间结合不良，或因初期养护不当，封层与下层粘结不好而引起的脱皮，应先将脱落和已松动部分清除干净后，洒布粘层沥青，重铺面层或封层。

对于面层矿料颗粒重叠，沥青分布不匀，或水的影响和霜冻作用引起的脱落，应将面层翻修。为防止水和霜冻作用的影响，宜采用憎水的碱性骨料或掺加抗剥落剂。

（12）啃边

啃边是由于路面宽度过窄，边缘强度不足，路肩碾压不密实，路肩和路面衔接不当以至路肩积水渗入使其湿软，在行车作用下，路面边缘破裂剥落，并逐步向路中发展而形成啃边。

处治办法为可适当加宽路面或路面基层，设置路缘石，加固路肩并使之与路面衔接顺适，保持路肩应有横坡以利排水，在冬季应将积雪清除至路肩以外。对于已经破损的路面边缘，应将其切成纵横正规的断面，并适当挖深，采取局部加厚面层的办法修复。

（13）滑溜

滑溜主要起因于路面光滑，这是由于路面在行车水平力的作用下表层骨料被磨光或沥青路面泛油所造成的。

处治路面滑溜的办法通常是加铺抗滑表层。抗滑表层采用热拌沥青混和料，其矿料级配可参见《道路沥青路面施工技术规范》（JTJ 023—94）中的相应规定。

3. 常见的水泥混凝土路面病害

水泥混凝土路面在行车荷载与自然因素作用下，可以因混凝土板、接缝和基层、土基的缺陷产生各种类型的损坏，其中既有设计的原因，也有施工质量的问题，以及人为外界的因素，有时则是各种因素相互影响所造成。水泥混凝土路面在养护良好的条件下，其使用年限要比其他路面长，但一旦开始损坏，则会引起破损的迅速发展。因此，必须做好预防性、经常性的养护，通过日常的观察，及早发现缺陷，查明原因，及时采取相应的处治措施，使路面保持完好的状态。

水泥混凝土路面常见的病害有：①裂缝；②接缝材料破损；③边角碎裂；④拱起；⑤错台；⑥唧泥；⑦板块沉陷；⑧坑洞；⑨表面裂纹与层状剥落。

（1）裂缝

产生裂缝的原因可以是板的厚度太薄或车辆超载严重；地基

强度不足特别是强度不均匀，以及雨水渗入基层产生塑性变形使板底脱空；板的平面尺寸太大引起过大的收缩应力与温度翘曲应力；接缝损坏丧失传荷能力；使用材料的品质不良或施工质量差而导致混凝土质量低劣，以及养生不当或锯缝不及时而引起混凝土的收缩应力过大等。

根据混凝土面板的裂缝情况，可以采用如下修理方法分别予以处理：

1）对于缝宽小于 3mm 的初期裂缝，可采用胶粘剂直接灌缝进行处理。采用的胶粘剂可有聚胺酯、聚硫环氧树脂等。

2）对于冬季修补通车路段局部性的裂缝，可采用喷嘴灌浆法。其方法为先用吹尘机配合细钢丝小钩子将缝内泥土杂物清除干净后，每隔 30cm 安置一个灌浆嘴，用胶布将缝口贴封，并涂上配比为 1:2 加热融化的松香和石蜡，接缝口宽窄及开放交通时间的要求选用适宜的灌浆，经调配均匀后，装入灌浆器加压由各灌浆嘴中灌入缝中至将要顶动接缝上面的胶布为止，时间一般不宜超过 30～40min。然后用水泥浆或水泥砂浆封缝，并喷洒养护剂，用红外线灯在 50 ～60℃下加热 1～2h 即可开放交通。

3）对于贯通板厚的中、重程度的横向裂缝，可采用条带罩面法修理。其方法为先用锯缝机顺裂缝两侧各约 15cm、并与横缝方向平行锯成两道深为 7cm 的缝口，凿除两锯缝内的混凝土后，沿裂缝两侧 10cm 每隔 50cm 钻直径为 1cm 深为 5cm 的耙钉孔，洗刷干净、晾干后，在槽壁及其底部涂刷水泥浆或环氧水泥砂浆，并在孔内填满水泥砂浆，把耙钉插入安装孔内，随即浇铸混凝土，进行振捣并平整，喷洒养护剂，锯缝后灌注填缝料，具体见图 5-12。

4）对于纵横向断板的修理，应先根据板的断裂宽度和位置按规则的长方形划线放样，然后用切割机沿板的全厚深度切割边缝，并凿除损坏部分，在两侧边缝板厚中央钻孔，洞深 10cm，直径 2～4cm，间距为 30～40cm，清除洞内杂物并予润湿，用水泥砂浆或细粒式混凝土填实后插入直径为 18～20mm，长为 20cm

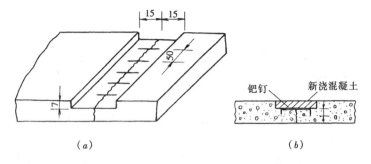

图 5-12 贯通板厚的横向裂缝及修理

的钢筋，随后在槽内填补混凝土，并予捣实、整平和喷洒养护剂，具体如图 5-13 所示。

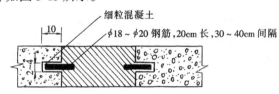

图 5-13 纵横向断板的修理

5）对于板角的断裂，按破裂面的大小和深度，确定修补范围并按规则形状放样，如图 5-14 所示。然后用切割机按放样位置锯缝，凿除破损部分，保持缝壁垂直，避免切断钢筋，若钢筋难以全部保留，至少也要保留长短交错的 20～30cm 的钢筋头。原有传力杆如有缺陷应予修理或另行设置。如为胀缝，应设置接缝板；如为缩缝，应对接缝涂刷沥青或铺以塑料薄膜，以防新旧混凝土粘连。最后填补混凝土并捣实、整平和养生，待混凝土硬化后用锯缝机切出接缝并灌注填缝料。

6）当板块破损严重，由几条裂缝使板成为破碎板，且有沉落影响行车安全的，必须将整板凿除，重新夯实基层，必要时重做基层并处理土基，然后浇筑新的混凝土板进行整仓修复。新浇筑的混凝土强度应等于或大于原板混凝土的强度，其材料要求、配合比、施工工艺和质量标准应符合有关设计与施工规范的要

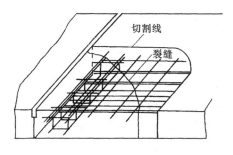

图 5-14　板角的断裂及修理

求。

(2) 接缝的修理

1) 清缝　用小扁凿凿除或清缝机具清除旧填缝料和其他杂物，露出缝壁，用吹尘器吹净缝内尘土。如为胀缝，缝壁涂以地板胶或热沥青。

2) 填缝　填缝材料有接缝板和填缝料两类。接缝板用于胀缝下部，填缝料用做填灌胀缝上部和缩缝的缝隙。

接缝板按所用材料可用杉木板、纤维板、泡沫橡胶板和泡沫树脂板等。填缝料按其施工温度可分为加热式填缝料和常温式填缝料两类。加热式填缝料主要有聚氯乙烯胶泥、沥青橡胶类和沥青玛蹄脂类等，使用时需加热至灌注温度，然后装进填缝机填灌，并用铁钩来回钩动，以增加填料与缝壁的粘附并使之填灌饱满。常温式填缝料主要有聚胺酯焦油类、聚胺酯类、氯丁橡胶类和乳化沥青橡胶类等。填灌方法与加热式填缝料相同，但无需加热。

(3) 错台的修理

根据错台的程度和产生的位置，可分别采用以下方法处理：

1) 对于轻微的错台，可采用机械予以磨平处理。

2) 在混凝土路面板的接缝或裂缝处产生错台，以及混凝土路面板与沥青路面或与路肩相接处产生的错台，可用沥青砂或密级配沥青混凝土进行罩面予以接顺。

3) 由于基础过于湿软引起板的错台，可采用板底灌浆方法进行加固并抬高板面使之顺接。

（4）拱起的修理

当板端拱起但板块完好时，可用锯缝机缓慢地将拱起处两侧板的2~3道横缝加宽、切深，通过释放其应力予以处理；或切开拱起端，将板块恢复原位。然后用填缝料填封接缝。

当板端拱起板块已经发生断裂或破损时，则应根据破损情况分别按前述裂缝修理的方法予以处理。

（5）坑洞的修理

应先将坑洞凿成形状规则的直壁坑槽，开凿时应注意防止产生新的裂缝。在吹扫干净后，涂刷一层沥青，然后用沥青砂或沥青混凝土填补夯平。

对于较浅不大的坑洞，可用环氧砂浆或环氧混凝土修补。

对于较深的坑洞或连片的小坑槽，应先放样开槽，清洗干燥后，在坑内均匀涂刷一层胶粘剂，然后用与原来混凝土板配比相同并掺有早强剂的混凝土修补。

（6）板块沉陷的处理

为使沉陷的混凝土板恢复到原来的位置，可采用顶升施工法和灌浆施工法进行处治。灌浆施工法有沥青类灌注和水泥类灌注两种，通常使用沥青灌注。

采用顶升法施工时，先将混凝土板钻成透孔，然后用压缩空气或千斤顶把板直接顶起，或用横梁和螺旋或液压千斤顶将板间接顶起至预定高度，然后往孔中压注灌砂直至填满空隙密实为止，最后用混凝土封死孔口。

灌浆法即在混凝土板上的透孔中以200~400kPa的压力灌注温度为210℃以上的热熔沥青或以300~500kPa的压力灌注水泥浆，水泥浆用水泥和水调合，并掺加细粒料、粉煤灰、硅藻土、石膏等。当沥青或水泥浆灌注填满孔隙、板恢复至预定高度后，封死孔口。待灌注的沥青温度下降后或水泥浆养生3天后即可开放交通。

（7）路面表面局部性龟裂、剥落、磨光等破损的处理当路面表面出现局部性龟裂、剥落、磨光等破损时，可在路面板表面将其破损凿除至一定深度，而后在其上面做薄层表面处治。

当采用沥青表面处治时，应参照沥青路面施工规范进行；当采用水泥混凝土作表面处治时，由于层厚较薄，新旧混凝土的结合最为重要，应在新旧结合面上涂刷胶粘剂后浇筑混凝土；当采用树脂类材料作表面处治时，使用较多的是环氧砂浆，其树脂与骨料的配合比一般为 1:4～10，因其硬化时间受温度变化的影响有较大的差异，所以必须严格控制施工的气温条件，在气温低于 5℃时不宜施工，夏季应在气温较低时施工。

4. 下面介绍一些有关路面补强方面的知识

路面是承受交通荷载的主要结构，由于交通荷载和自然因素长期反复作用，使路面在使用过程中逐渐产生病害，且原有的路面会发生疲劳。加之路面需要承受更大的交通荷载和交通量，有的路面结构层已不适应了，在没有条件进行翻建时，就要考虑采用路面补强的方法来改善路面结构状况，适应交通荷载和交通量的需要。

（1）水泥混凝土路面加厚层

首先对原有水泥混凝土路面进行使用状况调查，通过广泛调查、统计、归纳其损坏类型（按结构性损坏和非结构性损坏两大类进行统计归纳）。

对原有水泥混凝土路面进行承载板测试、钻孔取样等试验，取得基础综合回弹模量，原有水泥混凝土抗折弹性模量、抗折强度、板厚等实测数据。

要对水泥混凝土路面进行加厚时，使水泥混凝土路面结构成为双层混凝土板，双层混凝土板进行力学分析时，可按等弯曲刚度的原则，将双层混凝土板简化为单层混凝土板进行计算。分析其荷载应力，温度翘曲应力和确定计算参数。最后按水泥混凝土设计方法计算出路面加厚层的板厚。

（2）对水泥混凝土路面板局部补强

预计土基有可能产生不均匀沉降或路面下有新埋设的市政公用设施时，为防止混凝土路面板产生裂缝，板内应提前配置网状钢筋，予以局部补强。

网状钢筋根据板的受力情况，按有关规定进行计算确定，采用单层或双层钢筋网。

混凝土路面中的雨水口及各种市政公用设施的检查井，应设置胀缝与混凝土板完全隔开，并在其周围加设防裂钢筋。使其得到局部补强。

(3) 柔性路面的补强

1) 对旧路面进行补强设计时，应进行下列调查，并进行必要的测定：

①调查交通量、交通组成及交通增长率；

②了解原道路设计、修建时的有关资料，调查历年来养护情况；

③调查道路使用技术状况，统计路面破损类型、范围、数量等；

④了解道路宽度、纵坡、弯道半径、路拱度及水文地质情况；

⑤挖验路面结构，判明各结构层厚度、材料组成等情况，必要时做材料分析，并测定土基的土类及温度；

⑥在不利季节测定路表回弹弯沉值，并选择有代表性的路段进行标准承载板测定，以求得旧路的回弹弯沉值与回弹模量。

2) 在补强层设计时，如只设一层，可把该层分为模量相同的两层，按三层体系进行计算，确定补强层厚度。

3) 补强层需设置两层或两层以上时，按照前面的新建路面结构层的计算方法进行。将旧路顶面求得的回弹模量值作为三层体系的土基回弹模量。

（六）路面的施工工艺流程、操作要点及施工技术标准

1. 石灰土底基层施工

行车道底基层为1:6（体积比）石灰土，厚30/25cm，分两层施工。

（1）石灰土底基层施工工艺流程

路床交验→测量放线→石灰土摊铺→静压→振动碾压→静压→检查验收→养生。

（2）施工准备

施工前，按照设计要求的比例，通过试验确定石灰土的灰剂量，最佳含水量等。

（3）黄土的运输

用自卸车运黄土至现场，为防止黄土沿路飞扬和水分损失，运输过程中要用帆布覆盖。

（4）摊铺、拌合

摊铺前路床进行洒水湿润。根据自卸车的装载量和虚铺厚度计算卸土间距并派专人指挥。摊铺时黄土的含水量要高于最佳含水量的1%~2%以补偿摊铺及碾压过程中的水分损失。松铺系数按施工经验确定。摊铺时首先用平地机将黄土大致推平，然后再进行粗平，粗平工作完成后轻压，然后按试验确定的灰剂量计算出每袋灰的纵横间距，在土层上做好置标记，当日施工前，人工将灰摆在标记点，用刮板将灰均匀摊开。再用灰土拌合机进行现场拌制。拌制时，设专人随时检查拌合深度，拌合深度达稳定层底并侵入下承层5~10mm，以利于上下层黏结，拌合次数要达到两遍以上，避免拌合不均匀和底部留有素土夹层。在拌合结束时，如果混合物的含水量不足，应用喷管式洒水车补充洒水，紧跟着再次进行拌合，使水分均匀分布于混合料中，拌合均匀的要求是：色泽一致，没有灰条、灰团和花面等离析现象，且水分何

时均匀。

（5）整形、碾压

在混合料拌合均匀后，接着用 CA25 压路机静压一遍，以暴露潜在的不平处，再用平地机进行精平。在直线段平地机由两侧向路中心进行刮平，在曲线段平地机由内侧向外侧进行刮平。

在找平整形后，当混合料的含水量等于或略大于最佳含水量时，立即用 CA25 振动压路机静压 2 遍，然后用振动压路机进行振动碾压。在直线段由路两侧向中间进行，在曲线段则由曲线内侧向外侧进行。碾压时轮迹重叠 30cm，后轮必须超过两段的接缝处。压路机碾压速度，前两遍 CA25 采用 1.5～1.7km/h，以后振动碾压速度用 2.0～2.5km/h。路面两侧应多压 2～3 遍。完成压实后的表面要达到无明显轮迹，无隆起、裂纹、搓板、起皮和松散等现象。严禁压路机在已完成的或正在碾压的路段上"调头"和急刹车。

（6）接缝

用推土机和平地机进行全幅摊铺，因此只存在横接缝，处理方法是：前一段留 5～8m 不碾压，后一段施工时，加石灰翻拌均匀与后一段同时碾压。当石灰土分两幅施工时，纵缝必须垂直相接，不能斜接，如图 5-15 所示。

（7）养生

底基层碾压完毕后，进行洒水养生，使石灰土表面保持湿润。注意石灰土表面不得过湿或时干时湿。养生期内封闭交通，除洒水车外不得通行其他车辆。养生期不少于 7d。

2. 二灰砾石基层施工

为保证道路基层的质量，二灰砾石采取摊铺机挂双基线施工。

（1）二灰砂砾基层施工工艺流程

底基层交验→测量放线→二灰摊铺→静压→振动碾压→静压→检查验收→养生。见图 5-16。

（2）混合料的制备与运输

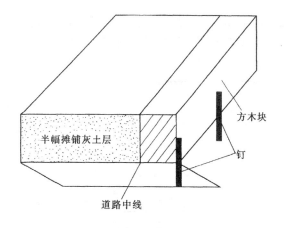

半幅摊铺灰土层

方木块

钉

道路中线

图 5-15　接缝

施工前，按照设计和规范要求计算和检验各种骨料，集中厂拌，使用自卸运输车运至现场，运输过程中用帆布覆盖，保持水分并防止飞扬遗洒。

（3）摊铺

1）为了保证质量和平整度，使用 ABG525 型摊铺机挂双基线进行全幅摊铺。并作试验路段，取得松铺系数、行走速度等数据。

2）摊铺前，底基层表面要洒水湿润。摊铺时，根据试验路段的数据，控制摊铺速度，使其与混合料的生产能力相协调，以减少摊铺机停机待料的情况。

3）在摊铺机后面设专人消除粗细骨料离析现象，特别是局部粗骨料窝或粗骨料带应该铲除，并用新混合料填补，或补充细混合料拌合均匀。

4）运料车设专人指挥，倒车速度不得过快，防止碰撞摊铺机使基层表面出现波浪。

（4）碾压

碾压工艺同底基层。

（5）接缝

在每天的工作缝（横缝）处铺上与混合料同高的方木，而木方的另一侧用碎石加固，然后进行碾压。下次接着施工时，清走碎石，拆除方木，如图5-17。

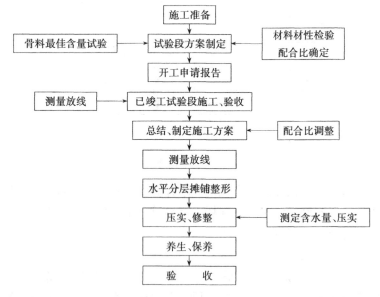

图 5-16　路面底基层、基层施工工艺框图

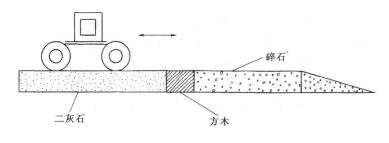

图 5-17　拆除方木

（6）养生

每段碾压完成经监理工程师检查合格后的第2天开始养生。在养生期内用洒水车洒水养护，使基层表面保持湿润，并封闭交通。湿养不少于7d。

3. 沥青混凝土面层施工

(1) 工艺流程（图 5-18）

(2) 标高施测及控制

在主路两侧距路边缘 30～50cm 处每 10m（曲线上适当加密）放测墩或测钎，按设计纵坡及横坡根据施工余量下返测设高程。层铺厚度：路边以路缘石顶高为控制，路中以设定高度的钢丝绳作为控制。

(3) 沥青混合料供应

沥青混合料向具有资质的沥青拌合厂订购。沥青混合料要均匀一致，无花白料，无结团成块或粗、细料分离现象。沥青混合料由自卸汽车运送到现场。运料车要干净，无油污，并用篷布覆盖，数量以施工过程中摊铺机前有 3～5 辆运料车等候为宜。热拌沥青混合料摊铺前的温度应为 110～130℃。

(4) 铺设试验路段

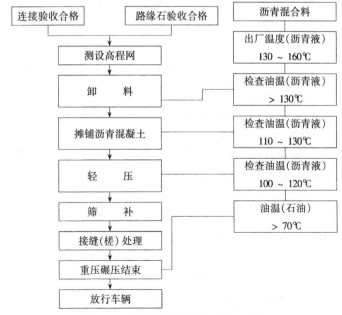

图 5-18　沥青混凝土面层摊铺工艺图

为保证沥青混凝土面层的摊铺质量，需先做试验路段，试验路段选在 K0+000~K0+200 段，摊铺机械、运输机械和正式摊铺时相同。试验的目的主要是取得摊铺系数，行走速度，碾压遍数和适宜的摊铺料温等数据。

（5）沥青混合料的摊铺

沥青混合料采用德国产 ABG525 摊铺机摊铺。其摊铺行驶速度根据沥青混合料的生产能力、摊铺厚度、宽度，连续摊铺的长度确定。沥青混合料的施工工艺参数由开工前的试验段获取。

摊铺采取整幅进行，在路面狭窄或边角部分宜用人工摊铺。配合 4~6 人推一辆装有新拌混合料的小车及筛网、搂耙等工具进行局部找补。

（6）压实成型

沥青混合料的压实应按初压、复压、终压三个阶段进行。

1）初压

在较高的油温下进行（110~120℃），采用 CC-21 振动压路机静压两遍，其碾压的速度控制在 1.5km/h 以内。

2）复压

应紧接在初压后进行，采用 CC-21 振动压路机先振压 2 遍，然后用美国产 Ingersoll-Rand.DD110 振动压路机，振动碾压一般不少于 2~3 遍，速度控制在 3km/h 以内。

3）终压

亦紧随在复压后进行，采用 DD110 静压 1 遍，然后用 YL16 胶轮压路机赶光。YL-16 胶轮压路机速度控制在 4~6km/h，DD110 压路机速度控制在 2~3km/h，终压温度不得低于 70℃。

4）碾压过程中，压路机应始终遵循由边向中、由低向高碾压的原则，且碾压时应将驱动轮面向摊铺机，且起动停止必须减速缓慢进行，并严禁在未碾压成型并冷却的路段上转向调头或停车等候。

5）对压路机无法压到的某些路边缘等局部地区采用小型压路机及夯锤、热熔铁补充压实。

（7）接缝处理

在施工缝及构造物两段的连接处必须仔细操作，保证紧密、平顺。相邻两幅及上下层的横向接缝均应错位 1m 以上，斜接缝的搭接长度与层厚有关，宜为 0.4～0.8m，搭接处应清扫干净并洒透层油。平接缝应做到紧密粘结，充分压实，连接平顺。横向接缝的碾压应先用双轮或三轮钢筒式压路机进行横向碾压，碾压带的外侧应放置供压路机行驶的垫木，碾压时压路机应位于已压实的混凝土层上，伸入新铺层的宽度为 15cm，然后每压一遍向新铺混凝土移动 15～20cm，直至全部在新铺层上为止，再改为纵向碾压，其碾压宽度为 15～20cm。

（8）开放交通

热拌沥青混凝土路面应待摊铺层完全自然冷却，混凝土表面温度低于 70℃后，方可开放交通。需要提早开放交通时，可洒水冷却降低混凝土温度。

4. 沥青表面处治

沥青表面处治是采用层铺法进行施工。可为过渡式路面提供一个承受行车磨耗和抵抗大气作用的磨耗面层；也可改善或恢复已老化的沥青面层；还可作为沥青路面的防滑层。

（1）沥青表面处治按喷洒沥青和撒铺矿料层次

单层式：喷洒一次沥青，撒铺一层矿料，处治层厚度为 1～1.5cm；

双层式：喷洒两次沥青，撒铺双层矿料，处治层厚度为 1.5～2.5cm；

三层式：喷洒三层沥青，撒铺三层矿料，处治层厚度为 2.5～3.0cm。

（2）施工

1）施工前的准备工作

表面处治施工前，必须将原路面上出现的坑槽进行修补，对不平整处进行整修，一般应在处治前 2～4 周完成，使其坚实平整。使用的矿料，应按施工路段规格和需用量，分别堆放在路边上。沥青材料的备料工作应及早进行，沥青应分类堆放保管，分批取样检验其技术指标，并提出修配使用时的配合比，设置沥青加热场所设备，沥青使用前应进行脱水。施工开始时，应按施工进度安排，先将原路面上的泥土、杂物清除干净，并按施工宽度进行画线。

2）施工

沥青表面处治采用层铺法作业，一般按"先油后料"的施工程序进行，以双层式为例，其施工程序为：

清扫放线→洒透层油→洒第一层沥青→撒第一层石料→碾压→洒第二层沥青→撒第二层石料→碾压→初期养护。

三层式或单层式表面处治的施工程序仅需增加或减少一次洒沥青，一次撒石料与碾压的程序。

3）施工注意要点

①清打放样：施工前，应将底层用扫帚清扫干净，有条件时最好用水冲洗。泥结碎石和级配砾石的表面浮土必须清扫干净，以大部露出石料为宜。每次清扫的长度最少应够一天的工作量。

②洒沥青：喷洒沥青必须均匀，不得有空白或积聚现象，以免后来产生松散或拥包、推移等病害。采用人工洒布机喷洒沥青时，应注意风向和气温，掌握喷头离路面的高度和移动速度，以保证洒布均匀，所用沥青量根据洒布面积来控制；采用汽车洒机喷洒沥青时，汽车司机与洒布人员要配合协调好，根据行车速度和油泵机档控制洒布量。

③撒矿料：喷洒沥青后应趁热迅速撒铺矿料，按规定用量一次撒完、撒匀、随撒随扫，矿料不得有重选和露空现象。

④碾压：撒铺矿料后随即进行碾压，以免矿料与沥青不能粘结而使路面松散。

5. 沥青贯入式路面

沥青贯入式路面是在坚实、稳定的基层上，摊铺碎石主层经初压实后喷贯沥青，再经分层撒嵌缝料、喷洒沥青、封层碾压，最后封面处理而成的路面。沥青贯入式路面的强度形成，主要依靠料间的嵌挤作用，其次是沥青材料的黏聚力。

沥青贯入式路面，按贯入深度不通，可分为深贯入式和浅贯入式两种。深贯入式沥青贯入深度为 6~8cm，浅贯入式深度为 4~5cm。沥青贯入式路面适用于中等交通量的路段，也可作为沥青混凝土路面的连接层或基层。沥青贯入式面层的最上一层起封层作用，当用作基层或连接层时，可不作此封层。沥青贯入式路面是一种多孔隙结构，施工时作做好路面的排水工作，保证结构层施工质量。

沥青贯入式路面施工前的准备工作，与表面处治基本类似，必须强调的是要做好放样工作和机具检查工作。

沥青贯入式路面一般采用"先料后油"的层铺法施工。其施工程序为：

安栽路缘石或加固路肩→铺主层砂料→第一层碾压→浇洒第一层沥青→铺撒第一次嵌缝料→第二次碾压→浇洒第二次沥青→铺撒第二次嵌缝料→第三次碾压→浇洒封层沥青→撒铺石屑或粗砂→最后碾压→初期养护。

施工时要注意以下要点：

铺砌路缘石或加固路肩要按规定标高拉线，将路肩土培好，宽度不小于 50cm，并进行夯实，如用其他材料加固路肩时，应依线铺平压实，将边缘修理齐整；如用不整齐石块作路缘石时，应使边缘砌平。

对基层进行整修清扫：对原有基层的坑槽、沉陷等应在施工前进行整理、修补，对基层的泥土杂物清扫干净。

铺撒主层矿料：铺撒时，应尽量避免大小粒径分别集中，要做到铺撒均匀、厚度相等。边铺撒边用路拱板检验路拱坡度，并注意平整度。已经铺撒好的路段，严禁各种车辆通行，以免影响主层的平整度。

第一次碾压：分两个阶段进行。

第一阶段为稳定阶段，用 6~8t 压路机，先沿路边往返压两次后，再开始自路边逐渐压至路中心每次轮迹重叠一半。再从另一路边逐渐压至路中心。这样碾压一遍后，检验路拱和纵向坡度，如有不符合之处，选派熟练人员，进行整修。边碾压边整修，这样碾压3～4遍，使矿料初步稳定，无显著轮迹为止。

浇洒第一次沥青：（主层沥青），主层矿料压实后，即可浇洒主层沥青。喷洒前，矿料表面应保持清洁、干燥，无粉料成层现象。喷洒沥青时，要做到分布均匀，用量准确。如有空白不足之处予以补洒；沥青过多之处引用耙子扒开，以防泛油。

铺撒第一次嵌缝料：主层沥青喷洒后，应随即趁热铺撒嵌缝料。撒料要均匀，以能将主碎石层均匀覆盖，不重叠为度，随撒随扫，轻扫多扫，以填满主层矿料缝隙为好，对不均匀处及时补撒。主层沥青浇洒和第一次嵌缝料撒铺要衔接紧密，一个作业段最好在15min内完成。

第二次碾压：嵌缝料扫匀后，立即用10～12t压路机碾压，一般碾压4～6遍，随压随扫，使嵌缝料均匀嵌入。个别高低不平处，应予调整，碾压时要注意压路机轮面不能粘住嵌缝料。这次碾压完成后，应使矿料、沥青与嵌缝料结合成一个整体。

浇洒第二层沥青，铺撒第二次嵌缝料及第二次碾压施工方法与前面相似。

6. 水泥混凝土路面

水泥混凝土路面石灰土底基层施工（1:6）以及二灰砾石基层施工工艺与沥青路面的底基层与基层施工工艺相同，混凝土路面面层的施工程序一般包括：

整修基层→支立模板→设置传力杆及加强钢筋→混凝土的拌制与运输→混凝土的摊铺→整平与捣实→混凝土的表面整修及筑缝→填块缝→混凝土的养生。

（1）整修基层

在水泥混凝土路面面层施工前，应对基层进行检查，表面是否平整、密实，若不符合要求，要进行处理、整修。

（2）支立模板

摊铺混凝土之前，应先将路面边部模板安装好，模板通常可用木模，也可用钢模。采用木模时，其厚度一般为 5 ~ 6cm，模板高度应与路面顶面高程齐平，内侧必须刨光。

模板应按放线的位置安装在基层上，在检查其设置的高度之后用铁钎沿模板内、外侧打入基层以固定模板。（外侧模板也可采用斜撑、横撑来固定）铁钎间距以能保证模板在摊铺、振捣混凝土混合料时不变形为度，一般内侧间距 1 ~ 1.5m，外侧间距 0.5 ~ 1m，在道口和交叉口边缘处，铁钎间距还应缩小。内侧铁钎应在开始振捣混凝土时拔出，外侧铁钎顶端应稍低于模板顶高，以便于混凝土振动器与夯板的操作。

模板底与基层间的缝隙应用木片或碎石等材料衬垫塞堵。模板支立要求牢固，能承受平板振动器振捣 30s 不变形、不移位、不下沉。模板安装好后，应用水准仪检验其高度是否正确。亦在模板内侧涂刷废机油、肥皂水或其他润滑剂，以利拆模，在模板上还须做出横向接缝的位置记号。

（3）设置传力杆和加强钢筋

路面设计中有传力杆等加强钢筋时，在混凝土摊铺前应做好这些工作，按照设计对伸缩缝嵌条、传力杆、边缘、角隅所用钢筋事先加工好，安设时，须仔细严格校正部位；否则不仅失去应有作用，甚至还会导致板边、板角及接缝处破损或造成缝弯曲不直。

在伸缩缝处，通常有以下几种方法：

1）在伸缩缝处设传力杆，可采用软木板做成嵌条，嵌条长度为板的全宽，宽度为板的全厚。嵌条的中部预留穿放传力杆的圆孔，以安放传力杆。传力杆用支撑架固定在基层上。支撑架用 5 ~ 8mm 的钢筋加工，混凝土浇筑后嵌条和支撑架下不再取出留在混凝土板内。

2）在伸缩缝处不设传力杆，伸缩处嵌条可用木板制成。嵌条的长度等于路面的宽度，高度则为路面的厚度，其厚度为伸缩缝间隙的宽度。为了便于浇捣混凝土后把嵌条拔出，嵌条两侧应涂刷废机油等润滑剂，也可在嵌条两侧各贴上一层油毛毡，待混凝土凝固后再拔出嵌条，然后填缝，油毛毡留在伸缩缝内。也可采用预制嵌条来代替填缝。预制嵌条可用沥青玛琋脂和软木屑混合后压制。施工时，在伸缩缝处先立接模板，在一侧浇捣混凝土之后去掉接缝模板，贴上嵌条，然后再浇捣另一侧的混凝土。

3）缩缝多做成假缝，由于假缝处混凝土断面缩小，路面收缩时就沿假缝处断裂，可避免在混凝土板上产生不规则的裂缝。假缝的做法有以下三种：

①预制嵌条法：在缝的上部预先设一条木嵌条或铁嵌条，其长度等于路面板的宽度，厚度等于缩缝的宽度，高度等于路面厚度的1/3，在浇捣实后将嵌条取出，然后填缝。

②压缝法：在混凝土捣实后，将长度等于路面板宽度，厚度等于缩缝宽度、高度等于路面板厚的1/3的钢板放在缩缝处，用铁锤或振捣器将其压入混凝土中，等到混凝土初凝后将钢板取出，然后填缝。

③切缝法：在混凝土浇捣硬结后，经过养生，当混凝土强度达到要求强度的50%左右时，用切缝机在缩缝处切割假缝。

设置加强钢筋：主要指纵向边缘钢筋，角隅钢筋，检查井、进水口周围的加固钢筋。

加强钢筋应按设计要求加工。安装边缘钢筋和加固钢筋时，可在板底垫放混凝土垫块，并用钢筋支架或铁钎固定位置，浇捣混凝土后，垫块和支架均留在板内不再取出。角隅钢筋的安装，可先浇筑钢筋下的混凝土，然后将角隅钢筋按要求放在混凝土上，再浇筑上面的一层混凝土。

（4）混凝土的拌制与运输

水泥混凝土拌制方法分人工与机械拌制两大类。

人工拌制方法仅在缺乏拌合机械情况下需要小量混凝土混合料时采用。

机械拌制方法可采用固定式工厂集中拌制，专用自卸汽车长距离运输；或在施工现场用拌合机械拌制，短距离手推车或机动车辆运送，或采用专用管道进行泵送。

混凝土混合料拌制好后，应立即运送到摊铺现场，以免影响混凝土摊铺捣实工作进行。采用专用自卸汽车运输混凝土时，运送的距离要以运输的容许时间来控制，以不得超过水泥混凝土的初凝时间为界限。现场拌制混凝土，一般用手推车或机动车辆运送，其运距不得太远，以防因振动使混合料产生离析现象。泵送混凝土要控制好用水量，必要时采用掺加剂，不得为了泵送顺利而加大水灰比，使混凝土质量降低。运到现场的混凝土，要卸放在预先设置的铁板上，卸料时注意不要碰撞模板和传力杆等。若发现有离析现象，应人工再翻拌一次方能摊铺。如发现混合料质量有问题时，应及时联系予以纠正。

（5）混凝土的摊铺，整平与捣实

摊铺混凝土前，先对模板、传力杆等进行检查，要是位置变动，应及时纠正，支撑不牢固的予以加固。摊铺混凝土时，用反铲倾扣的方法进行人工摊铺，要依次摊平，近模板处将铁铲捣插混合料，使浆水捣出，以防产生蜂窝、空洞现象。在传力杆附近，可先铺一半厚度的混合料，在振捣密实再校正传力杆位置后，再铺上面一半厚度的混合料，然后进行整平，整平时，要注意将模板内侧的支撑铁钎随时拔出；摊铺的混合料应比模板略高，以便捣实后符合厚度要求。

摊铺好的混合料，用刮板或铁耙予以初步整齐，然后用平板式振捣器捣实进一步整平。用平板振动器捣实，由板边开始，横向一行一行的振捣一遍，行与行之间重叠 10～20cm；再沿板边开始纵向一行一行振捣一遍，振后再横向一行一行振捣，这一遍要稍快，使板的表面基本达到平整。总之，振捣器在任何一处停留的总时间为 15～40s，以达到表面不再沉落而出浆为度。

对于边脚处，安装传力杆、加固钢筋要用插入式振动器提前进行振捣。否则，应用人工插捣，使其达到出浆不再沉落。

在用平板振动器振捣之后，再用振动夯板在模板上来回振捣两遍，振捣时，过多的混合料应随振动夯板移动而刮去，遇有低凹处应用人工立即补上振实，使其表面符合路拱规定要求。如果没有振动夯板，也可用木夯板夯去混合料表面，使其表面达到规定要求。

混凝土路面每天施工应合理安排，做到横向胀缩处为好，如因雨天或其他原因无法做到预定的伸缝处，也应做到横向缩缝处，此时缩缝应做成平头缝，其构造与纵向平头缝相同。

（6）混凝土的表面整修、筑缝、填缝及养生

混凝土摊铺、捣实后（有条件的可使用真空吸水装置，对混凝土板进行吸水），随即进行表面整修工作，有条件的可用打磨机对混凝土表面进行打磨。没有条件的，整面时，先用木抹板将混凝土表面抹平，待其稍为凝固后再用铁抹板仔细抹平，以保证表面坚实耐磨。抹平时应按施工安排预制嵌缝法或压缝法做好接缝工作，或路面标志的镶嵌工作。在接缝附近必须注意混凝土的整平，务使相邻两块板面高差符合规定要求。抹平时，不得洒水或撒干水泥，更不得用砂浆找平。最后在表面加防滑波纹。以上这些工作应在混凝土捣实后 1.5～2h 内完成。

养生：为了使水泥混凝土能在良好的温湿条件下促进强度增加，在混凝土捣实、抹平完成 2h 后即应开始进行养生。养生采用传统的湿沾养生为多。

一般用湿草帘或湿麻袋覆盖并经常浇水的方法，使混凝土保持湿润。养生期一般为 14～21d。在纵坡不大的路段，亦可围堰储水法进行养生。目前，采用塑料薄膜新工艺代替了湿沾养生方法。这种方法养生效果良好，并且节约大量用水和劳动力。

拆模：当混凝土达到一定强度之后即可拆模，拆模时间根据气温可参考表 5-8 掌握。

拆模时间参考表 表 5-8

平均气温（℃）	混凝土摊铺后至拆模所经历的时间（h）
>25	36～48
10～25	48～60
5～10	60～72

筑缝：填缝前，将接缝处清扫并吹脱干净，先在其侧壁表面涂一层薄层沥青材料，然后将填缝材料填入。填缝材料的要求是：能长期保持弹性，与混凝土粘结好，填缝饱满，水不易渗入缝内，填料冬天不脆裂，夏天不溢出缝外。

（七）路基路面养护中应预控的问题及特殊情况下的养护方法

路基、路面养护工作主要从质量、安全以及天气三方面进行预先控制。

1. 质量方面

（1）路基养护应做好控制

1）注重路堤的放样工作，在第一次中线和边线桩放出后，整个填筑过程中，不再侧放。对边桩要重点加以保护，防止损坏，每隔1~2个填筑层，必须将边桩引上正在填筑的路堤顶面。高程控制在填筑前打木桩，用水平仪放出边桩及中桩填筑高度。

2）严格控制填料松铺厚度，每层不大于30cm，确保碾压密实与均匀。

3）路基填土采用大吨位的振动压力机，保证碾压设备满足施工质量要求。

4）控制填料的含水量，过湿或过干时，采取翻晒或洒水措施。

5）对于边角等压路机碾压不到的地方，使用液压夯或手扶式蛙夯进行夯实处理。

6）压实度试验及时准确是路基填筑的保证。

（2）路面养护工作质量控制

1）灰土基层

技术措施：灰土施工前，施工员根据灰土的灰剂量和施工规范，进行灰土拌合，灰土中粒径大于20mm的土块不得超过10%，最大的土块粒径不得大于50mm。石灰中严禁含有未消解颗粒。由试验室抽查灰剂量、含水量、灰土的厚度。

质量要求及标准：灰土应拌合均匀，色泽调合，严格按规范施工，掌握虚铺厚度，不许薄层补贴。允许偏差为：含水量±3%，压实度≥95%，平整度±10mm，中线高程±20mm，厚度+20mm、-10%（与设计偏差），横坡±20mm且不大于±0.3%。

2）二灰砾石基层

技术措施：通过摊铺试验段，找出松铺系数，最佳含水量，及碾压边数，以指导施工。

质量要求及标准：石灰、粉煤灰类混合料应拌合均匀，色泽调合一致，砾石最大粒径不大于50mm，石灰中严禁含有未消解颗粒，摊铺层无明显的粗细颗粒离析现象。用12t以上压路机碾压后，轮迹深度不得大于5mm，并不得有浮料、脱皮、松散现象。由实验室抽查压实度、含水量、厚度。允许偏差为：压实度≥95%；平整度±10mm；厚度±10mm；中线高程±20mm；横坡±20mm且不大于±0.3%。

（3）路缘石、平石安砌

技术措施：路缘石进入现场后，应首先检查出厂合格证及各种实验资料，然后仔细检查，有断裂、损坏、掉角的不得使用。

允许偏差：直顺度±10mm、相邻块高差±3mm、缝宽直线段±3mm；曲线段±5mm、直线段断裂数＜1块、顶高程±10mm。平均合格率达到95%以上。

（4）沥青混凝土面层

技术措施：首先摊铺试验段，找出松铺系数、摊铺速度、碾压边数，在施工时，综合考虑各方面情况，连续摊铺，尽量减少停机次数，保证路面平整度的要求。

质量要求及标准：表面应平整、坚实，不得有脱落、掉渣、裂缝、堆积、烂边、粗细料集中等现象。接槎应紧密、平顺、烫缝不应枯焦；面层与路缘石及其他构筑物应接顺，不得有积水现象。允许偏差为：压实度≥95%；厚度20～-5mm；弯沉值小于设计规定；平整度：±5mm；中线高程±20mm；横坡±10且不

大于 ±0.3%；井框与路面的高差 ±5mm。

（5）水泥混凝土面层

质量要求及标准：表面应平整、坚实，不得有脱落、掉渣、裂缝、堆积、烂边、麻面等现象。混凝土板下的基层应平整、坚实、抗变形能力强、整体性好、透水性小和耐冲刷。特重和重交通等级的道路应采用无机结合料稳定类、工业废渣稳定类材料做基层。中等和轻交通等级的道路亦可采用符合本条要求的其他材料做基层。混凝土板表面应平整、耐磨，并具有一定粗糙度。混凝土板的横断面宜采用等厚式，其厚度按应力计算确定。

2. 安全方面

（1）安全目标

1）杜绝重大伤亡事故，减少一般性事故，事故频率控制在4‰。

2）职工因工伤亡指数为零。

3）工伤频率控制在20‰以下。

4）机电设备、电器设备、小型机电检查率达100%。重大设备事故为零，控制和降低轻微设备事故。

5）特种作业人员持证上岗率达100%。

（2）应预控的方面

1）严格按照安全技术交底的要求，对地下管线、文物、电杆及其他构筑物进行保护。

2）大型机械施工时，如拌合机、平地机、挖掘机、摊铺机等应有专人指挥。

3）临时配电线路按规范架设整齐。架空线采用绝缘导线，不采用塑胶软线，不能成束架空敷设或沿地面明显敷设，施工机具，车辆及人员应与线路保持安全距离，如达不到规范规定的最小距离时，采用可靠防护措施。变压器，配电箱均搭设防护棚及设置围挡。

4）施工现场内设配电系统实行分级配电，各类配电箱，开关箱的安装和内部设置均应符合有关规定，箱内电器完好可靠，其选型，定位符合规定，开关电器标明用途。配电箱、开关箱外观完整、牢固、防雨、防尘，箱体外涂安全色标，统一编号、箱内无杂物，停止使用的配电箱切断电源，箱门上锁。

5）独立的配电系统按部颁标准采用三相五线制的接地接零保护系统，非独立系统根据现场实际情况，采取相应的接零或接地保护方式。各种设备和电力施工机械的金属外壳、金属支架和底座按规定采取可靠的接零接地保护。在采用接地和接零保护方式的同时，设两级漏电保护装置，实行分级保护，形成完整的保护系统，漏电保护装置的选择符合规定，吊车等高大设施按规定装设避雷装置。

6）手持电动工具的使用符合国家标准的有关规定。工具的电源线，插头和插座完好，电源线不任意接长和调换，工具的外接线完好无损，维修和保管设专人负责。

7）施工现场所用的220V电源照明，按规定布线和装设灯具，并在电源一侧加装漏电保护器，灯体与手柄坚固绝缘，电源线使用橡套电缆线，不准使用塑胶线。

3. 天气方面

（1）路基养护工作应从以下几方面进行预控

1）注意收听天气预报，专人收集天气预报资料，施工生产安排尽量避开大雨天气。

2）凡进入雨期施工的路基工程，应根据工程特点合理安排机具，组织快速施工。

3）雨期期间安排施工计划，应集中人力，分段突击。本着完成一段再开一段的原则，当日进度当日完成，做到随挖、随填、随压。

4）凡属路基填土施工，应按2%～4%以上的横坡整平压实，以防积水。对当日不能填筑的土，应大堆存放，以防雨水侵泡。

5）低于附近地面的施工地段，应按原地面排水系统，做好临时排水设施，避免取土范围内积水。

6）挖土地段，应按原地面排水系统，做好临时排水设施，避免取土范围内积水。

7）雨后应重点检查路拱及边沟等排水设施的排水情况；碾压完成或未碾压的路基排水及渗水情况；路床积水情况。

8）路基因雨造成翻浆时，应即挖出换土或填石灰土、砂石等，做到按工力情况逐段处理，严禁全线挖开；每段应在下雨前坚持做到："挖完、填完、压完"；大片翻浆地段尽量利用推土机等机械铲除，小片翻浆相距较近时，应一次挖通处理；翻浆应彻底挖除干净，不留隐患。

（2）路面养护工作应从以下几方面进行预控

1）备土宜堆成大堆，表面应抹泥一层，四周应挖排水沟。

2）摊铺后的石灰土应当日成活，雨前来不及成型时，应碾压1～2遍。

3）摊铺长度应缩短，以便能迅速碾压成活。

4）二灰基层施工每天上的料要及时完成碾压，并验收。土方若不能当天完成压实，则在收工前将土层碾压封住，防止雨水淋透。填土各层必须找好纵、横坡度并整平。排水横坡度为2%～4%。

5）沥青混凝土面层施工：

①工地现场设专人与沥青混合料拌合厂联系；

②现场应尽量缩短施工路段，各工序要紧密衔接；

③汽车和工地应备有防雨设施，并做好基层及路肩的排水设施；

④下雨、基层或多层式面层的下层潮湿时，均不得摊铺沥青混合料。对未经压实即遭雨淋的沥青混合料，要全部清除，更换新料。

6）水泥混凝土面层施工

①工地现场设专人与水泥混凝土拌合厂联系。

②现场应尽量缩短施工路段，各工序要紧密衔接，且都要赶在水泥混凝土的初凝时间之内完成。

③汽车和工地应备有防雨设施，并做好基层及路肩的排水设施。

④下雨、基层潮湿，出现软包等不得浇筑水泥混凝土。对遭雨淋的水泥混凝土，要全部清除，待天晴后更换新料重新浇筑。

4. 以下介绍几种特殊情况下的路基养护方法

（1）软土地基路基施工

所谓软土，从广义上讲，就是强度低、压缩性高的软弱土层。在软土地基上修筑路基，若不加处理，往往会发生路基失稳或过量沉陷，导致公路破坏或不能正常使用。习惯上常把淤泥、淤泥质土、软黏性土总称为软土。软土的特性主要表现为天然含水率高、孔隙比大。含水量在34％～72％之间，孔隙比在1.0～1.9之间，饱和度一般大于95％，液限一般为35％～60％，塑性指数为13～30。

1）当路堤经稳定验算或沉降计算不能满足设计要求时，必须对软土地基进行加固。加固的方法很多，常用的方法有：

①塑料排水板：塑料排水板是带有孔道的板状物体，插入土中形成竖向排水通道。因其施工简单、快捷，应用较为广泛。最大有效处理深度18m。

②砂井：砂井是利用各种打桩机具击入钢管，或用高压射水、爆破等方法在地基中获得按一定规律排列的孔眼并灌入中、粗砂形成砂柱。由于这种砂井在饱和软黏土中起排水通道的作用，又称排水砂井。砂井顶面应铺设垫层，以构成完整的地基排水系统。砂井适用于软土层厚度大于5m时。最大有效处理深度18m。

③袋装砂井：井径对固结时间的影响没有井距那样敏感。但一般砂井如果井径太小，既无法施工，也无法防止因地基变形而断开失效。因此，现在广泛采用网状织物袋装砂井，其直径仅8cm左右，比一般砂井要省料得多，造价比一般砂井低廉，且不会因施工操作上的误差或地基发生水平和垂直变形而丧失其连续性。最大有效处理深度18m。

④排水砂垫层：排水砂垫层是在路堤底部地面上铺设一层较薄的砂层。将水从砂层中排出去。最大有效处理深度为路堤极限

高 2 倍。

⑤土工织物铺垫：在软土地基表层铺设一层或多层土工织物，可以减少路堤填筑后的地基不均匀沉降，又可以提高地基的承载能力，同时也不影响排水。对于淤泥之类高含水量的超软弱地基，在采用砂井及其他深层加固法之前，土工织物铺垫可作为前期处理，以提高施工的可能性。

⑥预压：在软土地基上修筑路堤，如果工期不紧，可以先填筑一部分或全部，使地基经过一段时间固结沉降，然后再填足和铺筑路面。最大有效处理深度 30m。

⑦挤实砂（碎石）桩：挤实砂桩是以冲击或振动的方法强力将砂、石等材料挤入软土地基中，形成较大的密实柱体，提高软土地基的整体抗剪强度，减少沉降。最大有效处理深度 20m。

⑧旋喷桩：利用工程钻机，将旋喷注浆管置入预定的地基加固深度，通过钻杆旋转，徐徐上升，将预先配制好的浆液，以一定的压力从喷嘴喷出，冲击土体，使土和浆液搅拌成混合体，形成具有一定强度的人工地基。最大有效处理深度 20m。

⑨生石灰桩：用生石灰碎块置于桩孔中形成桩体，称为生石灰桩。最大有效处理深度 20m。

⑩换土：采用人工或机械挖除路堤下全部软土，换填强度较高的黏性土或砂、砾、卵石、片石等参水性材料。最大有效处理深度 3m。

⑪反压护道：反压护道是在路堤两侧填筑一定宽度和一定高度的护道。它利用力学平衡以保持路基的稳定。

2）在施工中经常碰到的情况多数不是软土地基，因为如果有软土地基一般情况在设计时应该根据地质资料，提出处理方法。多数情况是有局部地段地质情况和原来设计不同，出现局部地基承载力达不到设计要求，或者由于局部地段含水量过大（原有排水系统不畅，原有地基土质渗水性不好）造成地基软弹（翻浆，弹簧土地段）。根据出现的这些情况一般常用的方法主要有：

①换填

这是最常用的方法。这种方法最大有效处理深度 3m。采用人工或机械挖除路堤下全部软土，换填强度较高的黏性土或砂、砾、卵石、片石等渗水性材料。换填的深度要根据承载力确定。

②抛石填筑

就是在有软土或弹簧土以及有积水的路段填石头，填石的高度以露出要处理的路段原有土层（或积水）高度为宜。在填石的过程中注意一定要用推土机把石块压实，不能出现软弹现象。然后再填筑土方。

③盲沟

就是在要处理的路段根据要处理的路段的长度，在横向或纵向挖盲沟，盲沟通常用渗水性大孔隙填料或片石砌筑而成。也可以填入不同级配的石块起到排水的功能。注意盲沟的出口要与排水沟连接，以便把路基中的水排出路基。

④排水砂垫层

排水砂垫层是在路堤底部地面上铺设一层砂层，作用是在软土顶面增加一个排水面，在填土的过程中，荷载逐渐增加，促使软土地基排水固结渗出的水就可以从砂垫层中排走。为确保砂垫层能通畅排水，要采用渗水性良好的材料。砂垫层一般的厚度为 0.6~1.0m。为了保证砂垫层的渗水作用，在砂垫层上应该填一层黏性土封住水不让水返上路基。在路基两侧要修好排水沟，通过砂垫层渗出的水通过排水沟排出路基外，保持路基的稳定。

⑤石灰浅坑法

由于黏性土含水量影响，施工中经常出现"弹簧土"松软现象。一般较轻的可以采用挖土晒干，敲碎回填；"石灰浅坑法"可以用于各种不同面积的路段（就是说大面积可以使用，小面积也可以使用）。具体做法是：挖 40~50cm 方形或圆形，深一般 1m 上下的坑，清除坑内的渗水（最好挖好坑后，第二天清除渗水），放入深为坑深 1/3 生石灰，即可回填碾压。坑的行距和坑距在轻度弹簧路段为 5~6m，在严重弹簧路段为 3~4m。

以上介绍的几种工地常用的处理软基础以及弹簧土的方法，

还要根据工地的具体情况选用那种方法施工，有时几种方法可以交替或一起使用。目的主要是要保证工程质量，保证工期。

（2）路基下沉

路基由于施工和工程完工后在自然环境影响和汽车重复荷载作用下，出现一些路基病害，引起路基的整体下沉和局部下沉，边坡坍塌，影响了道路的正常使用。因此，为了更好地发挥道路的正常作用，对路基出现的严重病害，必须采取行之有效的处理办法，使路基处于良好的工作状态，下面介绍几种处治措施，以供处理路基病害时参考。

1）换土复填法

因填筑土质不符合要求，路基出现下沉但面积不大且深度较浅，采用换土复填法，简便快捷。此法是将原路基出现病害部分的土挖法，更换符合规范要求的土。一般采用级配较好的砂砾土，塑性指数满足规范要求的粉质黏土为宜。回填时，挖补面积要扩大，且逐层挖成台阶状，由下往上，逐层填筑，碾压密实，压实度要求高出原路基压实度 1～2 个百分点为宜。这种方法是只要掌握好路基的填筑方法即可，没有复杂的技术要求。

2）固化剂法

处理路基下沉时，如果更换路基填料受到限制，且填筑料数量不大时，可在原填料中掺入固化剂处理路基病害。这种方法在我国部分省市已有引用的先例，实践证明效果较好。

现在市场上的路用固化剂从形态上看，可分为固态和液态两大类；前者与土混合加压，适合于表层或浅层土的固化；后者使用时，采用特殊工艺将浆液注入土中使土固结，适合于深层土的固结。目前，固化剂的种类很多，在道路工程中使用时，可根据路用土的种类与固化剂的成分、类型选用。其各种固化剂的性能与使用方法可参照有关资料。

3）粉喷桩法

处理 10m 以内路基下沉病害，采用粉喷桩加固技术是较为理想的一种方法。粉喷桩处理软基土是通过专门的机械将粉体固化剂喷出后在地基深处就地与软土强制搅拌，利用固化剂和软土之间新发生的一系列物理、化学反应，在原地基中形成强度与刚度较大的桩体，同时也使桩周土体性质得到改善，桩体与桩间土体形成符合地基共同承担外荷载。施工中要严格掌握固化剂掺入量、粉喷桩龄期、土样含水量、混合料搅拌的均匀性。

4）灌浆法

此法是利用液压、气压或电化学原理，通过注浆管将浆液均匀地注入地层中，浆液以充填、渗透和挤密等方式占据土粒间或岩石裂缝中的空间，经人工控制一定时间后，浆液将原来松散的土粒或裂隙胶结成一个整体，形成一个结构新、强度大、防水性能高和化学稳定性良好的"结合体"。

以上介绍的只是一部分路基养护方法，在实际的路基养护工作中，大家还会遇到更多的特殊情况，希望大家能举一反三，不断总结经验。

（八）其他道路设施的养护

其他道路设施主要包括：①人行道；②附属设施；③桥、涵；④其他设施。

1. 人行道

（1）对人行道有如下基本要求

1）人行道面层分块料铺装及整体铺装两类，又有彩色及单色之分。道面如有破损，应用同种结构同样颜色的材料修复。

2）人行道上通车的出入口，应按道路结构标准铺设。

3）规划在人行道下的地下管线尚未铺设齐全者，宜采用块料铺装面层。

4）道路车行道、人行道和绿化带的侧石应保证车流和人流的通行，其外露尺寸应符合设计要求，直线部位最少不应小于10cm。

5）平石应保护路面的光整，并应与侧石组成合偏沟，使雨水顺畅流入雨水井。

6）缘石宜采用立式，出入口宜采用斜式或平式。要考虑有利于儿童车、轮椅及残疾人通行。

7）缘石材料可采用坚硬石质或水泥混凝土。要考虑具有耐磨损、抗撞击的性能。水泥混凝土的抗压强度应采用 25～30MPa，城市主要街道的路缘石不宜采用砖或大卵石安栽。

8）树穴（或树池）位置适当，方便行人，其最小尺寸为 1m × 1m。

9）预制块人行道的质量应符合表 5-9 规定。

预制块人行道的质量要求 表 5-9

项　目	单　位	允许偏差
抗折强度	MPa	不低于设计要求
对角线长度	mm	大方砖 ±5，小方砖 ±2
厚　度	mm	大方砖 ±5，小方砖 ±2
边　长	mm	大方砖 ±3，小方砖 ±2
缺边掉角长角	mm	大方砖不大于 10，小方砖不大于 5
其　他		颜色一致，无蜂窝、露石、脱皮、裂缝等现象

（2）人行道的保养应做到以下几个方面

1）应经常保持人行道的平整，及时清除人行道上的尘土污泥及杂物。

2）两侧建筑物的管道排水，不得浸流于人行道地面。

3）禁止机动车辆在人行道上行驶或停放。

4）经常保持块料铺装人行道块体的稳定，发现松动及时补充嵌缝材料，填充稳固。若垫层不平引起人行道砌块松动，应将砌块挖出，整修垫层重新铺筑。

5）应保养好整体铺装人行道的伸缩缝和施工缝及人行道同检查井口的接缝，发现损坏应及时修补。

6）侧石及平石的接缝要定期清缝及勾缝。

7）对损坏或歪斜的侧石及平石，应及时调整或更换。

8）因树根挤坏人行道及侧石而影响行人及排水时，应同有关部门联系解决。

（3）人行道的修理

1）修复因接修管线挖掘沟槽的人行道，应按挖掘沟槽的土基回填规定要求进行，并应执行以下规定：

① 整体铺筑的人行道，要采用机械或人工裁边，按线形开挖。铺砌式的人行道，应按线形，结合预制块料接缝开挖。

② 现场要保持整洁，方便行人，便利交通。

2）人行道的修理，应针对破损原因（如排水不良、道面树根部的发育、集中堆放重型物资或机动车辆驶入等）采取相应措施进行修理。修复人行道应符合下列规定：

① 处理部位要比损坏边缘扩大 10cm 以上，开挖前应清除尘土、杂物。

② 要按照修理时画出的轮廓线开挖，边缘应垂直整齐。如果修理砌块面层，则应按砌块接缝线留 10cm 进行划线开挖。

③ 道面损坏需要修整并更换侧石和平石时，须在更换侧石和平石后再修整道面。

④ 结构组合应按原人行道结构恢复，回填土及基层压实度应符合规定要求。

⑤ 修理部位要注意四周边缘的接合密实平整，检查井的周围要细微地修复。黑色混合料铺筑的人行道结构、槽壁要涂粘浇油，水泥混凝土道面尺寸按原规格，原花纹恢复。

⑥ 侧石和平石变位，应刨起重新卧浆铺设，与路面间的空隙应用水泥砂浆灌填，接缝要填充饱满、平整。侧石背要填土夯紧、稳固。侧石、平石表面若有风化剥落，或有少量缺损，可将其表面凿毛、洗刷干净、刷水泥浆底层后，再用水泥砂浆罩面抹干，使其粘贴牢固，表面平整美观。

⑦ 在行人密集的路段，为增加人行道的有效宽度，可设活动树穴盖。

⑧ 新开人行道道口根据道口宽度、侧石设置、转弯半径等

不同可采用不同形式。新开道口要考虑行人行走方便。

2. 附属设施

（1）隔离带

1）隔离带应鲜明醒目，线形直顺，以利车辆运行安全。直顺度用 20m 长线检测、平面偏差最大值不得超过 10mm。

2）隔离带分绿带式和栅栏式两种。其选用形式应根据道路断面形式和使用需要来决定。

3）栅栏式的隔离带可用型钢焊制或预制混凝土构件组装而成。

4）因车辆碰撞或自然灾害造成隔离栅栏变形或损坏，应及时按原样修复或更换。

5）若路面标高与护栏标高不相应时，应及时予以调整。

6）隔离栅栏应定期重新油漆，周期一般为一年。平时应进行局部油饰。

（2）护栏栅

1）为便于辨认及协调环境，护栏栅应涂色彩醒目清晰的油漆，并保持颜色鲜艳。

2）需经常清除护栏栅周围的杂草及其他堆积物。

3）护栏栅发生变形，破损应及时按原样修复或更换；油漆擦痕，脱落应局部油饰一般每年重新油漆一次。

（3）防护栏

1）梁式防护栏的养护

① 发生变形或损坏，应及时按原样修复或更换。

② 一般每年重新油漆一次，局部脱落、擦痕平时及时油饰。

2）墙式或垛式防护栏发生倾斜或移位，应检查原因，并针对原因处理后，再修理防护栏结构物。

3）若路面标高与防护栏标高不相适应时应及时予以调整。

3. 桥、涵设施

（1）桥梁设施的养护

1) 桥梁上部构造的养护、维修与加固

桥梁上部构造包括栏杆、伸缩缝、桥面排水系统、桥面铺装、支座及桥跨结构。此处主要介绍钢筋混凝土梁式桥结构及双曲拱桥和砌体拱桥上部构造养护、维修的有关内容。

① 桥面伸缩缝的养护维修

伸缩缝要经常养护，清除缝内积物，拧紧螺栓，使其发挥正常作用。对于梳形伸缩缝，及时清除锯齿内的杂物；搭板伸缩缝，如有损坏时，要及时修复；橡胶伸缩缝，如有损坏和老化，要修理更换；早期修建的 U 形槽伸缩缝，大都已经损坏失去作用，可更换为橡胶伸缩缝等其他形式伸缩缝；多孔简支梁（板）桥，在可能条件下，可改做成水泥混凝土或沥青混合料铺装的连续桥面，减少伸缩缝道数。

② 桥面排水系统的养护维修

桥面排水设施出现缺陷会导致桥面积水，给行车带来不利影响，降雨时引起车辆滑移，成为交通事故的原因。严重的还会损坏桥梁结构本身的安全。采用以下方法对桥面排水设施进行养护：

（A）桥面的泻水管、排水槽如有堵塞，应及时疏通，保持畅通。缘石的横向泻水孔道，不够长的要加长，避免桥面流水沿梁侧流泻。

（B）泻水管损坏要及时修补，接头不牢已掉落的要重新安装接上，损坏严重的要予以更换。

（C）引水槽已破裂的要重新修理，长度不足时应予以接长。当槽口太小，不能满足排水需要时要扩大槽口重新修筑。

③ 桥面铺装的养护

（A）桥面铺装的养护工作。应经常清扫桥面，保持桥面清洁完整和有一定的路拱。在雨后应随时将桥面积水扫到泻水管口予以排除，冬天结冰或在下雪后，应及时消除桥面上的冰块或积雪。严禁在桥面上堆置杂物或占为晒场等，以保证车辆过桥时行驶的安全。此外，桥面防水层如有损坏也要及时进行修理。

（B）水泥混凝土铺装层如有磨光、脱皮、露骨或破裂等缺陷时，通常可用如下方法进行维修。

（a）原结构凿补，将原结构凿毛，并尽可能深一些，使骨料露出，用清水冲洗后，再涂上同强度等级的水泥砂浆，最后铺筑一层 5cm 厚的水泥混凝土铺装层。

（b）采用沥青路面改建桥面。由于路面改变了原有的结构而且要考虑到美观的因素，必须全桥加铺。

（c）全部凿除，重筑铺装层。如原有桥面铺装层已损坏严重，可采用全部凿除，重筑铺装层的方法修补。新铺的面层可采用普通水泥混凝土，也可采用钢纤维混凝土等其他材料。

（C）沥青类桥面铺装层出现缺陷后，应及时处理，经常保持桥面完好平整。

（D）桥面凹凸不平，如因构件连接处沉陷不均匀引起的，可采用在桥下以液压千斤顶顶升，调整构件连接处标高，使其顶面具有相同高度的方法进行维修。

2）支座的养护维修

① 桥梁支座养护的主要内容是：

（A）支座各部分应保持完整、清洁，及时扫除垃圾，冬季清除积雪和冰块，保证梁跨自由伸缩。

（B）滚动支座滚动面上要定期涂一薄层润滑油，在涂油以前，必须先用钢丝刷或揩布把滚动面揩擦干净。

（C）为了防锈，支座各部分除钢辊和滚动面以外，其余都要涂刷油漆保护。

（D）对固定支座应检查锚拴坚固程度，支承垫板要平整紧密，及时拧紧结合螺栓。

② 支座的维修加固有以下几个方面：

（A）座有缺陷或发生故障时，应及时进行维修或更换。

（B）毡支座因损坏、掉落而不能发挥作用，摆柱式支座工作性能不正常，有脱皮、露筋或其他异常情况发生的，以及橡胶支座已老化、变质而失效时，都须进行调整并维修加固。

（C）钢辊轴式支座辊轴（或摇轴）的实际纵向位移应与计算的正常位移相符，如实际纵向位移大于允许偏差或有横向位移时应加以矫正。

3）桥跨结构的养护、维修与加固

梁式桥的养护、维修及加固主要内容包括裂缝的修补、主梁（或横梁）的补强加固等。

① 混凝土桥梁的裂缝修补

实际混凝土桥梁结构中裂缝的成因多种多样，然而不管何种裂缝，只要其裂缝宽度超过规范的限定值，都将影响桥梁结构的耐久性，甚至进而会降低桥梁的承载能力。目前修补裂缝的材料主要有两大类：即水泥（砂）浆和高分子化学材料。

水泥（砂）浆通常用高强度等级水泥配制，适用于缺少修补机具的工程。当裂缝宽度较小时，一般用水泥浆修补；当裂缝宽度大于 0.4mm 时，一般用水泥砂浆修补。施工时，先采用凿毛、喷砂或钢丝刷拉毛等方法清除原构件混凝土的松散组织或石料的风化及破裂部分，并沿裂缝长度凿成 V 形槽口，用高压气枪或水枪冲洗吹干，然后用水泥（浆）人工用力挤压填缝，同时加强养护。当采用机械灌缝时，水泥浆的水灰比一般不宜小于 1.6，方法与化学材料灌浆类似。

采用高分子化学材料灌浆修补裂缝的材料，一般以环氧树脂为主，其粘结力强、稳定性好、收缩性小、耐腐蚀且可灌性好，适合于裂缝宽度在 0.1～0.4mm 的修补工作。

② 梁式结构加固

桥梁梁式构件的加固方式很多，目前比较成熟且应用较广的技术有：增加构件截面法；粘贴加固法；施加体外预应力加固法；增加构件加固法；改变结构体系加固法及综合改造加固法等。

（A）增加构件截面法

此法又可分为增加主筋补强加固和增加混凝土截面补强加固两种。

276

增加主筋加固适用于构件抗弯承载能力不足且桥下净空受限而不宜加大截面高度，甚至桥面标高也不许提高的情况。其加固要点主要有：①增焊主筋；②接长箍筋。

增加混凝土截面补强加固又可采用两种方式，其一是加厚桥面板；其二是增大主梁梁肋的高度和宽度。当采用加厚桥面板补强加固时，先将原有桥面铺装层凿除，在桥面板上浇筑新的钢筋混凝土补强层，使其与原桥跨结构形成组合断面，以提高抗弯刚度而达到补强效果。

（B）粘贴加固法

粘贴加固法时采用环氧树脂胶液把钢板、钢筋或玻璃钢粘贴在结构的受拉边缘或薄弱部位。此法加固设计方法与前述增加截面加固设计类似，即原有构件承受恒载与活载，增加的粘结件（钢板、钢筋或玻璃钢）承受原有构件承受不了的那部分活载。

（C）施加体外预应力加固法

该法是在原梁体外受拉区域设置预应力筋，通过张拉时梁体产生偏心预压力，以此来减小荷载挠度，改善结构受力状态。

（D）增设构件加固法

此法又可分为：①增加主梁加固；②增加横梁加固。

增加主梁加固不仅可以较为有效地提高结构的承载能力，对于同时要求拓宽桥面的 T 梁桥，亦是一种切实可行的方案。

对于因横向整体性差而降低承载能力的桥梁上部结构，可以采用增加横隔梁的方法以增加各主梁之间的横向连接。

（E）改变结构体系加固法简介

不同的结构体系受力特点也不同，例如简支梁的跨中弯矩较同跨径的连续梁、拱式或钢架式体系要大得多，因此，利用这一特点，通过改变原桥上部结构的结构体系可以达到改善结构受力、提高承载能力的目的。

4）墩台基础的养护、修理与加固

① 墩台基础的养护

砖石、混凝土和钢筋混凝土桥梁墩台养护的目的和任务是为了使结构物保持完整、牢固、稳定、不发生倾斜，并减少行车振动和基础冲刷。工作内容主要有：

（A）桥梁上下游各 1.5 倍桥长，但不小于 50cm 和不大于 500m 的范围内，应做到：

（a）河床要适时地进行疏浚，每次洪水过后，应及时排除清理河床上的漂浮物和沉积物，使水流顺利宣泄。

（b）不得任意修建对桥梁有害的水工建筑物，必须修建时，应采取必要的桥梁防护措施。

（B）墩台表面必须保持清洁，要及时清除青苔、杂草、荆棘和污秽。

（C）砌体长期受大气影响、雨水侵蚀而发生灰缝脱落，应重新勾缝。

（D）混凝土表面发生侵蚀剥落，蜂窝麻面等病害应及时将周围凿毛洗净，用水泥砂浆抹平。

（E）砌体镶面部分严重风化和损坏时，应予更换。用石料或混凝土预制块补砌，要求结合牢固，色泽和质地与原砌体基本一致。

（F）梁式桥墩顶面没有流水坡或坡面凹凸不平、有裂缝时，应及时铺填水泥砂浆或混凝土，做成横向坡度以利排水。

② 基础墩台的修理与加固

对砖石和钢筋混凝土墩台表层出现的缺陷以及钢筋混凝土桩和排架所出现的混凝土剥落、露筋和裂缝等病害，均应进行维修，并应根据缺陷的严重程度及工地条件的不同采用不同的方法进行修理。具体方法与桥梁上部结构的修理方法类似，这里不再赘述。

（A）砌体墩台如表面风化剥落，深度在 3cm 以内的，可喷刷 M10 以上的水泥砂浆修补；如损坏面积较大，深度超过 3cm 的，须浇筑混凝土层予以裹覆，具体见图 5-19。

（B）当墩台出现变形，应查明原因，采取下列针对性措施：

（a）由于桥台大台背填土遇水膨胀而变形，应挖去膨胀土，

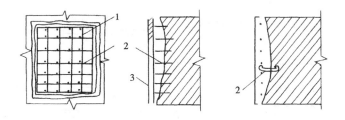

图 5-19　砌体墩台的修理

1—钢筋网（$\phi 8 \sim \phi 12$）；2—牵钉间距 $\not> 50cm$；3—换板

检修排水设施，填以砂砾土，修好损坏部位。

（b）由于冻涨原因，应挖去冻土，填以矿渣砂砾等，并封闭表面不使渗水，修好损坏部位。

（c）属于砌筑不良的，应凿去或拆除变形部分，重新砌筑或浇筑。

（d）由于砌筑填缝不实，墩台有空洞的，可择空洞部位附近，开凿通眼，以压浆机压注水泥砂浆或环氧树脂修补。

（C）当墩台由于混凝土温度收缩、局部应力集中及施工质量不良等原因产生裂缝时，应视裂缝大小，分别采取下列措施：

（a）裂缝较小时，应以水泥砂浆封闭。

（b）裂缝较大时，应做好记录，观察其变化，如无发展，可扩缝灌以水泥砂浆或环氧树脂。

（c）石砌砌体出现通缝和错缝不足时，应拆除部分石料，重新砌筑。

（d）由于活动支座失灵而造成墩台拉裂，应修复或更换支座，并处理裂缝。

（e）由于基础不均匀沉降而产生的自下而上的裂缝，应先加固基础，再视裂缝发展程度，确定灌缝或加固墩台。

（D）裂缝已贯通墩台，可用钢筋混凝土围带或钢箍进行加固，具体见图 5-20。

（E）墩台发生水平位移倾斜时，应分析原因，按照具体情况确定加固方案。

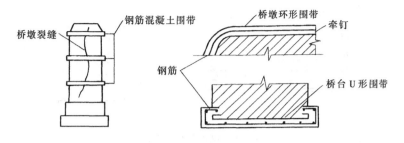

图 5-20 裂缝贯通墩台的加固

梁式桥台背土压力大，造成桥台向桥孔方向位移，可采取下列方法加固：

（a）挖去台背填土，加厚桥台胸墙，更换内摩阻角大的填料，减小土压力，见图 5-21。

（b）小跨径简支梁桥可在台间加设钢筋混凝土支撑梁，顶住桥台，以平衡台后土压力，见图 5-22。

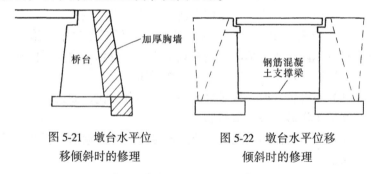

图 5-21 墩台水平位移倾斜时的修理

图 5-22 墩台水平位移倾斜时的修理

（2）涵洞的养护、维修与加固

使用中的涵洞不但要保证车辆安全通过，同时还要使水流在任何情况下都能顺畅地通过洞孔，排泄到适当地点，保证涵洞洞身、涵底、进出水口、护坡和填土完好、清洁、不漏水。

涵洞养护维修应依不同的结构型式和病害成因而采取不同的方法。

砖石涵洞的表面如发生局部风化、轻微裂缝及砖灰缝剥落等现象,应用水泥砂浆勾缝或修补封面。洞顶漏水,必须挖开填土,用水泥砂浆或石灰砂浆修理其损坏部分,并衬砌胶泥防水层。

混凝土管涵的接头处发生填缝脱落时,应用干燥麻絮浸透沥青后填实,不宜用灰浆抹缝,以免再次碎裂脱落。

木涵洞上螺栓铁件如有遗失、损坏、松动、锈蚀,应分别拧紧和补充更新,木涵洞构件有轻微损坏应进行修理,有较大损坏应予更换,或将其改建为永久性涵洞。

压力式管涵进水口周围的路堤应保持坚固。每次水淹后,要检查有无洞穴缺口或冲刷现象,并及时进行修补。

倒虹吸管在长期流水压力作用下容易破裂漏水,造成路基软化。应注意检查,如虹顶路面出现湿斑,应及时修理。

洞底铺砌层、洞口上下游路基护坡,引水沟,泻水槽和沉砂井发生变形或沉陷时,均须及时修理。

砌体拱涵的加固,一般可采用拱圈上加拱的方法。如属高填土而拱涵净空较大时可采用拱下加拱的方法加固。

钢筋混凝土盖板涵的加固,除加固涵台外,可将原盖板面凿毛,洗刷干净,再浇筑混凝土或钢筋混凝土。

4. 其他设施

(1) 基本要求

1) 必须保持广场和停车场各项设施的完整。

2) 场地应保持清洁、平整、不积水。

3) 广场和停车场道面应完整无缺,排水设施应齐全完好。

4) 场地标牌、路面标线、公共汽车上、下站台应及时养护。

(2) 场地标牌的养护

1) 场内及进出口的标牌应齐全醒目,出现问题按规定办法养护。

2) 进出口交通条件发生变化时应更正标线的位置、指示的内容、符号和图示。

3) 标牌被树木枝叶等物遮蔽时,必须及时清除阻碍视线的物体,或在规定的范围内变更标牌的设置地点。

(3) 车行道路面标线的养护

1) 车行道路面标线应结合日常养护进行冲洗，以保持其清晰完整。

2) 路面标线缺损或被覆盖，应进行修补或喷刷。

（九）养护工程的检查评定标准

近年来随着国民经济的发展，道路上交通量和车辆轴重增加，许多道路越来越不适应这一增长的需要，路况的使用技术状况越来越不能满足道路交通的要求。为了使道路养护工程逐步走向科学化，必须加强路况调查工作。在调查的基础上进行评价，这样才能够确定出养护的优先次序和有效地分配道路养护资金。

1. 路面技术状况鉴定的规定

（1）鉴定范围为水泥路面和沥青路面的机动车行道，必要时也可扩大到非机动车行道。

（2）主、次干道每年鉴定一次，其他道路路面可根据需要进行。

（3）进行路面技术状况鉴定，每条道路应至少选择一个单元，以该单元鉴定值或平均值来表征该路路面技术状况。若一条道路路面损坏状况的差异较大，应合理分段进行鉴定。

（4）鉴定单元应道照以下原则选定：

1) 道路长度在 200～500m 之间，并依路面宽度结合一起确定。

2) 水泥混凝土路面面积一般不超过 5000m^2。

（5）为便于系统掌握路面状况的变化规律，历次鉴定的单元应相对固定。这就需要在鉴定单元作出明显地固定标记。

2. 鉴定内容

（1）城市道路路面技术状况鉴定内容可概括为"三度一率"，其主要内容如下：

1) 路面结构的整体强度和现状交通量；

2) 车行道的平整度；

3) 车行道路面的粗糙度；

4）沥青路面和水泥混凝土路面的各种破损类型及数量（破损率）。

（2）路面结构整体强度的测定

柔性路面结构整体强度以其路表回弹弯沉值表示（在该路面的设计轮载作用下），其测定方法和数据整理介绍如下：

1）测定季节：应在所在地区的最不利季节内进行，北方冰冻地区一般选在春融期；南方潮湿地区一般选在雨期后。

2）测定用的标准车型：城市道路弯沉值测定应用 JN-150 黄河牌汽车，若无条件时，可使用 CA-10 解放牌汽车，必须注意的是其相应的允许弯沉值计算时，N 值就为调查交通量核算的 BZZ-60 的轴次。

测定时所选测定车的后轴重必须进行检定，黄河车后轴重 100kN；解放车后轴重 60kN。

3）测点选择：在调查单元内的每条车行道上，纵向每 20m 测一点。

4）测定方法：采用前进卸荷法一次测定击回弹弯沉值。为了保证测出测点的最大弯沉，放置弯沉仪时，应将测头稍往前置于车轮触地点前方，指挥汽车前进即可测读。

5）测定时应注意：

① 测定前的准备工作要做好。标准车加载，使其后轴重符合规定装载量要求；后轴重量符合要求后，将后轮顶起，印取车轮轮迹并计算面积，求得车轮当量直径与单位面积压力。

② 在选定的测段内，路基干湿类型、土质、水文等条件应相同。

③ 在选定得测段内，各测点的弯沉值比较接近，每段测点个数不少于 10 点。

④ 测段内路面的结构类型，施工方法应相同。

⑤ 测定车辆的轮胎花纹清晰，没有明显的磨损。

（3）路面车行道平整度的测定

路面平整度的测定以 3m 直尺对路面平整状况进行实测，量取每测一尺时直尺底面至路面最大间隙量（mm），实测时，如有量尺翘起，应量距尺端 30cm 处的间隙量。有条件时可采用连续式路面平整度仪进行连续量测。

测点选取应沿道路横断方向的位置距分车线 50cm；当路面无分车线时，其位置应选在机动车道内机动车右轮轮迹外。

在所调查的单元内沿道路纵向（遇搓板和沉陷时跳过）测定，用 3m 直尺测定时，每个单元测点不少于 50 个。

（4）路面粗糙度的测定

路面粗糙度是指在潮湿状态下路面与车轮间的滑动摩阻系数，以摆式仪测定为准。若无专用仪器时，也可采用"制动距离法"求算路面纵向摩擦系数。

摆式仪测定路面粗糙度方便易行，数据整理较为简单。为了克服该方法只表示测点本处的抗滑性能的缺陷，可在调查单元内沿纵向分别测若干点，然后取其平均值。

（5）道路路面破损状况的定量以路面破损率为指标

路面破损率是指测定单元内各种破损的面积总和占测定单元面积的百分数。

路面破损率 =（Σ各种类型破损面积/测定单元面积）×100%

路面破损类型及检查标准范围见表 5-10：

路面破损类型及检查标准　　　　　表 5-10

序号	项目名称	标准范围及计量单位
1	裂　缝	裂缝宽度大于 10mm 且未予处理，按裂缝长(m)0.2(m)计量。单位：m^2
2	碎裂	开裂成网格状，碎块直径小于 30cm，按其外界边长(m)×宽(m)计量。单位：m^2
3	网裂	裂缝连接成网，网块直径小于 30cm，按其外界边长(m)×宽(m)计量。单位：m^2
4	松散	路面材料呈松散状，按长(m)×宽(m)计量。单位：平方米
5	脱皮	路面保护层或封层脱落且深度小于 25mm，按长(m)×宽(m)计量。单位：m^2

序号	项目名称	标准范围及计量单位
6	坑槽	路面材料松散脱落为洞，深度大于 25mm，面积大于 0.02m²，按长(m)×宽(m)计量。单位：m²
7	车辙	面层磨损过度及结构层积累变形而形成的辙槽，以 3m 直尺横向量测，凹深大于 30mm 时，按车辙长度(m)×车道(轮迹)宽(m)计量。单位：m²
8	沉陷	路面局部下沉，包括掘路为补或补后下沉，在 3m 直尺范围内沉陷深度大于 30mm。按长(m)×宽(m)计量。单位：m²
9	拥包	路面局部隆起，在 1m 范围内隆起高度大于 20mm，按长(m)×宽(m)计量。单位：m²
10	搓板或波浪	车道上有规则的波浪起伏，波峰垂直于行车方向，峰谷高差大于 10mm，按长(m)×宽(m)计量。单位：m²
11	翻浆	土基和路面基层，由于湿软形成弹簧状甚至从裂缝处冒出泥浆。按长(m)×宽(m)计量。单位：m²
12	唧泥	路面裂缝处或接缝处挤出泥浆，按冒浆的缝长(m)×0.2(m)计量。单位：m²
13	缝料散失	水泥混凝土路面板伸缩缝填料散失，散失深度大于 20mm，按散失填料的缝长(m)×0.2(m)计。单位：m²
14	错台	水泥混凝土路面板在纵横缝处或与沥青路面接槎处的竖向高差大于 15mm。按错台长(m)×0.2(m)计量。单位：m²
15	井框高差	路面与井框高差大于 15mm，按周长(m)×0.2(m)计量。单位：m²
16	啃边	路面边缘材料剥落破损或形成坑洞度宽大于 4cm，长度大于 10cm，按宽度(m)×长度(m)计量。单位：m²
17	泛油	沥青路面的沥青用量过大，高温季节被挤出表面形成油层，按长(m)×宽(m)计量。单位：m²
18	拱胀	水泥混凝土路面板的热膨胀受到约束时，出现向上拱起的屈伸失稳现象。按长(m)×宽(m)计量。单位：m²

3. 技术状况鉴定指标及采用对策

（1）城市道路路面技术状况指标的规定值

路面技术状况指标的规定值如下：

1）城市道路路面的破损率规定值，如表 5-11 所示。

城市道路路面破损率的规定值 表 5-11

路面种类	破损率规定值	
水泥混凝土路面	主干路	< 2%
	次干路	< 2%
沥青类路面	主干路	< 2%
	次干路	< 3%

2）路面平整度指标规定值，如表 5-12 所示。

路面平整度指标规定值 表 5-12

路面种类	道路等级	平整度规定值（mm）（3m 直尺法）
水泥混凝土路面	主干路	< 6
	次干路	< 9
沥青类路面	主干路	< 9
	次干路	< 10

3）城市道路路面粗糙度指标的规定值，如表 5-13 所示。

城市道路路面粗糙度指标的规定值 表 5-13

路面种类	道路等级	粗糙度规定值		
		直线段	平曲线	纵坡加平曲线
水泥混凝土路面	主干路	0.48	0.50	0.55
	次干路	0.40	0.50	0.54
沥青混凝土或沥青碎石	主干路	0.48	0.50	0.55
	次干路	0.38	0.50	0.54
沥青贯入式	主干路	0.45	0.46	0.54
	次干路	0.38	0.46	0.54

（2）技术鉴定与采用的对策

城市道路路面的养护应根据各项技术标准的测定值同指标规定值进行比较，以破损率与平整度指标为主考虑。根据其测定值同规定值的差距，综合考察决定养护维修对策。

路面养护维修工作的工程分类因路面技术状况指标实测值同规定值的差距大小而已，一般分为：

甲：一般养护、零星修理、补修；

乙：局部修理恢复、罩面、补修、少量翻修；

丙：预防修理、加铺面层、补修修复、翻修。

1）水泥混凝土路面实测破损率同规定值的差距及养护对策，如表 5-14 所示。

水泥混凝土路面实测破损率同规定值的差距及养护对策　　　表 5-14

道路等级	破损率差距与对策	
	差　距	对　策
主干路	2～5%	分类甲
	6～10%	分类乙
	>10%	分类丙
次干路	2～6%	分类甲
	6～12%	分类乙
	>12%	分类丙

2）沥青类路面实测破损率同规定值的差距及养护对策，如表 5-15 所示。

沥青类路面实测破损率同规定值的差距及养护对策　　　表 5-15

道路等级	破损率差距与对策	
	差　距	对　策
主干路	3～7%	分类甲
	7～15%	分类乙
	>15%	分类丙
次干路	3～8%	分类甲
	8～15%	分类乙
	>15%	分类丙

3）路面实测平整度同规定值的差距及养护对策，如表 5-16 所示。

路面实测平整度同规定值
的差距及养护对策 表 5-16

路面种类	道路等级	平整度差距与对策		路面种类	道路等级	平整度差距与对策	
		差距(mm)	对策			差距(mm)	对策
水泥混凝土路面	主干路	<2	分类甲、乙	沥青类路面	主干路	<3	分类甲、乙
	次干路	<3	分类甲、乙		次干路	<4	分类甲、乙
	主干路	≥2	分类乙、丙		主干路	≥3	分类乙、丙
	次干路	≥3	分类乙、丙		次干路	≥4	分类甲、丙

4）路面粗糙度实测值同规定值的差距及养护对策，应按以下规定执行：

① 当实测值小于规定值且差距在 0.05 范围内，采取对策分类甲；

② 当实测值小于规定值且差距在 0.05～0.10 范围内，采取分类乙或分类丙；

③ 当粗糙度影响车辆通过时，应采取修理恢复性的措施。

5）当路面出现整体强度不足，不宜通过养护方法解决时应分别按刚性路面与柔性路面的补强设计或铺补强层设计加以解决。

4. 施工质量管理与检查验收标准

施工工序质量监控流程图，如图 5-23 所示。

(1)施工工程中材料质量检查的内容与要求(表 5-17 所示)。

施工工程中材料质量检查的内容与要求 表 5-17

材料	检查项目	检查频度	
		高速公路、一级公路	其他等级公路
粗骨料	外观（石料品种、扁平细长颗粒、含泥量等	随时	随时
	颗粒组成	必要时	必要时
	压碎值	必要时	必要时
	磨光值	必要时	必要时
	洛杉矶磨耗值	必要时	必要时
	含水量	施工需要时	施工需要时
	松方单位重	施工需要时	施工需要时

材　料	检查项目	检 查 频 度	
		高速公路、一级公路	其他等级公路
细骨料	颗粒组成	必要时	必要时
	含水量	施工需要时	施工需要时
	松方单位重	施工需要时	施工需要时
矿　粉	外　观	随　时	随　时
	<0.075mm 含量	必要时	必要时
	含水量	必要时	必要时
石油沥青	针入度	每 100t1 次	每 100t1 次
	软化点	每 100t1 次	必要时
	延　度	每 100t1 次	必要时
	含蜡量	必要时	必要时
煤沥青	黏　度	每 50t1 次	每 100t1 次
乳化沥青	黏　度	每 50t1 次	每 100t1 次
	沥青含量	每 50t1 次	每 100t1 次

注：1. 表列内容是在材料进场时已按"批"对材料进行了全面检查的基础上，日
　　常施工工程中质量检查的项目与要求；
　　2."必要时"是指施工企业、监理、质量监督部门、业主等各个部门对其质量
　　发生怀疑时，提出要求检查时，或是根据需要商定的检查频度。

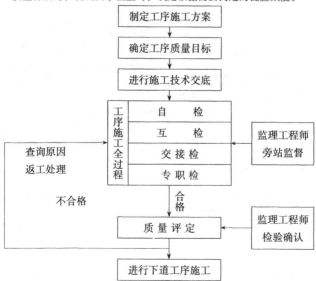

图 5－23　施工工序质量监控流程图

（2）沥青面层施工过程中工程质量的控制标准（表 5-18 所示）。

沥青面层施工过程中工程质量的控制标准　　　　表 5-18

路面类型	项　目		检查频度	质量要求或允许偏差（单点检验）		试验方法
				高速公路、一级公路	其他等级公路	
沥青表面处治及贯入式路面	外　观		随　时		骨料嵌挤密实，沥青洒布均匀，无花白料	目　测
	骨料撒布量		不少于 1～2 次/日		接头无油包	按相应施工长度的实际用量计算
	沥青洒布量		不少于 1～2 次/日		符合 JTJ032 附录 D 规定	按相应施工长度的实际用量计算
	沥青洒布温度		每车 1 次		符合 JTJ032 附录 D 规定	温度计测量
热拌沥青混合料路面	外　观		随　时		表面平整密实，不得有轮迹、裂缝、堆积、油丁、油包、离析、花白料现象	目　测
	接　缝		随　时		紧密平整、顺直、无跳车	目测、用 3m 直尺测量
	施工温度	出　厂	不少于 1 次/车		符合 JTJ032 表 7.2.4 规定	温度计测量
		摊　铺	不少于 1 次/车		符合 JTJ032 表 7.2.4 规定	温度计测量
		碾　压	随　时		符合 JTJ032 表 7.2.4 规定	温度计测量
	矿料级配：与生产设计标准级配的差 方孔筛　　圆孔筛 0.075mm　0.074mm ≤2.36mm≤2.5mm ≥4.75mm≥5.0mm		每台拌合机 1 次或 2 次/日	±2% ±6% ±7%	±2% ±7% ±8%	拌合厂取样，用抽提后的矿里筛分，应至少检查 0.075mm、2.36mm、4.75mm、最大骨料粒径及中间粒径等 5 个筛孔，中间粒径宜为：细、中粒式为 9.5（圆孔 10）mm；粗粒式为 13.2（圆孔 15）mm

路面 类型	项 目	检查频度	质量要求或允许 偏差（单点检验）		试验方法
			高速公 路、一 级公路	其他等 级公路	
热拌沥青混合料路面	沥青用量（油石比）	每台拌合机 1 次或 2 次/ 日	±0.3%	±0.5%	拌合厂取样， 离心法抽提（用 射线法沥青含量 测定仪随时检 查）
	马歇尔试验 稳定度 流 值 密度、空隙率	每台拌合机 1 次或 2 次/ 日	符合 JTJ032 表 7.3.1 规定		拌合厂取样成 型试验
	浸水马歇尔试验	必要时	符合 JTJ032 表 7.2.4 规定		拌合厂取样成 型试验
	压实度	每 2000m² 检查 1 次，1 次不少于钻 1 个孔	马歇 尔试验 密度的 96% 试验 段钻孔 密度的 99%	马歇尔试验 密度的 95% 试验段钻孔 密度的 99%	现场钻孔（或 挖坑）试验 （用核子仪随 时检查）
	抗滑表层 构造深度	不少于 1 次/日	符合设计要求		砂铺法（手动 或电动）

注：构造深度根据设计需要决定是否检测，且只对表层测定。

（3）施工过程中沥青面层外形尺寸的质量控制标准（表 5-19 所示）

施工过程中沥青面层外形尺寸的质量控制标准　　表 5-19

路面类型	检查项目	检查频度	质量要求或允许偏差（单点检验）		试验方法
			高速公路、一级公路	其他等级公路	
沥青表面处治	厚度	不少于每 2000m² 一点		− 5mm	挖坑（路中及路侧各 1 点）
	平整度（最大间隙）	随时		10mm	用 3m 直尺检测
	宽度	设计断面逐个检测		± 30mm	用尺量
	横坡度	设计断面逐个检测		± 0.5%	用横断面仪或水准仪检测
沥青贯入式路面	厚度	不少于每 2000m² 一点		− 8% 或 − 5mm②	挖坑
	平整度（最大间隙）	随时		8mm	用 3m 直尺检测
	宽度	设计断面逐个检测		± 30mm	用尺量
	横坡度	设计断面逐个检测		± 0.5%	用横断面仪或水准仪检测

路面类型	检查项目		检查频度	质量要求或允许偏差（单点检验）		试验方法
				高速公路、一级公路	其他等级公路	
热拌沥青混合料路面	厚度	总厚度	不少于每2000m²一点	-8mm	-8%或-5mm②	铺筑时随时插入取量，每日用混合料数量及实铺面积校核，成型后钻孔或挖坑检测
		上面层	不少于每2000m²一点	-4mm	-4mm	
	平整度（最大间隙）	上面层	随时	3mm	5mm	3m直尺在纵横各方向检测
		中下面层	随时	5mm	7mm	
	宽度	有侧石	设计断面逐个检测	±2cm	±2cm	用尺量
		无侧石	设计断面逐个检测	不小于设计宽度	不小于设计宽度	用尺量
	纵断高程		设计断面逐个检测	±15mm	±20mm	用水准仪检测
	横坡度		设计断面逐个检测	±0.3%	±0.5%	用横断面仪或水准仪检测

注：①表中厚度检测频度指成型后钻孔（或挖孔）频度。

②其他等级公路的厚度控制，当设计厚度＞60mm时，以厚度的百分率控制；

≤60mm时，以绝对值控制。

（4）公路沥青面层工程交工检查与验收质量标准

公路沥青面层工程交工检查与验收质量标准（一），如表5-

20 所示。

公路沥青面层工程交工检查与验收质量标准（一） 表 5-20

路面类型	检查项目		检查频度（每一幅车行道）	质量要求或允许偏差	试验方法
沥青表面处治	外观		全线	密实，不松散	目测
	厚度	代表值	每 200m 1 点	−5mm	挖坑
		极值	每 200m 1 点	−10mm	挖坑
	平整度	标准差	全线连续	4.5mm	3m 平整度仪
		最大间隙	每 1km10 处，各连续 10 尺	10mm	3m 直尺
	宽度	有侧石	每 1km 20 个断面	±3cm	用尺量
		无侧石	每 1km 20 个断面	不小于设计宽度	用尺量
	纵断面高程		每 1km 20 个断面	±20mm	水准仪
	横坡度		每 1km 20 个断面	±0.5%	水准仪
	沥青用量		每 1km 1 点	±0.5%	抽提
	矿料用量		每 1km 1 点	±5%	抽提后筛分
沥青贯入式路面	外观		全线	密实，不松散	目测
	厚度	代表值	每 200m 1 点	−5mm 或 −8%	挖坑
		极值	每 200m 1 点	−15mm	挖坑
	平整度	标准差	全线连续	3.5mm	3m 平整度仪
		最大间隙	每 1km10 处，各连续 10 尺	8mm	3m 直尺
	宽度	有侧石	每 1km 20 个断面	±3cm	用尺量
		无侧石	每 1km 20 个断面	不小于设计宽度	用尺量
	纵断面高程		每 1km 20 个断面	±20mm	水准仪
	横坡度		每 1km 20 个断面	±0.5%	水准仪
	沥青用量		每 1km 1 点	±0.5%	抽提
	矿料用量		每 1km 1 点	±5%	抽提后筛分

注：1. 当设计厚度大于 6cm 时，以厚度的百分数计，小于或等于 6cm 时，以绝对值控制；

2. 各项指标应按单个测值评定，有关代表值的计算应按 JTJ032 规范附录 F 式 F.0.3 及表 F.0.3 进行。

294

公路沥青面层工程交工检查与验收质量标准（二），如表5-21所示。

公路沥青面层工程交工检查与验收质量标准（二）　表 5-21

路面类型	检查项目		检查频度（每一幅车行道）	质量要求或允许偏差		试验方法
				高速公路、一级公路	其他等级公路	
沥青混凝土、沥青碎石路面	面层总厚度	代表值	每1km 5点	−8mm	−5mm 或 −8%	钻孔
		极值	每1km 5点	−15mm	−10mm 或 −15%	钻孔
	上面层厚度	代表值	每1km 5点	−4mm		钻孔
		极值	每1km 5点	−10%		钻孔
	平整度	标准差	全线连续	1.8mm	2.5mm	3m平整度仪
		最大间隙	每1km 10处各连续10尺		5mm	3m 直尺
	宽度	有侧石	每1km 20个断面	±2cm	±3cm	用尺量
		无侧石	每1km 20个断面		不小于设计宽度	用尺量
	纵断面高程		每1km20个断面	±15mm	±20mm	水准仪
	横坡度		每1km20个断面	±0.3%	±0.5%	水准仪
	沥青用量		每1km 1点	±0.3%	±0.5%	钻孔后抽提
	矿料级配		每1km 1点	符合设计级配	符合设计级配	抽提后筛分
	压实度	代表值	每1km 5点	95%（98%）	94%（98%）	钻孔取样法
	弯沉		全线每20m 1点	符合设计要求	符合设计要求	贝克曼梁
			全线每5m 1点	符合设计要求	符合设计要求	自动弯沉仪

路面类型	检查项目		检查频度（每一幅车行道）	质量要求或允许偏差		试验方法
				高速公路、一级公路	其他等级公路	
沥青混凝土、沥青碎石路面	抗滑表层	构造深度	每 1km 5 点	符合设计要求	符合设计要求	砂铺法（手动或电动）
		摩擦系数摆值	每 1km 5 点	符合设计要求	符合设计要求	摆式仪
		横向力系数 μ	全线连续	符合设计要求	符合设计要求	横向力摩擦系数车

注：1. 高速公路、一级公路面层除验收总厚度外，尚须验收上面层厚度；其他等级公路，当设计厚度大于 6cm 时，以厚度的百分数计，小于或等于 6cm 时，以绝对值控制；

2. 表中压实度以马歇尔试验密度为标准密度，当以试验段密度为标准密度时，压实度标准采用括号中的值；

3. 弯沉可选用贝克曼梁或自动弯沉仪测试，测试时间由设计规定，无规定时实测记录；

4. 抗滑表层的摩擦系数摆值或横向力系数根据设计需要决定是否检测，测试时间由设计规定；

5. 各项指标应按单个测值评定，有关代表值的计算应按 JTJ032 规范附录 F 式 F.0.3 及表 F.0.3 进行。

（5）行人道路沥青面层工程质量标准（表 5-22 所示）

行人道路沥青面层工程质量标准 表 5-22

检查项目		检查频度	质量要求或允许偏差	检查方法
厚 度		每 100m 1 点	±5mm	钻孔或挖坑
平整度（最大间隙）	沥青混凝土	每 200m 2 点各连续 10 尺	5mm	3m 直尺
	其他沥青面层		7mm	
宽 度		每 100m 2 点	−2cm	用尺量
横坡度		每 100m 2 点	±0.3%	用水准仪

（6）桥面沥青铺装工程质量标准（表 5-23 所示）

桥面沥青铺装工程质量标准　表 5-23

检查项目	检查频度	质量要求或允许偏差		检查方法
		高速公路、一级公路	其他等级公路	
厚　　度	每 200m 2 点	0～+10mm		挖坑用尺量
平整度(标准差)	连续测定	1.8mm	2.5mm	用 3m 平整度仪
平整度(最大间隙)	连续测定	3mm	5mm	用 3m 直尺
宽　　度	每 200m 10 点	0～+0.5cm		用尺量
压实度	每 200m 2 点	96%		挖坑量
横　　坡	每 200m 10 点	±0.3%		用水准仪
中线高程	每 200m 10 点	0～+10cm		用水准仪
其　　他		同以上标准二和行人道路表		

（7）路缘石工程质量标准（表 5-24 所示）

路缘石工程质量标准　表 5-24

检查项目	检查频度	质量要求或允许偏差	检查方法
直顺度	每 200m 2 点	10mm	拉 20m 小线量取最大值
预制块相临块高差	每 200m 5 点	3mm	用钢板尺量
预制块相临缝宽	每 200m 5 点	±3mm	用钢板尺量
立式路缘石顶面高程	每 200m 5 点	±10mm	用水准仪
水泥混凝土路缘石的预制块强度	每 1km 1 点	25MPa	留试块试验
沥青混凝土路缘石的压实度	每 1km 1 点	95%	取样试验

思 考 题

1. 路基、路面是如何分类的？相应的构造以及特点都有哪些？

2. 路基、路面主要存在哪些病害？相应的养护方法都有什么？

3. 对于不同类型的路基、路面形式请写出养护工艺流程并简要说明操作要点。

4. 请说出养护工作中应预先控制的主要事项。

5. 其他道路设施的养护工作主要分为哪几个方面？相应的操作要点都有什么？

6. 道路养护技术状况鉴定的内容都有哪些？相应的检测方法是什么？

六、道路养护施工项目管理

项目是在一定时间内，在既定的资源和要求的约束下，为实现某种目的而相互联系的一次性工作任务。

项目管理，就是项目的管理者，在有限的资源约束下，运用系统的观点、方法和理论，对项目涉及的全部工作进行有效地管理。即从项目的决策开始到项目结束的全过程进行计划、组织、指挥、协调、控制和评价，以实现项目的目标。管理本身不是目的，而是实现目的的手段。

通常，我们把项目建设周期划分为四个阶段：工程项目策划和决策阶段，工程项目准备阶段，工程项目实施阶段，工程项目竣工验收阶段。其中实施阶段的主要任务是将"蓝图"变成工程项目实体，实现决策意图。在这一阶段，通过施工，在规定的范围、工期、费用、质量内，按设计要求高效率地实现工程项目目标。该阶段在工程建设周期中工作量最大，投入的人力、物力和财力最多，管理的难度也最大。道路养护施工项目管理，就是指的这一阶段的管理。

（一）道路养护施工项目管理概述

1. 施工项目管理的指导思想

（1）科学技术是第一生产力的思想

项目管理是一门应用科学。它反映了项目运动和项目管理的客观规律，是在实践的基础上总结、研究出来的，又可用来指导实践活动。因此进行施工项目管理，必须坚持科学技术是第一生产力的观点，学习项目管理理论，在项目上把各种生产要素合理组织起来，加强项目实施过程中的目标控制、协调和动态管理，使设计出来的项目通过施工活动和项目管理活动的共同作用，实现最终产品。

（2）依靠市场，推动市场发展的思想

施工项目是在市场中产生的。施工企业通过市场竞争（投标）取得施工项目，在市场的大环境下实施，在实施中不断从市场上取得生产要素并进行优化组合；认真地进行履约经营。工程项目的竣工、验收、交工、结算等，实质上是建筑市场的一种特殊交易行为。进行施工项目管理，应尊重市场经济条件的竞争规律、价值规律、市场运动规则等，既尊重、利用和依靠市场，又建设和发展市场，靠市场取得施工项目管理效益。

（3）系统管理的思想

施工项目管理是系统性的管理。必须重视它与总系统及同等级别的子系统的关系，也要重视本系统内部各子系统之间的关系，重视相关管理，特别要重视各系统之间的"结合部"的管理，它是项目和项目管理的重点和难点，是项目经理协调管理的工作焦点。在施工项目管理中坚持系统管理思想，就是贯彻四项原则：第一，目标体系的整分合原则，既在高度分解的基础上进行高度综合，从而实现专业化，以求高质量和高效率；又通过进行高度的系统综合提高管理绩效，发挥整体功能。第二，协调控制的相关性原则，即协调和控制各项管理工作之间的关系、各生产要素之间的关系、目标和条件的关系，保证系统整体功能的优化。第三，整体功能的有序性原则，即施工项目和施工项目管理在时间上、空间上、分解目标上、实施组织上都具有有序性，必须尊重这种有序性才能保证施工项目管理的成功。第四，应变能力的动态性原则，即要随时预测和掌握系统内外各种变化，提高应变能力以取得工作的主动权，加强战略研究以取得驾驭未来的主动权。

（4）树立现代化管理的思想

现代化的管理思想，首先是管理观念的现代化，就是将生产性内向管理观念转变为强调经营性外向管理观念。从这个前提出发，在进行施工项目管理中，要强调战略观念、市场观念、用户观念、效益观念、竞争观念、时间观念、变革和创新观念。

战略观念，即全面系统的观念和面向未来的发展观念。面向未来，包括市场的未来、技术的未来、组织的未来和施工项目管理科学的未来。市场观念，即要搞好施工项目管理，首先要了解市场，其次要以自身的优势去占有市场、赢得市场。用户观念，即一切为了用户的观念，全心全意地为用户服务，以对用户高度负责求得信誉，以信誉求得项目管理的成功。效益观念，即进行施工项目管理要精打细算，减少投入；在进行产品交易以后，所获得的收益要大于投入，形成利润，为此要首先赢得市场和信誉，向管理求效益。竞争观念，即以质量好、工期合理、服务周到、造价经济取胜。有市场就有竞争；有竞争就要加强管理，进行目标控制，取得竞争的优势。因此树立竞争观念必然会促进施工项目管理提高水平。时间观念，即要把握决策时机，缩短施工工期，加快资金周转，讲究资金的时间价值，讲究工作效率和管理效率，从而赢得时间和效益。变革和创新观念，即没有不变的施工项目管理模式，要根据工程和环境的变化进行调整和变革，故要讲预测，有对策。光有变革观念不成，还要有创新观念。赢得竞争胜利的关键在创新，要广泛采用新工艺、新技术、新材料、新设备、新的管理组织、方法和手段。

2. 道路养护施工项目管理的基本原理

现代科学管理原理主要包括系统原理、分工协作原理、反馈原理、能级原理、封闭原理和弹性原理等。系统原理就是施工项目管理要实施系统管理。分工协作原理是说管理要分工，以提高效率，但也要讲协作，使分工不失有序，不离整体。反馈原理即对生产和管理中的偏差信息反馈到原控制系统，使它影响管理活动过程，进行有效控制，实现管理目标。能级原理是说在施工项目管理中，管理能力是随管理组织的层次而变化的，因此要根据能级确定责、权、利，分别确定目标，以发挥每个能级人员的作用。封闭原理是说管理活动是循环活动，该循环按 PDCA 的顺序展开，并在管理的整个过程中不断循环。必须指出，不进行每个循环的封闭，则不是完整的管理，因而也不是有效的管理。弹性原理指管理活动必须保持充分的弹性，以适应客观事物各种可能的变化，有应变打算，不搞绝对化。计划工作中的"积极可靠，留有余地"就是应用弹性原理的典型。

其基本原理可概括为目标的系统管理原理、过程控制管理原理。

目标系统管理就是把整个项目的工作任务和目标作为一个完整的系统加以统筹、控制管理。它包括两个方面，一个是首先确定工程项目总目标，采用工作分解结构（Work Breakdown Structure）方法，即 WBS 法，将总目标层层分解成若干个子目标和可执行目标，并将它们落实到工程的各阶段和各负责人，并建立由上至下、由整体到局部的目标控制系统。另一方面，要作好整个系统中各类目标（如质量目标、进度目标、成本目标）的协调平衡和各分项目标的衔接和协作工作，使整个系统步调一致，有序进行，从而保证总目标的实现。其中，成本、进度和质量三大目标之间是对立统一的，处于一个整体中，需要反复协调平衡，力求以资源的最优配置实现工程项目目标。

过程控制管理是指通过工作流（或业务流）对实现目标的过程及相关资源和投入过程进行动态管理，预先安排好过程最佳步骤、流程、控制方法以及资源要求，规定好组织内各部门之间的关键活动的接口，及时测量、统计关键活动的成果并及时反馈，不断改进，可以更有效地利用资源，既满足顾客的要求，又降低成本，保证质量和进度，使相关方受益。过程管理的基本程序就是国际通用的 PDCA（Plan-Do-Check-Act）循环方法，即计划、实施、检查、处理循环。

3. 道路养护施工管理的主要内容

在施工项目管理的全过程中，为了取得各阶段目标和最终目标的实现，在进行各项活动中，必须加强管理工作。必须强调，施工项目管理的主体是以施工项目经理为首的项目经理部，即作业管理层，管理的客体是具体的施工对象、施工活动及相关生产要素。

（1）建立施工项目管理组织

1）由企业采用适当的方式选聘称职的施工项目经理。

2）根据施工项目组织原则，选用适当的组织形式，组建施工项目管理机构，明确责任、权限和义务。

3）在遵守企业规章制度的前提下，根据施工项目管理的需要，制订施工项目管理制度。

（2）进行施工项目管理规划

施工项目管理规划是对施工项目管理组织、内容、方法、步骤、重点进行预测和决策，做出具体安排的纲领性文件。施工项目管理规划的内容主要有：

1）进行工程项目分解，形成施工对象分解体系，以便确定阶段控制目标，从局部到整体地进行施工活动和进行施工项目管理。

2）建立施工项目管理工作体系，绘制施工项目管理工作体系图和施工项目管理工作信息流程图。

3）编制施工管理规划，确定管理点，形成文件，以利执行。这个文件便是施工组织设计。

（3）进行施工项目的目标控制

施工项目的目标有阶段性目标和最终目标，实现各项目标是施工项目管理的目的所在。因此应当坚持以控制论原理和理论为指导，进行全过程的科学控制。施工项目的控制目标为进度控制目标、质量控制目标、成本控制目标、安全控制目标、施工现场控制目标。

（4）对施工项目的生产要素进行优化配置和动态管理

施工项目的生产要素是施工项目目标得以实现的保证，主要包括：劳动力、材料、设备、资金和技术（即5M）。生产要素管理的内容包括三项：

1）分析各项生产要素的特点。

2）按照一定原则、方法对施工项目生产要素进行优化配置，并对配置状况进行评价。

3）对施工项目的各项生产要素进行动态管理。

（5）施工项目的合同管理

由于施工项目管理是在市场条件下进行的特殊交易活动的管理，这种交易活动从招投标开始，并持续于项目管理的全过程，因此必须依法签订合同，进行履约经营。合同管理的好坏直接涉及项目管理及工程施工的技术经济效果和目标实现。因此要从招投标开始，加强工程承包合同的签订、履行管理。合同管理是一项执法、守法活动，市场有国内市场和国际市场，因此合同管理势必涉及国内和国际上有关法规和合同文本、合同条件，在合同管理中应予高度重视。为了取得经济效益，还必须注意搞好索赔，讲究方法和技巧，提供充分的证据。

（6）施工项目的信息管理

现代化管理要依靠信息。施工项目管理是一项复杂的现代化的管理活动，更要依靠大量信息及对大量信息的管理，而信息管理又要依靠电子计算机进行辅助。进行施工项目管理和施工项目目标控制、动态管理，必须依靠信息管理，并应用电子计算机进行辅助。

4. 施工项目管理组织

施工项目管理组织，是指为进行施工项目管理，实现组织职能而进行的组织系统的设计与建立、运行和调整。它是项目管理基本职能之一，其目的是通过合理设计和职权关系结构来使各方面的工作协同一致。其职能包括五个方面：组织设计、组织联系、组织运行、组织行为及组织调整。

施工项目管理组织机构的作用主要表现在为施工项目管理提供组织保证、建立权力系统以便进行集中统一指挥、形成责任制和信息沟通体系等三个方面。它在项目管理中是一个焦点。可以说，一个项目经理建立了理想有效的组织系统，他的项目管理就成功了一半。我国建筑业体制的改革及推行、施工项目管理的研究等，说到底就是个组织问题。

施工项目管理组织机构的设置应遵循以下原则：

（1）目的性的原则

施工项目组织机构设置的根本目的，是为了产生组织功能，实现施工项目管理的总目标，从这一根本目标出发，就会因目标设事、因事设机构定编制，按编制设岗位定人员，以职责定制度授权力。

（2）精干高效原则

施工项目组织机构的人员设置，以能实现施工项目所要求的工作任务（事）为原则，尽量简化机构，作到精干高效。人员配置要从严控制二三线人员，力求一专多能，一人多职。同时还要增加项目管理班子人员的知识含量，着眼于使用和学习锻炼相结合，以提高人员素质。

（3）管理跨度和分层统一的原则

管理跨度亦称管理幅度，是指一个主管人员直接管理的下属人员数量。跨度大，管理人员的接触关系增多，处理人与人之间关系的数量随之增大。当跨度太大时，领导者及下属常会出现应接不暇之烦。对施工项目管理层来说，管理跨度更应尽量少些，以集中精力于施工管理。

（4）业务系统化管理原则

由于施工项目是一个开放的系统，由众多子系统组成一个大系统，各子系统之间，子系统内部各单位工程之间，不同组织、工种、工序之间，存在着大量结合部。这就要求项目组织也必须是一个完整的组织结构系统，恰当分层和设置部门，以便在结合部上能形成一个相互制约、相互联系的有机整体，防止产生职能分工、权限划分和信息沟通上相互矛盾或重叠。要求在设计组织机构时以业务工作系统化原则作指导，周密考虑层间关系、分层与跨度关系、部门划分、授权范围、人员配备及信息沟通等，使组织机构自身成为一个严密的、封闭的组织系统，能够为完成项目管理总目标而实行合理分工及和谐地协作。

（5）弹性和流动性原则

工程建设项目的单件性、阶段性、露天性和流动性是施工项目生产活动的主要特点，必然带来生产对象数量、质量和地点的变化，带来资源配置的品种和数量变化。于是要求管理工作和组织机构随之进行调整，以使组织机构适应施工任务的变化。这就是说，要按照弹性和流动性的原则建立组织机构，不能一成不变。要准备调整人员及部门设置，适应工程任务变动对管理机构流动性的要求。

（6）项目组织与企业组织一体化原则

项目组织是企业组织的有机组成部分，企业是它的母体，归根结底，项目组织是由企业组建的。从管理方面来看，企业是项目管理的外部环境，项目管理的人员全部来自企业，项目管理组织解体后，其人员仍回企业，不能离开企业的组织形式去谈项目的组织形式。

5. 道路养护施工的生产要素管理

施工项目的生产要素是指投入施工项目的劳动力、材料、机械设备、技术和资金诸要素。加强施工项目管理，必须对施工项目的生产要素认真研究，强化其管理。施工项目生产要素管理的最根本意义在于节约活劳动和物化劳动，即按照项目的内在规律，有效地计划、组织、协调，控制各生产要素，使之在项目中合理流动，在动态中寻求平衡。在施工项目运行中，合理地、节约地使用资源，以取得节约资源（资金、材料、设备，劳动力）的目的。

（1）施工项目生产要素管理的主要环节

1）编制生产要素计划。编制生产要素计划的目的，是对资源投入量、投入时间、投入步骤做出合理安排，以满足施工项目实施的需要。计划是优化配置和组合的手段。

2）生产要素的供应。是按编制的计划，从资源的来源，到投入到施工项目进行实施、使计划得以实现，施工项目的需要得以保证。

3）节约使用资源。即根据每种资源的特性，设计出科学的措施，进行动态配置和组合，协调投入，合理使用，不断纠正偏差，以尽可能少的资源，满足项目的使用，达到节约的目的。

4）进行生产要素投入、使用与产出的核算，实现节约使用的目的。

5）进行生产要素使用效果的分析。一方面是对管理效果的总结，找出经验和问题，评价管理活动；另一方面又为管理提供储备和反馈信息，以指导以后（或下一循环）的管理工作。

（2）施工项目生产要素的内容

1）劳动力

施工企业现在已经有了多种形式的用工，包括固定工、合同工和临时工，而且已经形成了弹性结构。在施工任务增大时，可以多用农民合同工或农村建筑队。任务减少时，可以少用农民合同工或农村建筑队，以避免窝工。施工项目中的劳动力，关键在使用，使用的关键在提高效率，提高效率的关键是如何调动职工的积极性，调动积极性的最好办法是加强思想政治工作和利用行为科学，从劳动力个人的需要和行为的关系观点出发，进行恰当的激励，这是施工项目劳动力管理的正确思路。

2）材料

建筑材料按在生产中的作用可分为主要材料、辅助材料和其他材料。施工项目材料管理的重点在现场，在使用，在节约和核算。就节约来讲，其潜力是最大的。

3）机械设备

施工项目的机械设备，施工项目机械设备管理的环节，有选择、使用、保养、维修、改造、更新。其关键也在使用，使用的关键是提高机械效率，提高机械效率必须提高利用率和完好率。我们应该通过机械设备管理，寻找提高利用率和完好率的措施。利用率的提高靠人，完好率的提高在保养与维修，这一切又都是施工项目机械设备管理深层次的问题。

4）技术

技术是指操作技能、劳动手段、劳动者素质、生产工艺、试验检验、管理程序和方法等。施工项目技术管理，是对各项技术工作要素和技术活动过程的管理。技术工作要素包括技术人才、技术装备、技术规程、技术资料等，技术活动过程指技术计划、技术运用、技术评价等。技术作用的发挥，除决定于技术本身的水平外，极大程度上还依赖于技术管理水平。没有完善的技术管理，先进的技术是难以发挥作用的。

5）资金

施工项目的资金，从流动过程来讲，首先是投入，即筹集到的资金投入到施工项目上；其次是使用，也就是支出。资金管理，也就是财务管理，它主要有以下环节：编制资金计划，筹集资金，投入资金（施工项目经理部收入），资金使用（支出），资金核算与分析。施工项目资金管理的重点是收入与支出问题，收支之差涉及核算、筹资、贷款、利息、利润、税收等问题。

（二）道路养护施工项目成本管理

施工项目管理的一切活动实际是成本活动，没有成本的发生和运动，施工项目管理的生命周期随时都可能中断和窒息。同时，成本管理反映施工项目管理的核内内容，施工项目管理的水平，集中体现在成本管理水平上。而施工企业对施工项目的绩效评价，首先是对成本管理绩效的评价。因此，施工项目成本管理在施工项目管理中的重要地位是不可替代的。

1. 什么是施工项目成本

施工项目成本是指施工企业以施工项目作为成本核算对象的施工过程中所耗费的生产资料转移价值和劳动者的必要劳动所创造的价值的货币形式。它包括所消耗的主、辅材料，构、配件，周转材料的摊销费或租赁费，施工机械的台班费或租赁费，支付给生产工人的工资、奖金以及项目经理部（或分公司、工程处）

一级为组织和管理工程施工所发生的全部费用支出。施工项目成本不包括劳动者为社会所创造的价值（如税金和计划利润），也不包括不构成施工项目价值的一切非生产性支出。

施工项目成本是施工企业的主要产品成本，亦称工程成本，一般以项目的单位工程作为成本核算对象，通过各单位工程成本核算的综合来反映施工项目成本。

在施工项目管理中，最终是要使项目达到质量高、工期短、消耗低、安全好等目标，而成本是这四项目标经济效果的综合反映。因此，施工项目成本是施工项目管理的核心。

施工项目成本的主要形式，根据成本管理要求，从成本发生时间及不同的角度来划分，施工项目成本可分为预算成本、计划成本和实际成本；按生产费用计入成本的方法可划分为直接成本和间接成本；按生产费用与工程量关系可将工程成本划分为固定成本和变动成本。

2. 施工项目成本的构成

施工企业在工程项目施工中为提供劳务、作业等过程中所发生的各项费用支出，按照国家规定计入成本费用。

施工企业工程成本由直接成本和间接成本组成。

（1）直接成本

直接成本是指施工过程中直接耗费的构成工程实体或有助于工程形成的各项支出，包括人工费、材料费、机械使用费和其他直接费。所谓其他直接费是指直接费以外施工过程中发生的其他费用。

（2）间接成本

间接成本是指企业的各项目经理部为施工准备、组织和管理施工生产所发生的全部施工间接费支出。施工项目间接成本应包括：现场管理人员的人工费（基本工资、工资性补贴、职工福利费）资产使用费、工具用具使用费、保险费、检验试验费、工程保修费、工程排污费以及其他费用等。

对于施工企业所发生的经营费用、企业管理费和财务费用，则按规定计入当期损益，亦即计为期间成本，不得计入施工项目成本。

应该指出，企业下列支出不仅不得列入施工项目成本，也不能列入企业成本；如为购置和建造固定资产、无形资产和其他资产的支出；对外投资的支出；没收的财物，支付的滞纳金、罚款、违约金、赔偿金，以及企业赞助、捐赠支出，国家法律、法规规定以外的各种付费和国家规定不得列入成本费用的其他支出。

3. 施工项目成本管理基本原则

施工项目成本管理是企业成本管理的基础和核心。进行成本管理时，必须遵循以下基本原则。

（1）成本最低化原则

施工项目经理部在对项目施工过程中项目成本管理的根本目的，在于通过成本管理的各种手段，促进不断降低施工项目成本，以达到可能实现最低的目标成本的要求。在实行成本最低化原则时，应注意研究降低成本的可能性和合理的成本最低化。一方面挖掘各种降低成本的潜力，使可能性变为现实，另一方面要从实际出发，制定通过主观努力可能达到合理的最低成本水平，并据此进行分析、考核评比。

（2）全面成本管理原则

长期以来，在施工项目成本管理中，存在"三重三轻"问题，即重实际成本的计算和分析，轻全过程的成本管理和对其影响因素的控制，重施工成本的计算分析，轻采购成本、工艺成本和质量成本，重财会人员的管理，轻群众性的日常管理。因此，为了确保不断降低施工项目成本，达到成本最低化目的，必须实行全面成本管理。

全面成本管理是全企业、全员和全过程的管理，亦称"三全"管理。

（3）成本责任制原则

为了实行全面成本管理，必须对施工项目成本进行层层分解，以分级、分工、分人的成本责任制作保证。施工项目经理部应对企业下达的成本指标负责，班组和个人对项目经理部的成本目标负责，以做到层层保证，定期考核评定。成本责任制的关键是划清责任，并要与奖惩制度挂钩，使各部门，各班组和个人都来关心施工项目成本。

（4）成本管理有效化原则

所谓成本管理有效化，主要有两层意思。一是促使施工项目经理部以最少的投入，获得最大的产出，二是以最少的人力和财力，完成较多的管理工作，提高工作效率。

提高成本管理有效性，一是可以采用行政方法，通过行政隶属关系，下达指标，制定实施措施，定期检查监督；二是采用经济方法，利用经济杠杆、经济手段实行管理；三是用法制方法，根据国家的政策方针和规定，制定具体的规章制度，使人人照章办事，用法律手段进行成本管理。

（5）成本管理科学化原则

成本管理是企业管理学中一个重要内容，企业管理要实行科学化，必须把有关自然科学和社会科学中的理论、技术和方法运用于成本管理。在施工项目成本管理中，可以运用预测与决策方法、目标管理方法、量本利分析方法和价值工程方法等。

4. 施工项目降低成本的途径

（1）确定先进的、经济合理的施工方案

根据项目的规模、性质、复杂程度、工艺条件和现场条件、装备情况、人员素质等，选择先进可行、经济合理，而又能保证工程质量和合同工期要求的施工方案，做到采用先进施工方法，合理安排工艺流程和布置施工现场；保持施工的均衡性、连续性，是降低成本、实现成本目标的基础。

（2）提高劳动生产率

劳动生产率是人们在生产过程中的劳动效率。在工程项目施工中，成本的高低，在很大程度上取决于劳动生产率的高低，而劳动生产率的高低又取决于劳动组织、技术装备和劳动者的素质。因此，一方面，积极学习先进的项目管理理论和方法，提高技术装备程度、劳动者的操作熟练程度和科学文化水平，从而提高项目全体人员的素质。另一方面，改善劳动组织，落实经济责任，合理处理分配问题，把施工人员的劳动成果与其收入紧密联系起来，以充分调动人们的积极性，挖掘潜力，达到提高劳动生产率、降低成本的目的。

（3）降低材料费用支出

材料消耗在工程成本中占据很大比重，一般可达 60% ~ 70%。降低材料消耗，节约材料费用，要求在材料的采购、运输、使用及回收等各个环节，综合考虑采取降低材料费用支出的措施。首先，要做好材料的采购决策，进料的价格、质量、数量和时间，以及运输方案等要在统筹项目施工的需要和项目所在地的具体情况后做出选择，既要保证项目施工所需，又不要形成积压，结合场外和场内运输，减少二次搬运。其次，不断改进施工技术，合理地使用新技术、新工艺、新材料，开展材料的代用和综合利用，充分做到物尽其用。再次，加强材料管理，制定各种合理的材料定额，如消耗定额、仓贮定额等，做到控制有标准。最后，采用经济承包制，将材料消耗的定额指标，进行层层落实，直至工序，并制定相应的材料消耗节超奖惩措施。

（4）提高机械设备的利用率

机械使用费在工程成本中也占有相当比重。所以，提高机械设备利用率，合理地进行机械施工的组织，以充分发挥其效能提高单位时间内的生产效率，对降低项目成本有直接影响。为此，必须做好下列三方面工作：首先，结合施工方案的制定，从性能、数量、台班成本三个方面选择最适合项目施工特点的机械设备。其次，做好配合机械施工的组织工作，使其机械作业能发挥最大效能，同时，对机械操作人员的技术水平也要有一定要求，防止因其熟练程度不够而影响施工生产的正常进行。第三，统筹考虑机械使用费的支出，督促设备管理人员加强机械设备的维修管理工作，使机械设备尽可能地始终处于完好状态，提高完好率。

（5）节约现场管理费

在施工过程中严格控制现场管理费，特别是现场管理人员的数量配备，按照一专多能、少而精的原则，节约费用开支。做好办公费、差旅交通费、工具用具使用费计划，并按计划执行，实行责任制，节约有奖。

（6）加强班组经济核算

班组经济核算是以班组为单位，对生产中的消耗和成果，或者是对投入和产出进行核算。简单地说也就是核算班组的经济效果和个人的劳动成果。它的任务主要是对班组的生产全过程进行预测、控制、核算、分析和考核的循环，以达到用最低的消耗，取得最好的经济效果。

班组成本核算是以货币为计量单位，把成本核算的原则和方法运用到班组，用投入同产出进行对比，计算出盈利和亏损，并以此同经济利益挂勾。

5．项目成本控制的技术方法

目前在进行工程成本控制时经常采用成本分析表法，包括成本日（周、月）报、分析表、预测报告等。它要求准确及时和简单明了，表的填制可以每日、每周、每月一次，依据实际需要而定。常见的成本分析表有以下几种：

（1）月成本分析表

在该表中，要标明工程期限、费用项目、生产数量、工程成本、单价等，该表可用于项目的综合成本分析。月成本分析表格式如表6-1。

（2）成本费用项目分析表（见表6-2）

（3）成本日报和成本周报

为了便于准确掌握项目施工的动态情况，项目各级管理人员需要及时了解自己责任范围的进度与成本情况，及时发现工作中的难点和弱点，并据此采取有效措施。因此，良好的成本控制，应该每日、每周都要进行成本核算和分析。

月 成 本 分 析 表　　　　　　　　　　表 6-1

工程名称：　　　　施工单位：　　　　　　日期：　　　　　　单位：千克

编号	工程部位名称	实物单位	工程量				预算成本		计划成本		实际成本		实际偏差		目标偏差	
			计划		实际											
			本期	累计	本期	累计	本期	累计	本期	累计	本期	累计	本期	累计	本期	累计
1	2	3	4	5	6	7	8	9	10	11	12	13	14	15	16	17

注：14 = 8 - 12；15 = 9 - 13；16 = 10 - 12；17 = 11 - 13。

成本费用项目分析表　　　　　　　　　　表 6-2

工程名称：　　　　施工单位：　　　　　　日期：　　　　　　单位：元

部位名称：

编号	成本费用名称	完成工程量	预算成本	计划成本	实际成本	差　　异		本月计划单位成本	本月实际单位成本	上月实际单位成本
						实际	目标			
1	2	3	4	5	6	7	9	9	10	11

注：7 = 4 - 6；8 = 5 - 6；9 = 5 ÷ 3；10 = 6 ÷ 3。

成本日报的主要内容是记录人工的投入，周报则要求反映人工、材料和机械使用费的计划与实际支出情况，其格式如表 6-3 所示。周直接三项费用表，如表 6-4 所示。

日人工费用表　　　　　　　　　　表 6-3

工程名称：

工程名称	月　日		月　日		月　日		月　日		月　日		月　日		月　日
	数量	单位	数量	单位	数量	单位	数量	单位	数量	单位	数量	单位	

周直接三项费用表（工、料、机） 表6-4

工程名称：　　　　　施工单位：　　　　　日期：

编号	工程部位名称	间接成本	数量		单价		成本			比较	
			单位	总计	本周数	预算	实际	总计	实际总计	最终预测	节	超

（4）班组成本考核

班组是成本控制的最基层单位。班组成本考核，直接反映了成本控制的基本情况，有助于进一步分清成本节超的责任和根源。其考核表格式如表6-5、6-6所示。

班组材料成本考核表 表6-5

工程部位名称：　　　　　日期：

材料名称	完成工程量	材料单价	按定额消耗材料成本		实际消耗材料成本		差　异				备注
			消耗量	材料费	消耗量	材料费	材料超耗		返工消耗		
							数量	金额	数量	金额	

班组工费成本考核表 表6-6

工程名称：　　　　　日期：

工程部位名称	完成工程量	定额消耗工日		实际消耗工日		差　异		
		数量	费用	数量	费用	预算工资标准与实际工资变动	超耗工日	
							预算工资	实际工资

（三）道路养护施工项目质量管理

质量是指反映实体满足明确或隐含需要能力的特性之总和，它的主体不仅包括产品，而且包括活动、过程、组织体系或人，以及他们的结合。

工程项目质量是国家现行的有关法律、法规、技术标准、设计文件及工程合同中对工程的安全、使用、经济、美观等特性的综合要求。

质量控制是指为达到质量要求所采取的作业技术和活动，而施工阶段是工程质量控制的关键环节。

1. 施工项目质量因素的控制

影响施工项目质量的因素主要有五大方面，即 4M1E，指：人（Man）、材料（Material）、机械（Machine）、方法（Method）和环境（Envirohment）。事前对这五方面的因素严加控制，是保证施工项目质量的关键。

（1）人的控制

人，是指直接参与施工的组织者、指挥者和操作者。人，作为控制的对象，是要避免产生失误；作为控制的动力，是要充分调动人的积极性，发挥人的主导作用。为此，除了加强政治思想教育、劳动纪律教育、职业道德教育、专业技术培训，健全岗位责任制，改善劳动条件，公平合理地激励劳动热情以外，还需根据工程特点，从确保质量出发，在人的技术水平、人的生理缺陷、人的心理行为、人的错误行为等方面来控制人的使用。如对技术复杂、难度大、精度高的工序或操作，应由技术熟练、经验丰富的工人来完成；反应迟钝、应变能力差的人，不能操作快速运行、动作复杂的机械设备；对某些要求万无一失的工序和操作，一定要分析人的心理行为，控制人的思想活动，稳定人的情绪；对具有危险源的现场作业，应控制人的错误行为，严禁吸烟、打赌、嬉戏、误判断、误动作等。此外应严格禁止无技术资质的人员上岗操作；对不懂装懂、图省事、碰运气、有意违章的行为，必须及时制止。总之，在使用人的问题上，应从政治素质、思想素质、业务素质和身体素质等方面综合考虑，全面控制。

（2）材料的控制

材料控制包括原材料、成品、半成品、构配件等的控制，主要是严格检查验收，正确合理地使用，建立管理台账，进行收、发、储、运等各环节的技术管理，避免混料和将不合格的原材料使用到工程上。

（3）机械控制

机械控制包括施工机械设备、工具等控制。要根据不同工艺特点和技术要求，选用合适的机械设备，正确使用、管理和保养好机械设备。为此要健全人机固定制度、"操作证"制度、岗位责任制度、交接班制度、"技术保养"制度、"安全使用"制度、机械设备检查制度等，确保机械设备处于最佳使用状态。

（4）方法控制

这里所指的方法控制，包含施工方案、施工工艺、施工组织设计、施工技术措施等的控制，主要应切合工程实际，能解决施工难题，技术可行、经济合理，有利于保证质量，加快进度、降低成本。

（5）环境控制

影响工程质量的环境因素较多，有工程技术环境，如工程地质、水文、气象等，工程管理环境，如质量保证体系、质量管理制度等，劳动环境，如劳动组合、作业场所、工作面等。环境因素对工程质量的影响，具有复杂而多变的特点，如气象条件就变化万千；温度、湿度、大风、暴雨、酷暑、严寒都直接影响工程质量。又如前一工序往往就是后一工序的环境，前一分项、分部工程也就是后一分项、分部工程的环境。因此，根据工程特点和具体条件，应对影响质量的环境因素，采取有效的措施严加控制。尤其是施工现场，应建立文明施工和文明生产的环境，保持材料工件堆放有序，道路畅通，工作场所清洁整齐，施工程序井井有条，为确保质量、安全创造良好条件。

2. 施工项目质量控制阶段

为了加强对施工项目的质量控制，明确各施工阶段质量控制的重点，可把施工项目质量分为事前控制、事中控制和事后控制三个阶段。

（1）事前质量控制

指在正式施工前进行的质量控制，其控制重点是做好施工准备工作，且施工准备工作要贯穿于施工全过程中。

施工准备的内容应包括三个方面，首先，技术准备，包括熟悉和审查项目的施工图纸；项目建设地点的自然条件、技术经济条件调查分析，编制项目施工图预算和施工预算；编制项目施工组织设计等。第二，物质准备，包括建筑材料准备、构配件和制品加工准备、施工机具准备、生产工艺设备的准备等。第三，组织准备，包括建立项目组织机构、集结施工队伍、对施工队伍进行入场教育等。第四，施工现场准备，包括测量、"五通一平"、生产生活临时设施等的准备，组织机具、材料进场，拟定有关试验、试制和技术进步项目计划，编制季节性施工措施，制定施工现场管理制度等。

（2）事中质量控制

指在施工过程中进行的质量控制。事中质量控制的关键是全面控制施工过程，重点控制工序质量。其具体措施是：工序交接有检查；质量预控有对策；施工项目有方案；技术措施有交底，图纸会审有记录；配制材料有试验；隐蔽工程有验收；计量器具校正有复核；设计变更有手续；材料代换有制度；质量处理有复查，成品保护有措施；行使质控有否决（如发现质量异常、隐蔽未经验收、质量问题未处理、擅自变更设计图纸、擅自代换或使用不合格材料、无证上岗未经资质审查的操作人员等，均应对质量予以否决）；质量文件有档案（凡是与质量有关的技术文件，如水准、坐标位置，测量、放线记录，沉降、变形观测记录，图纸会审记录，材料合格证明、试验报告，施工记录，隐蔽工程记录，设计变更记录，调试、试压运行记录，试车运转记录，竣工图等都要编目建档）。

（3）事后质量控制

指在完成施工过程形成产品的质量控制，其具体工作内容有：准备竣工验收资料，组织自检和初步验收；按规定的质量评定标准和办法，对完成的分项、分部工程、单位工程进行质量评定；组织竣工验收。

3. 施工项目质量控制的方法

施工项目质量控制的方法，主要是审核有关技术文件、报告和直接进行现场检查或必要的试验等。

对技术文件、报告、报表的审核，是对工程质量进行全面控制的重要手段，其具体内容有：审核有关技术资质证明文件；审核开工报告，并经现场核实；审核施工方案、施工组织设计和技术措施；审核有关材料、半成品的质量检验报告；审核反映工序质量动态的统计资料或控制图表；审核设计变更、修改图纸和技术核定书；审核有关质量问题的处理报告；审核有关应用新工艺、新材料、新技术、新结构的技术鉴定书；审核有关工序交接检查，分项、分部工程质量检查报告；审核并签署现场有关技术签证、文件等。

现场质量检查的内容：开工前检查是否具备开工条件，开工后能否连续正常施工，能否保证工程质量；工序交接检查；隐蔽工程检查；停工后复工前的检查；分项、分部工程完工后，应经检查认可，签署验收记录后，才允许进行下一工程项目施工；成品保护检查等。此外，还应经常深入现场，对施工操作质量进行巡视检查；必要时，还应进行跟班或追踪检查。

现场进行质量检查的方法有目测法、实测法和试验法三种。其中实测法就是通过实测数据与施工规范及质量标准所规定的允许偏差对照，来判别质量是否合格，实测检查法是现场质量检查的主要方法。

4.质量控制的统计方法

数据是进行质量管理的基础,"一切用数据说话"才能做出科学的判断。为了将收集的数据变为有用的质量信息,就必须把收集来的数据进行整理,经过统计分析,找出规律,发现存在的质量问题,进一步分析影响的原因,以便采取相应的对策与措施,使施工重量处于受控状态。

工程中的质量问题,绝大多数都可用简单的统计分析方法来解决。质量控制中常用的七种工具和方法是:分层法、调查表法、因果分析图法、排列图法、相关图法、直方图法和控制图法。

排列图法又称巴雷特法、主次因素排列图法,是分析影响质量主要问题的有效方法。将众多的因素进行排列,主要因素就一目了然了。

排列图由二个纵坐标、一个横坐标、几个长方形和--条曲线组成。左侧的纵坐标是频数或件数,右侧的纵坐标是累计频率,横坐标是项目(或因素),按项目频数大小顺序在横坐标上自左而右画长方形,其高度为频数,并根据右侧纵坐标,画出累计频率曲线,又称巴雷特曲线,现以"混凝土地面起砂原因排列图"为例说明。

【例6-1】 某工地混凝土地面质量不合格问题进行了调查,发现有80处地面起砂,调查结果统计如表6-7所示。

表6-7

混凝土地面起砂原因	出现数量(频数)
砂含泥量过大	16
砂粒径过细	45
后期养护不良	5
砂浆配合比不当	7
水泥强度等级太低	2
砂浆终凝前压光不足	2
其他	3

其排列表如表6-8所示。

混凝土地面起砂原因排列表 表 6-8

项　　目	频　　数	累计频数	累计频率（%）
砂粒径过细	45	45	56.2
砂含泥量过大	16	61	76.2
砂浆配合比不当	7	68	85
后期养护不良	5	73	91.3
水泥强度等级太低	2	75	93.8
砂浆终凝前压光不足	2	77	96.2
其他	3	80	100

根据表6-8，绘制混凝土地面起砂原因排列图，如图6-1。

排列图的观察与分析，通常把累计百分数分为三类：

0～80%为 A 类，A 类因素是影响质量的主要因素；

80%～90%为 B 类，B 类因素是影响质量的次要因素；

90%～100%为 C 类，C 类因素是影响质量的一般因素。

上例说明，影响混凝土地面起砂的主要原因是砂粒径过细、砂含泥量过大、砂浆配合比不当三个原因，在工程施工中，应针对这三个原因采取措施，以确保工程质量。

为了使施工现场质量管理更加规范化、科学化、标准化，进一步提高质量管理水平，可参照《质量管理体系要求》（GB/T 19001—2000）标准建立质量保证体系。

（四）道路养护施工项目进度管理

工程项目能否在预定的时间内交付使用，直接关系到项目经济效益的发挥。因此，通过对工程项目进度的有效控制，以达到预期的目标，是工程项目管理的中心任务，也是工程项目管理的三大目标之一。

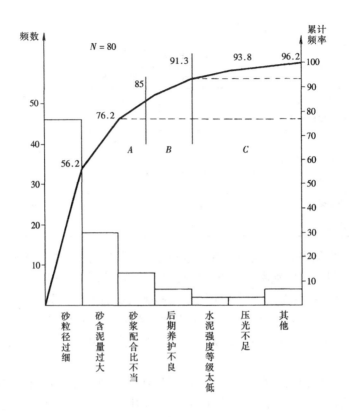

图 6-1 混凝土地面起砂原因排列图

工程项目进度管理包括为确保项目按期完成所必须的所有工作过程，包括工作定义、工作顺序安排、工作时间估计、进度计划制定和进度控制。

通过 WBS 分析，可以列出分层划分的树状结构的工作清单，明确各工作的范围以及各分项项目目标，交付成果，从而完成工作定义。

在完成工作定义后，在工作清单的基础上，确定工作之间的逻辑关系。逻辑关系包括工艺关系和组织关系。生产性工作之间由工艺关系决定，而工作之间由于组织安排需要或资源（人力、材料、机械设备和资金等）调配需要而确定的先后顺序关系为组织关系。工作顺序安排的方法主要采取网络图法等。

1. 工作时间估算

工作时间估算就是估计为完成每一工作可能所需要的时间，它受工作内容及大小、资源配备及效率、项目风险等影响。通常采用类比估计、利用历史数据、专家判断估计等方法。

利用历史数据估算，主要是依据施工定额、基础定额或企业定额、施工方法，投入的劳动力，机具设备和资源量等资料估计出一个肯定的时间消耗值。其计算公式如下：

$$D_{ij} = Q / (S \times R \times n) \tag{6-1}$$

式中　D_{ij}——完成 $i-j$ 项工作的持续时间(小时、天、周、月)；

　　　Q——该项工作的工作量；

　　　S——产量定额；

　　　R——投入该工作的人数或机械台班；

　　　n——工作的班次。

2. 进度计划

进度计划传统采用横道图表示，其左边按工作的先后顺序列出项目的工作名称，图右边是进度表，图上边的横栏表示时间，

某混凝土路面改造工程进度计划　　　　表 6-9

编号	工作名称	工时消耗	时间(周)	进度（周）				
				1	2	3	4	5
1	调整混凝土板块	200	1.5					
2	破碎翻修基础	1368	2					
3	升降井框盖	35	1					
4	摊铺黑色碎石粗粒料 5cm 厚	280	1					
5	摊铺中粒式沥青 30cm 厚	190	1					
6	清理场地		0.5					

用水平线段在时间坐标下标出项目的进度线，水平线段的位置和长短反映该项目从开始到完工的时间，如表 6-9 所示。

3. 进度控制

在工程项目实施过程中，项目部以定期对进度计划的执行情况进行跟踪检查，发现问题后，及时采取措施加以解决，其监控系统如图 6-2 所示。

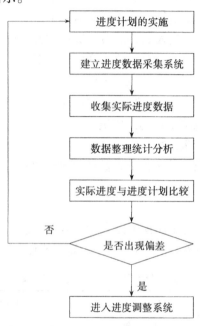

图 6-2　进度监控系统图

对进度计划的执行情况进行跟踪检查是计划执行信息的主要来源，是进度分析和调整的依据，也是进度控制的关键步骤。同时，还必须对收集到的实际进度数据进行加工处理，形成与进度计划具有可比性。

将实际进度数据进行比较，可以确定工程项目实际执行状况与进度计划目标之间的差距。为了直观反映实际进度偏差，通常采用表格或图形进行实际进度与计划进度的对比分析，从而得出实际进度比计划进度超前、滞后还是一致的结论。

当发现实际进度与计划进度存在偏差后，可对进度计划进行调整。调整方法可采用调整工作顺序，改变某些工作间的逻辑关系，即改变关键线路和超过计划工期的非关键线路上的有关工作之间的逻辑关系，以保证总工期不变；也可采用缩短某些工作的持续时间，即通过增加资源投入、提高劳动效率等措施来缩短某些工作的持续时间，使工程进度加快，以保证按计划工期完成该项目。

实际进度与计划进度对比方法可采用横道图比较法。即将项目实施过程中检查实际进度收集的数据，整理后直接用横道线平行原计划的横道线下进行比较，还应标出其对应时刻完成任务量的累计百分比，并与同时刻的计划累计百分比进行对比，判断两者关系，如表6-10。

某水泥混凝土路面改造工程进度计划　　　　表 6-10

编号	工作名称	工时消耗	时间（周）	进度（周）				
				1	2	3	4	5
1	调整混凝土板块	200	1.5	100%				
2	破碎翻修基础	1368	2	60%				
3	升降井框盖	35	1					
4	摊铺黑色碎石粗粒料 5cm 厚	280	1					
5	摊铺中粒式沥青 30cm 厚	190	1					
6	清理场地		0.5					

计划进度　　　　　　实际进度
————— 检查日期线

在本例中，实际进度比计划进度有所超前。

（五）道路养护施工项目现场管理

施工项目现场管理主要集中在劳动保护及安全管理、文明施工、环境保护三个方面，文明施工是现代化施工的一个重要标志，是施工企业一项基础性的管理工作。它综合反映了施工企业各项管理水平，是企业管理的对外窗口，并有利于培养一支懂科学、善管理的高素质施工队伍。劳动保护及安全生产是施工项目重要的控制目标之一，也是衡量施工项目管理水平的重要标志；环境保护是现代化大生产的客观要求，也是保证人们身体健康的需要。保护和改善施工现场环境有利于消除外部干扰保证施工顺利进行，也是企业行为准则。总之，施工项目现场管理具有十分重要的意义。

1. 施工项目劳动保护及安全管理

（1）劳动保护

1）劳动保护的概念

劳动保护工作，是在生产过程中为保护劳动者的安全与健康、改善劳动条件、预防工伤事故和职业危害、实现劳逸结合、加强女工保护等，所进行的一系列技术措施和组织管理措施。概括地说，就是对劳动者在生产过程中的安全与健康所执行的保护。

生产劳动过程中，存在着多种不安全、不卫生的因素，这些因素随时可危及劳动者的安全与健康，如果不采取措施进行防范，就有可能引发工伤事故和职业病，甚至危及劳动者的生命。另外，工作时间过长，劳动强度过大等等，也会给劳动者的安全与健康带来危害。因此，开展劳动保护工作，改善劳动条件，无论在理论上、政治上、经济上和社会影响上都具有重要意义。

2）劳动保护的内容

劳动保护是安全技术、劳动卫生、个人保护工作的总称。为了保护劳动者的安全健康，除了认真贯彻执行国家关于安全生产方针、劳动保护政策，建立健全规章制度，加强监督检查，开展宣传教育，总结推广劳动保护经验等工作外，具体措施内容有三个方面。

①安全技术措施

安全技术措施，以防止劳动者在施工生产中发生工伤事故为目的的各种技术措施。

②职业防护技术措施

职业防护技术措施，以防止劳动者在施工生产中发生职业中毒和职业病危害，保护劳动者身体健康为目的的各种技术措施。

③个人保护措施

个人保护措施，以保护劳动者在施工生产过程中的安全、健康为目的，对劳动者个人的保护性措施。

3）劳动保护的相关法规

建国以来，党和政府就强调对劳动者在直接从事施工生产过程中的身体健康保护的重要性，先后颁布了一系列的劳动保护法规、标准，如《职业病范围和职业病患者处理办法的规定》、《防止沥青中毒办法》、《企业职工伤亡事故报告和处理规定》、《防暑降温措施暂行办法》、《中华人民共和国劳动法》、《女职工禁忌劳动范围的规定》、《中华人民共和国职业病防治法》、《劳动防护用品选用规则》、《职业病目录》、《工伤保险条例》、《使用有毒物品作业场所劳动保护条例》等。

（2）安全管理

施工项目安全管理，就是施工项目在施工过程中，组织安全生产的全部管理活动。通过对生产因素具体的状态控制，使生产因素不安全的行为和状态减少或消除，不引发为事故，尤其是不引发使人受到伤害的事故。使施工项目效益目标的实现，得到充分保证。施工项目必须把实现安全生产，当作组织施工活动时的重要任务。

安全管理的中心问题，是保护生产活动中人的安全与健康，保证生产顺利进行。直接从事施工操作的人，随时随地活动于危险因素的包围之中，随时受到自身行为失误和危险状态的威胁或伤害。因此，对施工现场的人机环境系统的可靠性，必须进行经常性的检查、分析、判断、调整、强化动态中的安全管理活动。

针对生产中人、物或环境因素的状态，有侧重采取控制人的具体不安全行为或物和环境的具体不安全状态的措施，往往会收到较好的效果。这种具体的安全控制措施，是实现安全管理的有力的保障。

1）落实安全责任、实施责任管理

施工项目承担控制、管理施工生产进度、成本、质量、安全等目标的责任。因此，必须同时承担进行安全管理、实现安全生产的责任。

①建立、完善以项目经理为首的安全生产领导小组，承担组织、领导安全生产的责任。

②建立各级人员安全生产责任制度，明确各级人员的安全责任。

③一切从事生产管理与操作的人员、依照其从事的生产内容，分别通过企业、施工项目的安全审查，取得安全操作认可证，持证上岗。

④施工项目负责施工生产中物的状态审验与认可，承担物的状态漏验、失控的管理责任。接受由此而出现的经济损失。

⑤一切管理、操作人员均需与施工项目签定安全协议，向施工项目做出安全保证。

⑥安全生产责任落实情况的检查，应认真、详细的记录，做为分配、补偿的原始资料之一。

2）进行安全教育与训练

安全教育、训练是进行人的行为控制的重要方法和手段。因此，进行安全教育、训练要适时、宜人，内容合理、方式多样，形成制度。组织安全教育、训练做到严肃、严格、严密、严谨，讲求实效。

3）安全检查

安全检查是发现不安全行为和不安全状态的重要途径。是消除事故隐患、落实整改措施、防止事故伤害、改善劳动条件的重要方法。安全检查的形式有普遍检查、专业检查和季节性检查。安全检查的内容主要是查思想、查管理、查制度、查现场、查隐患、查事故处理。

4）作业标准化

在操作者产生的不安全行为中，由于不知正确的操作方法，为了干的快些而省略了必要的操作步骤，坚持自己的操作习惯等原因所占比例很大。按科学的作业标准规范人的行为，有利于控制人的不安全行为，减少人失误。

5）相关法规、标准

近年来，国家加大了安全生产管理力度，先后出台了一系列安全生产法规，如《中华人民共和国安全生产法》、《中华人民共和国消防法》、《危险化学品安全管理条例》、《建筑安装工程安全技术规程》、《施工现场临时用电安全技术规范》、《建筑施工安全检查标准》、《建筑工程预防高处坠落事故若干规定》、《建筑工程预防坍塌事故若干规定》等。

为了使施工现场的安全管理更加规范化、科学化、标准化，进一步提高安全生产的水平，可参照《职业健康安全管理体系规范》（GB/T 28001—2001）标准建立安全生产保证体系。

2. 施工项目文明施工管理措施

文明施工的措施是落实文明施工标准，实现科学管理的重要途径，分组织管理措施和现场管理措施两个方面。

组织管理措施包括健全管理组织及管理资料；确立个人岗位责任制及经济责任制；建立健全检查制度，做到定期检查与随时抽查相结合，集体检查与个人检查相结合，综合检查与专业检查相结合，实行班、组自检、互检、交接检，做到自产自清、日产日清、工完场清、标准管理；开展安全文明施工竞赛；加强教育培训工作；积极推广应用新技术、新工艺、新设备和现代化管理方法，提高机械化作业程度等方面的内容。

文明施工是一项综合性的管理工作。因此，除文明施工综合管理制度外，还应建立健全质量、安全、消防、保卫、机械、场容、卫生、料具、环保、民工管理等各项专业管理制度。这些专业管理制度中，都应有文明施工内容。例如，仓库五项管理制度；保管员岗位责任制；库存物资盘点检查制度；仓库收发料制度；库存物资维护保养制度和安全保卫防火制度等。

　　现场管理措施主要有以下内容：

　　(1) 开展"5S"活动

　　"5S"活动是指对施工现场各生产要素（主要是物的要素）所处状态不断地进行整理、整顿、清扫、清洁和素养。由于这五个词日语中罗马拼音的第一个字母都是"S"，所以简称为"5S"。

　　"5S"活动是符合现代化大生产特点的一种科学的管理方法，是提高职工素质，实现文明施工的一项有效措施与手段。

　　所谓整理，就是对施工现场现实存在的人、事、物进行调查分析，按照有关要求区分需要和不需要，合理和不合理，把施工现场不需要和不合理的人、事、物及时处理。

　　所谓整顿，就是合理定置。通过上一步整理后，把施工现场所需要的人、机、物、料等按照施工现场平面布置图规定的位置，并根据有关法规、标准以及企业规定，科学合理地安排布置和堆码，使人才合理使用，物品合理定置，实现人、物、场所在空间上的最佳结合，从而达到科学施工，文明安全生产，培养人才，提高效率和质量的目的。

　　清扫，就是要对施工现场的设备、场地、物品勤加维护打扫，保持现场环境卫生，干净整齐，无垃圾，无污物，并使设备运转正常。

　　清洁：就是维持整理、整顿、清扫。是前三项活动的继续和深入。从而预防疾病和食物中毒，消除发生安全事故的根源，使施工现场保持良好的施工与生活环境和施工秩序，并始终处于最佳状态。

　　素养：就是努力提高施工现场全体职工的素质，养成遵章守纪和文明施工习惯。它是开展"5S"活动的核心和精髓。

开展"5S"活动，要特别注意调动全体职工的积极性，自觉管理、自我实施、自我控制，贯穿施工全过程、全现场，由现场职工自己动手，创造一个整齐、清洁、方便、安全和标准化的施工环境，使全体职工养成遵守规章制度和操作规程的良好风尚。

（2）合理定置

合理定置是指把全工地施工期间所需要的物在空间上合理布置，实现人与物、人与场所、物与场所、物与物之间的最佳结合，使施工现场秩序化、标准化、规范化，体现文明施工水平。它是现场管理的一项重要内容，是实现文明施工的一项重要措施，是谋求改善施工现场环境的一个科学的管理办法。合理定置的主要内容包括一切拟建的永久性建筑物、构筑物、建筑坐标网、测量放线标桩，弃土、取土场地；生产、生活用临时设施；各种材料，加工半成品，构件和各类机具的存放位置；安全防火设施等。

（3）目视管理

目视管理就是用眼睛看的管理，亦可称之为"看得见的管理"。它是利用形象直观，色彩适宜的各种视觉感知信息来组织现场施工生产活动。达到提高劳动生产率，保证工程质量，降低工程成本目的。目视管理有两个特征，第一个是以视觉显示为基本手段，大家一看就知道是正常还是不正常，并且对不正常情况采取临时性的或永久性的措施。第二个是以公开化为基本原则，尽可能地向全体职工全面提供所需要的信息，让大家都能看得见，并形成一种大家都自觉参与完成单位目标的管理系统。

目视管理主要内容与形式如下：

1）施工任务和完成情况要制成图表，公布于众，使每个工人都知道自行完成任务，按劳分配知多少。

2）施工现场各项管理制度、操作规程、工作标准、施工现场管理实施细则布告等应该用看板、挂板或写后张贴墙上公布，展示清楚。

3）在定置过程中，为了确定大小型临时设施、拟建工程和各种物品的摆放位置，必须有完善而准确的视觉信号显示手段，诸如标志线、标志牌、标志色等。将上述位置鲜明地标示出来，以防误置和物品混放。在这里目视管理自然而然地与定置管理融为一体，并为合理定置创造了客观条件。

4）施工现场管理岗位责任人标牌显示，简单易行。

5）施工现场作业控制手段要形象直观，适用方便。

6）现场合理利用各种色彩、安全色、安全标志等有利于生产，有利于职工安全与身心健康。

7）施工现场管理各项检查结果张榜公布。

3. 施工现场环境保护措施

（1）建立环境管理体系，实行环保目标责任制

按照《环境管理体系　规范及使用指南》（GB/T 24001—1996）标准建立环境管理体系，确定把环保目标、指标，并以责任书的形式层层分解到各层次，列入岗位责任制。

（2）加强检查和监控工作

要加强检查，加强对施工现场粉尘、噪声、废气的监测和监控工作。要与文明施工现场管理一起检查、考核、奖罚。及时采取措施消除粉尘、废气和污水的污染。

（3）保护和改善施工现场的环境，要进行综合治理

一方面施工单位要采取有效措施控制人为噪声、粉尘的污染和采取技术措施控制烟尘、污水、噪声污染。另一方面，建设单位应该负责协调外部关系，同当地居委会、村委会、办事处、派出所、居民、施工单位、环保部门加强联系。

（4）采取措施防止大气污染

工地搅拌站除尘是治理的重点，有条件要修建集中搅拌站，由计算机控制进料、搅拌、输送全过程，在进料仓上方安装除尘器，可使水泥、砂、石中的粉尘降至99%以上。采用现代化先进设备是解决工地粉尘污染的根本途径。工地采用普通搅拌站，先将搅拌站封闭严密，尽量不使粉尘外泄，扬尘污染环境。并在

搅拌机拌筒出料口安装活动胶皮罩，通过高压静电除尘器或旋风滤尘器等除尘装置将风尘分开净化达到除尘目的。最简单易行的是将搅拌站封闭后，在拌筒进出料口上方和地上料斗侧面装几组喷雾器喷头，利用水雾除尘。

(5) 防止噪声污染措施

在施工现场首先要严格控制人为噪声，如无故摔打模板、乱吹哨等，最大限度地减少噪声扰民；其次，凡在人口稠密区进行强噪声作业时，须严格控制作业时间，确系特殊情况必须昼夜施工时，尽量采取降低噪声措施，出安民告示，求得相关方的谅解；最后，从声源上降低噪声，是防止噪声污染的最根本的措施。

(6) 严格执行国家的法律、法规

在施工现场平面布置和组织施工过程中都要执行国家、地区、行业、企业有关防治空气污染、冰源污染、噪声污染等环境保护的法律、法规和规章制度，如《中华人民共和国环境保护法》、《中华人民共和国大气污染防治法》、《中华人民共和国水污染法》、《中华人民共和国固体废弃物污染环境防治法》、《中华人民共和国环境噪声污染防治法》、《建设项目环境保护管理条例》等。

思 考 题

1. 简述道路养护施工管理的主要内容。
2. 简述成本管理的方法。
3. 简述质量管理的主要内容。
4. 简述进度管理的主要内容。
5. 简述现场管理的主要内容。

参 考 文 献

1 李士轩主编. 市政工程技术资料手册. 第 1 版. 北京：中国建筑工业出版社，2002

2 李青岳主编. 工程测量学. 第 2 版. 北京：测绘出版社，1990

3 田青文主编. 测量学. 第 1 版. 北京：地质出版社，1994

4 杨云芳主编. 公路建筑材料（公路与桥梁工程专业用）. 第 1 版. 北京：人民交通出版社，2001

5 奕亨乐主编. 地质土质与筑路材料（公路（高等级公路）养护专业用）. 第 1 版. 北京：人民交通出版社，2003

6 虞季森. 建筑力学. 第 1 版. 北京：中国建筑工业出版社，1995

7 潘全祥主编. 试验员. 第 1 版. 北京：中国建筑工业出版社，1998

8 李军主编. 高等级公路机械化施工设备与技术. 北京：人民交通出版社，2003

9 傅智、金志强主编. 水泥混凝土路面施工与养护技术. 北京：人民交通出版社，2003

10 手册编委会编. 公路工程机械管理与机械化施工. 电子工业出版社，2002

11 任福田. 肖秋生著. 城市道路规划与设计. 第 3 版. 北京：中国建筑工业出版社，1998

12 许永明主编. 公路养护及管理. 北京：人民交通出版社，1998

13 胡希捷编. 公路工程质量通病防治指南. 北京：人民交通出版社，2001

14 任汗波. 赵连登、沙明元编. 工程项目责任成本管理与控制. 北京：中国建材工业出版社，2001

15 全国建筑施工企业项目经理培训教材编写委员会. 施工项目质量与安全管理. 北京：中国建材工业出版社，1995